社会工作作为专业力量参与脱贫攻坚，
将专业队伍、专业方法、专业力量运用到脱贫攻坚的工作中，
发挥了不可替代的专业优势和人才优势，
提升了反贫困工作的专业性。

国家出版基金项目
NATIONAL PUBLICATION FOUNDATION

大国攻坚·反贫困社会工作丛书
丛书主编　向德平

老年反贫困社会工作

赵怀娟　等　著

華東理工大學出版社
EAST CHINA UNIVERSITY OF SCIENCE AND TECHNOLOGY PRESS
·上海·

图书在版编目(CIP)数据

老年反贫困社会工作 / 赵怀娟等著. — 上海：华东理工大学出版社，2022.12(2024.12 重印)
(大国攻坚·反贫困社会工作丛书 / 向德平主编)
ISBN 978-7-5628-6326-7

Ⅰ.①老… Ⅱ.①赵… Ⅲ.①老年人—贫困问题—研究—中国 Ⅳ.①F126

中国版本图书馆 CIP 数据核字(2022)第 197531 号

内 容 提 要

本书重点讨论如何开展面向贫困老年人的社会工作服务。全书共分 8 章，首先阐述了贫困老年人的规模、特点与致贫因素，讨论了社会工作介入老年反贫困的意义；然后分别聚焦于经济贫困、生态贫困、因病致贫、残疾贫困、贫困女性、能力贫困等不同类型老年人的社会工作服务，分析干预内容与服务模式，并解析了相关案例；最后着眼于后脱贫时代，讨论了社会工作参与老年反贫困的途径与策略。本书注重理论与实践相结合，可供政府部门、高等学校、社会组织中从事社会工作教学与研究、管理与服务的相关人士参考。

策划编辑 / 刘 军
责任编辑 / 章斯纯
责任校对 / 秦静良
装帧设计 / 王 翔
出版发行 / 华东理工大学出版社有限公司
地址：上海市梅陇路 130 号，200237
电话：021-64250306
网址：www.ecustpress.cn
邮箱：zongbianban@ecustpress.cn
印　　刷 / 上海中华商务联合印刷有限公司
开　　本 / 710 mm×1000 mm 1/16
印　　张 / 20.25
字　　数 / 228 千字
版　　次 / 2022 年 12 月第 1 版
印　　次 / 2024 年 12 月第 2 次
定　　价 / 98.00 元

编委会名单

丛书总序

我国以脱贫攻坚为标志的国家级重大反贫困行动，于2020年年底取得了预期成果，绝对贫困总体上被消除。脱贫攻坚可以说是中国乃至世界反贫困史上的一件大事，值得书写一笔。社会工作作为一种专业力量参与其中，并发挥了重要作用，其实践和经验值得总结。由向德平教授主编的"大国攻坚·反贫困社会工作丛书"在这方面做了开创性的工作，值得我们称赞。

一、社会工作参与反贫困是一项重大的专业实践

（一）反贫困是社会工作的一项核心任务

社会工作自产生之日起，就与反贫困结下了不解之缘。不是社会工作"贪恋"反贫困，而是贫困给贫困群体带来了巨大的痛苦。社会工作作为一种以帮助困难群体缓解困难、追求社会公正与社会进步为己任的专业，理应把反贫困的责任放在自己的肩上。在世界社会工作反贫困历史上，发达国家的社会工作参与反贫困基本上是通过实施社会救助和社会慈善的方式进行的，并形成了社会工作的著名模式。第二次世界大战以后，发展中国家的反贫困主要面向农村展开，经济开发、社区发展成为其主要模式，20世纪50年代联合国倡导的社区发展原则正是社会工作参与反贫困所应遵循的。20世纪80年代以后出现的发展型社会工作，一方面与发展中国家的政府、社会工作者、发展工作者的实践有关，另一方面也受产生于发达国家的社会投资

等理论的影响。这些实践取得了一定的成绩,也为后来发展中国家的反贫困提供了借鉴和参照。

我国作为经济社会政策和发展项目的反贫困工作是从20世纪80年代中期开始的,最初是经济开发,接着是扶贫攻坚,主要是发展经济,由政府部门、国有大中型企业和贫困农户承担主要责任。2015年,我国开始实施脱贫攻坚工程,中央明确要求形成由专项扶贫、行业扶贫和社会扶贫互为补充的大扶贫格局,做到扶贫开发与经济社会发展相互促进,不但注重产业脱贫,而且加强教育等多层面脱贫;要求坚持群众主体,激发内生动力,注重扶贫扶智,增强贫困人口自我发展的能力,同时实施扶贫志愿者行动计划和社会工作专业人才服务贫困地区计划。这样,社会工作力量作为脱贫攻坚的有机组成部分,有了“特殊”的实践机会,也能够更有针对性地参与反贫困行动。2017年,《民政部 财政部 国务院扶贫办关于支持社会工作专业力量参与脱贫攻坚的指导意见》(以下简称《意见》)要求中国社会工作教育协会发挥推动作用,进行教育扶贫。同时,我国开始实施社会工作服务机构“牵手计划”,从发达地区选择专业性强的社会工作服务机构,与贫困地区社会工作服务机构等进行结对。社会工作教育界积极响应政府部门的号召,组织、动员和支持各社会工作院系参与这一具有历史意义的反贫困行动。各类群体参与脱贫攻坚成为中国社会工作重建以来,规模最大、时间较长、有组织、有目标要求的集体性行动。

(二)社会工作参与脱贫攻坚取得了积极成果

按照民政部等部门的《意见》,中国社会工作教育协会参与脱贫攻坚是教育扶贫,其主要任务如下:高校社会工作专业院系要与贫困地区合作建立社会工作专业培训、教师实践和学生实习实训基地，帮助贫困地区培养社会工作专业人才；高校社会工作专业教师到贫困地区开展专业督导，引导社会工作专业在校生到贫困地区进行社会实践；支持鼓励社会工作专业毕业生到贫困地区就业。在中国社会工作教育协会的组织动员下，各社会工作院系秉持专业精神、发挥主观能动性，组织师生、链接资源、深入贫困地区，开展了多项服务，较好地完成了《意见》提出的任务，并尽己所能地为贫困地区的居民做贡献，在脱贫攻坚中取得了不少开创性成果。社会工作教育界支持了贫困地区的脱贫工作，促进了贫困地区社会工作人才和专业力量的发展，也获得了参与反贫困的直接经验，使我们感受到了当地干部群众和派驻的扶贫干部在反贫困中表现出来的坚韧不拔的精神。同时，参与脱贫攻坚也成为各社会工作院系坚持理论联系实际、开展实践教学、在实践中培养学生、在比较中进行研究的重要场域，因而参与者的收获是丰硕的。

对于参与脱贫攻坚，中国社会工作教育协会领导班子给予了高度重视，设计行动计划、动员组织力量，推动了整个工作向前发展。中国社会工作教育协会还建立了反贫困社会工作专业委员会，在贯彻落实协会的总体部署、推动整个活动发展方面发挥了积极作用。作为反贫困社会工作专业委员会的负责人，向德平教授和他主持的反贫困研究机构积极配合、主动工作，有力地推动了中国社会工作教育协会工作的开展。

二、社会工作界参与反贫困是理论与实践比较、互动和提升的过程

（一）社会工作教育界参与反贫困是理论与服务实践的互动过程

社会工作教育界参与反贫困的特点是，一批批具有深厚社会工作理论

与知识积累的高校教师和研究生、高年级本科生开展实践活动，这同时也是他们走出课堂和校门开展社会工作服务的过程。在一定意义上，它是理论指导实践的过程，也是实践检验书本知识和理论的过程。反贫困工作是在自然环境复杂、文化传统多样的贫困地区展开的，社会文化因素深深地影响着反贫困行动的开展。在上述经济、政治、社会、文化背景下开展的反贫困，必然比书本上介绍的复杂得多。社会工作界参与反贫困，必然会遇到上述复杂因素的影响，会遇到许多亟待解决的"中国式"问题。这是一个不断比较、选择、实践和反思的过程。对社会工作教育界来说，这是一系列挑战，也是在克服困难中不断成长的过程。

（二）书写经验是反贫困理论和实践成果的延伸

社会工作者的基本品格是奉献和共享发展成果，同时社会工作教育界又有改进教育、传播知识、贡献社会的责任。从这个角度来说，将参与反贫困的经验和思考写出来，是十分有意义的事情。向德平教授主编的这套书正是此种努力的体现。该丛书组织了国内社会工作界20多位专家学者，基于社会工作实践，总结反贫困的相关模式和经验，生产社会工作知识，价值显而易见。

该丛书以实践为基础，兼顾了反贫困知识和实践的完整性。它是多视角、全方位和具有整体性的。其主要视角包括社区为本视角、抗逆力视角、内生动力视角、资产建设视角、金融服务视角、可行能力建设视角、赋权视角、贫困治理视角、心理弹性和生涯辅导视角等。它关注的服务对象主要包括儿童、老年、妇女、残疾人及西部农村中的弱势群体。该丛书既介绍既有的社会工作理论，也介绍中国特色的社会工作实践。基于本土实践，它介绍了社会工作参与反贫困模式的多样化和经验的多元化，反映了中国反贫困的经验及社会工作参与反贫困的机制，阐明了专业社会工作是如何发挥专业优势、实现服务效能的。

该丛书也是系列教材，体现了从理论到实践、从实践到知识的转化过程。这里包含了对反贫困知识和理论的选择，包括在实践中对社会工作知识的运用和反思，也包括基于实践的知识建构，还包括不同类型和不同层次的建议。该丛书内容丰富，有借鉴、有创新，可指导实践，也为反贫困研究提供了参考框架，是反贫困领域的学术力作，是社会工作本土化的重要成果。

三、在乡村振兴中更好地运用和发展社会工作参与反贫困的经验

到2020年年底，我国在总体上消灭了绝对贫困，但是相对贫困还会长期存在。中国共产党第十九届中央委员会第五次全体会议提出“实现巩固拓展脱贫攻坚成果同乡村振兴有效衔接”，我国巩固脱贫成果和反贫困的任务依然是十分繁重的。在走向乡村振兴、实现共同富裕的进程中，已经取得的反贫困经验在一定程度上依然有效，这与相对贫困现象在地域、群体、经济状况、社会生态和文化上的连续性密切相关。当然，相对贫困也有自身的特点，贫困群体有了以往反贫困的经验，有了相对好的经济基础和社会生活条件，他们摆脱贫困的内在动力和能力也有所增强。但是我们也要看到，在新的国际国内形势下，面对不断加剧的市场化竞争，相对贫困群体的生存压力不会减少，反贫困的发展性要求会更加突出。我国已经进入社会主义现代化建设的新阶段，要贯彻新的发展理念，构建以国内大循环为主体、国内国

际双循环相互促进的新发展格局，其中乡村全面振兴、遏制返贫现象发生、实现共同富裕任务艰巨。在这种背景下，社会工作者在参与脱贫攻坚中获得的经验仍然有重要的参考价值。我们也期待社会工作者群体在参与乡村振兴和解决相对贫困问题方面取得新的成果。

把论文写在祖国大地上，中国社会工作教育界以自己的实际行动在认真践行。

王思斌
北京大学社会学系

主编序

打赢脱贫攻坚战，是实现中华民族伟大复兴的底线要求，是贫困地区与全国一起全面建成小康社会的关键之举，是实现国家长治久安的重要保障。

我国扶贫开发进入精准扶贫、精准脱贫的新阶段。精准扶贫战略贵在精准，精准与专业具有同构性，只有调动专业的力量参与精准扶贫，才能进一步提升精准识别、精准帮扶、精准管理的精准度，才能更专业地解决贫困人口在脱贫过程中的个性问题与发展问题。社会工作参与脱贫攻坚具有重要的意义，在反贫困工作中扮演着重要的角色。

社会工作作为专业力量参与脱贫攻坚，将专业队伍、专业方法、专业力量运用到脱贫攻坚的工作中，发挥了不可替代的专业优势和人才优势，提升了反贫困工作的专业性。事实上，社会工作起源于贫民救济或慈善事业，其发展的历史就是人们与贫困做斗争的历史。社会工作的专业方法、理念正是人们在与贫困及相关社会问题做斗争的实践中逐步形成和发展起来的，因此，社会工作参与脱贫攻坚具有深厚的历史基础和重大的现实意义。社会工作参与脱贫攻坚是社会扶贫的重要组成部分。作为精准扶贫的专业力量，社会工作通过需求评估，精准识别贫困人口及其致贫原因；通过资源整合，动员与协调各方扶贫力量和扶贫资源；通过提升扶贫对象的能力，激发和提升扶贫对象的内生动力和可行能力。社会工作参与脱贫攻坚，有助于提高反贫困工作的精准性和可持续性，实现由“输血型”扶贫向“造血型”扶贫、救助型扶贫向发展型扶贫的转变。

党中央、国务院十分重视社会工作专业人才服务贫困地区的工作,《中共中央 国务院关于打赢脱贫攻坚战的决定》(中发〔2015〕34号)、《中华人民共和国国民经济和社会发展第十三个五年规划纲要》和《国务院关于印发“十三五”脱贫攻坚规划的通知》(国发〔2016〕64号)对实施社会工作专业人才服务贫困地区计划、支持专业社会工作和志愿服务力量参与脱贫攻坚提出了明确的要求。为贯彻落实党中央、国务院的决策部署,支持社会工作专业力量参与脱贫攻坚工作,《民政部 财政部 国务院扶贫办关于支持社会工作专业力量参与脱贫攻坚的指导意见》发布,民政部办公厅、国务院扶贫办综合司出台了《社会工作教育对口扶贫计划实施方案》。

为落实《民政部 财政部 国务院扶贫办关于支持社会工作专业力量参与脱贫攻坚的指导意见》的精神,贯彻实施民政部、国务院扶贫办联合制定的《社会工作教育对口扶贫计划实施方案》,深入推进教育扶贫工作,全国社会工作专业学位研究生教育指导委员会和中国社会工作教育协会积极实施“社会工作教育对口扶贫计划”,组织全国200多所高校参与社会工作教育对口扶贫工作。在反贫困社会工作实践中,社会工作教育和实践工作者积极探索,积累了较丰富的实务经验,总结了一批典型案例,产出了一系列理论成果。本丛书是中国社会工作参与反贫困成果的系统呈现。

2019年3月16日,中国社会工作教育协会反贫困社会工作专业委员会与华东理工大学出版社在武汉举行“大国攻坚·反贫困社会工作丛书”启动仪式。来自十几所高校的20余名作者代表参加了会议。会议研讨、确定了本套丛书的写作框架和主要内容。

本丛书是在全国社会工作专业学位研究生教育指导委员会、中国社会工作教育协会的指导下，由中国社会工作教育协会反贫困社会工作专业委员会具体组织完成的。王思斌教授、阮曾媛琪教授、谢立中教授、蔡禾教授、关信平教授、马凤芝教授、彭华民教授全力支持反贫困社会工作专业委员会的工作，指导本丛书的编写。

中国社会工作教育协会前任会长徐永祥教授高度重视本丛书的编写工作，为丛书的编写和出版提供了巨大的支持。本丛书寄托了全体社会工作同仁对徐永祥教授的深沉怀念！

感谢所有关心、支持本丛书的专家和同仁！

向德平

华中科技大学社会学系

前　言

贫困是联合国提出的困扰人类发展的三大难题之一。中华人民共和国成立后，党和政府一直高度重视反贫困工作。特别是党的十八大以来，以习近平同志为核心的党中央把脱贫攻坚摆在治国理政的突出位置，作为全面建成小康社会的底线任务，组织开展了脱贫攻坚人民战争。经过近十年的艰苦奋斗，我国 832 个国家级贫困县全部摘帽，12.8 万个贫困村全部出列，现行标准下 9 899 万农村贫困人口全部脱贫，历史性地消除了绝对贫困，创造了人类减贫史上的奇迹，向全球贡献了发展中国家治理贫困问题的宝贵经验。

当然，贫困是不可能绝对根除的，即便是在发达国家，总人口中依然会有一定比例的相对贫困人口，而我国实施的脱贫攻坚战瞄准的也只是绝对贫困人口。过去几年，通过产业扶贫、易地搬迁、兜底保障等，许多贫困人口改善了生活条件，不愁吃、不愁穿，义务教育、基本医疗和住房权利得到了保障，摆脱了绝对贫困。但不可否认，一些社会群体仍处于较为脆弱的生存境地，面临着一定的返贫风险。所以，反贫困在我国将是一项长期的历史任务。

农村老年人正是这样的群体。他们自身资源禀赋不足、经济获取能力弱化、社会保障不充分，更易受到贫困问题的困扰，而且随着年龄的增长，他们也会存在更高的贫困风险。因此，在脱贫攻坚转入乡村振兴后，我们仍需要重点关注农村老年人。尽管他们的基本生活得到了保障，但仍普遍面临着经济条件一般、生活照料困难、精神孤独寂寞等问题。习近平总书记曾多次强调："在扶贫的路上，不能落下一个贫困家庭，不能丢下一个贫困群众。"因此，巩固脱贫成果，提高老年人的生存质量，当是反贫困工作的题中应有之义。

助力农村老年反贫困，既可以从社会救助着手予以兜底，也可以从扶贫开发着手构筑可持续生计，当然还可以通过专业社会服务促进人与环境相协调，为服务对象赋权增能。事实上，过去几十年，通过输血式扶贫和多轮扶贫开发，农村老年人贫困问题已得到缓解，但与此同时，传统扶贫模式的缺陷也暴露出来，包括工作效率低、措施针对性不足、减贫效果难以持久等。而且，在过去的扶贫实践中，扶贫主体也未充分关注贫困的多个维度，在一定程度上忽略了贫困地区和困难群体的多样性和复杂性。

脱贫攻坚战以党委政府为主导，以"精准"为要求，广泛发动社会参与，走出了一条具有中国特色的反贫困之路。2017年，《民政部 财政部 国务院扶贫办关于支持社会工作专业力量参与脱贫攻坚的指导意见》要求各级党委政府"将专业社会工作纳入当地关于脱贫攻坚的总体安排中，同其他扶贫工作一同部署、协同推进"。可见，发挥社会工作在精神慰藉、能力建设、社会融合等方面的积极作用，是党和政府对社会工作者的要求，是新时代社会工作发展的使命。把社会工作引入贫困治理，是解决农村老年人问题的可行路径。

基于此，本书重点讨论社会工作如何助力农村老年反贫困问题。全书共分8章，首先阐述了农村贫困老年人的规模、特点与致贫因素，讨论了社会工作介入农村老年人贫困问题的意义；然后分别聚焦于经济贫困、生态贫困、能力贫困等不同类型老年人的社会工作服务，探讨他们的问题与需求，讨论干预内容与服务模式，并解析了相关案例；最后阐述了后脱贫时代老年贫困治理的任务及其社会工作的参与策略。参与书稿撰写的主要是安徽师范大学社会工作实务教学团队的成员，具体分工如下：赵怀娟负责第一、七、八章、李冰仙负责第二章、陈树虎负责第三章、陈爱如负责第四章、许云云负责第五、六章，统稿由赵怀娟负责。书稿完成于2019年，原计划于2020年出版，但受新冠肺炎疫情突发等因素的影响，出版时间延后，故书稿中的部分内容与语言表述与当下语境有所不同，特此说明，敬请广大读者见谅。

非常感谢中国社会工作教育协会、全国社会工作专业学位研究生教育指导委员会对社会工作参与精准脱贫的引领，推动了全国两百余所高校关注并进入反贫困社会工作领域。感谢中国社会工作教育协会反贫困专业委员会给予机会，感谢安徽省教育厅批准立项（2020jxtd096），使得我们这些专业教师能够凝聚在一起。特别感谢反贫困专业委员会主任、国内知名的贫困问题研究专家向德平教授的指导！感谢华东理工大学出版社的信任，感谢刘军主任、藕园编辑、章斯纯编辑的辛苦工作！由于水平有限，本书的学术视野不够开阔，内容架构也有待优化，恳请业内专家批评指正。

赵怀娟
安徽师范大学法学院

目　录

CONTENTS

第一章　农村老年人：反贫困社会工作的对象

贫困问题由来已久，是联合国提出的困扰人类发展的三大难题之一。老年人自身资源禀赋不足、经济获取能力弱、社会保障不充分、家庭支持不稳定，更易受到贫困问题的困扰。近些年，我国政府大力推动减贫工作，特别是党的十八大以来，更是将精准扶贫、精准脱贫作为基本战略，历史性地消除了绝对贫困现象。但不可否认，在农村，老年人相对贫困的问题仍较为突出，且这一群体也存在着较高的返贫风险。因此，在反贫困的历史征途中，我们要重点关注农村老年人这一特殊群体，把提升他们的生活质量作为减贫工作的重要目标。

第一节　农村贫困老年人概述

一、农村贫困老年人的界定

（一）贫困的定义

贫困是一个历史的、地域的多维概念，并不是一成不变的。早期，人们往往从资源匮乏的角度定义贫困,如:"陷于贫困的人、家庭和群体是指他们所拥有的物质、文化和社会资源有限,以致他们的生活不能达到被他们所属社区公认的、可接受的最低水平。"①后来,"能力"的视角被引入贫困研究,如世界银行在《1990 年世界发展报告》中指出的,贫困是指人们"缺少达到最低生活水准的能力"②。对于以"消费"衡量"贫困"的通行做法,世界银行强调,考察贫困时还应当关注医疗卫生、预期寿命、识字能力等因素。有些学者注意到贫困所隐含的社会排斥问题,如阿马蒂亚·森就认为:"一个人不应该被排斥在某些社会关系之外,社会排斥本身就是贫困的一部分。"可见,贫困主要包括了两层含义:其一是生存状态,贫困可以被界定为,由于资源匮乏而使人们的生活水平低于社会可接受的最低标准;其二是发展状态,贫困也可以被界定为,人们缺乏发展的手段、能力和机会。我国学者童星和林闽钢曾撰文指出:"贫困是经济、社会、文化落后的总称,是由低收入造成的缺乏生活所需的基本物质和服务及没有发展的机会和手段这样一种生活状况。"③

(二)贫困线

贫困可以分为广义贫困和狭义贫困。前者包含的内容较多,如经济上的贫困、身体上的不健康、精神上的不充实、知识贫乏、能力欠缺等。后者往往聚焦于收入,以及由经济困难导致的难以维持基本生活的状态。贫困还

---

① ILO Decent Work Technical Support Team and Country Office for Eastern Europe and Central Asia. Methods for estimating the poverty lines: four country case studies[M]. Geneva: ILO Publications, 2012: 7.

② 世界银行. 1990 年世界发展报告:贫困问题·社会发展指标[M]. 北京:中国财政经济出版社,1990:26.

③ 童星,林闽钢. 我国农村贫困标准线研究[J]. 中国社会科学,1994(3):86-98.

可以分为绝对贫困与相对贫困。绝对贫困一般是从生活消费的角度出发，是指个人或家庭取得的合法收入不能满足衣、食、住、行等基本生活需求的一种生活状况。1995年联合国在哥本哈根峰会上将绝对贫困定义为："以人类基本需要被剥夺为特征的状态，这些基本需要包括食品、安全饮用水、卫生设施、保健、居所、教育和信息，这不仅依赖于收入，还依赖于这些服务的可获得性。"所以，绝对贫困意味着难以维持基本生活，是生存型贫困。目前，发达国家绝对贫困人口比较少，但对于发展中国家来说，解决绝对贫困问题依然充满了挑战。

如何评估绝对贫困？这涉及一个概念——贫困线。贫困线又叫贫困标准，是在一定的时间、空间和社会发展阶段的条件下，维持人们的基本生存所必需消费的物品和服务的最低费用。国际上常用两种方法来确定贫困线：一是"收入法"，二是"基本需求法"。世界银行2008年提出的绝对贫困标准为1.25美元/日，这一标准是全球广泛使用的绝对贫困标准。联合国基于这一标准，确定2010年全球绝对贫困人口为12亿。2015年10月，世界银行按照购买力平价计算结果，将国际贫困线标准上调至1.9美元/日。我国对绝对贫困的评估是以国家统计局核算的农民人均年纯收入为基准的。1985年中国农村贫困人口的扶持标准为每人每年纯收入206元，1999年为625元，2011年为2 300元，2018年为3 200元。以上是国家规定的贫困标准线，各地可按照当地经济发展水平作调整。按照2011年的标准，我国约有1.28亿贫困人口，占农村总人口的13.4%。党的十八大以来，我国贫困发生率逐年下降，2015年贫困人口为5 575万，2016年为4 335万，2018年为1 660万，年均脱贫人口逾千万。

（三）农村贫困老年人的内涵

目前，我国是以人均年纯收入低于维持正常生存所需的最低生活费用支出这一原则来统计贫困人口的。也就是说，脱贫攻坚战的目标是消除绝对贫困，扶贫开发战略和政府扶贫政策瞄准的目标对象是绝对贫困人口。从2013年年底开始，在中央的统一部署下，全国各地开展了贫困识别和建档立卡活动，共识别出绝对贫困人口8 862万。在我国，由于相关法律政策一般将60岁作为老年期的起点，因此老年人就是60周岁及以上年龄的人口。基于上述对绝对贫困和老年人的界定，本研究将农村贫困老年人定义为：年收入处于当地贫困线标准之下，难以维持基本生活，获得政策救助，户籍在农村的60周岁及以上的人口。农村贫困老年人是弱中之弱、贫中之贫，是反贫困工作应当重点关注和帮扶的服务对象。

二、农村贫困老年人的规模

（一）贫困发生率

测算农村贫困老年人的数量，会涉及贫困研究中的一个重要概念——贫困发生率。贫困发生率也称贫困人口指数，是指收入在某个临界值水平（贫困线）以下的人口占总人口的比重。据统计（见表1-1），2014年全国农村绝对贫困人口为7 017万，贫困发生率均值为7.2%。其中，西藏、甘肃超过20%，新疆、贵州达到18%，而北京、天津、上海则为0，可见，我国的贫困发生率存在较大的地区差异。如果聚焦重点县，贫困发生率总体达17.5%，高于全国平均水平10个百分点。总体看来，西部地区农村不仅贫困人口众多，贫困程度深，而且是全国贫困发生率最高的地区。党的十八大以来，全国农村贫困人口快速减少，2018 年贫困发生率降至 1.7%，6 年累计减贫幅度约 83.2%。[①] 可见，集全国之力攻坚拔寨，迅速降低了贫困发生率，使得贫困人口显著下降。

表 1－1　2014 年全国农村贫困人口数量和贫困发生率

地区[②]	全　国			重　点　县			重点县贫困人口占全国同类区域贫困人口的比重/%
	贫困人口/万人	占全国贫困人口的比重/%	贫困发生率/%	贫困人口/万人	占全国重点县贫困人口的比重/%	贫困发生率/%	
全国	7 017		7.2	3 649		17.5	52.00
东部	586	8.35		0			
中部	2 831	40.34		1 486	40.72		52.49
西部	3 600	51.30		2 163	59.28		60.08
北京	0	0.00	0				
天津	0	0.00	0				
河北	320	4.56	5.6	235	6.44	19.8	73.44
山西	269	3.83	11.1	104	2.85	18.8	38.66
内蒙古	98	1.40	7.3	95	2.60	13.4	96.94
辽宁	117	1.67	5.1				
吉林	81	1.15	5.4	14	0.38	12.9	17.28
黑龙江	96	1.37	5.1	73	2.00	21.7	76.04
上海	0	0.00	0				
江苏	61	0.87	1.3				

① 郑秉文．“后 2020”时期建立稳定脱贫长效机制的思考[J]．宏观经济管理，2019(9)：17－25.

② 东部包含北京、天津、辽宁、上海、江苏、浙江、山东、广东、福建，中部包含黑龙江、吉林、河北、山西、河南、湖北、湖南、江西、安徽、海南，西部包含内蒙古、广西、重庆、四川、贵州、云南、西藏、陕西、甘肃、青海、宁夏、新疆，民族八省区是指内蒙古、广西、西藏、宁夏、新疆、贵州、云南、青海。

续 表

地区	全国			重点县			重点县贫困人口占全国同类区域贫困人口的比重/%
	贫困人口/万人	占全国贫困人口的比重/%	贫困发生率/%	贫困人口/万人	占全国重点县贫困人口的比重/%	贫困发生率/%	
浙江	45	0.64	1.1				
安徽	371	5.29	6.9	248	6.80	13	66.85
福建	50	0.71	1.8				
江西	276	3.93	7.7	159	4.36	15.5	57.61
山东	231	3.29	3.2				
河南	565	8.05	7	264	7.23	12.1	46.73
湖北	271	3.86	6.6	169	4.63	14.8	62.36
湖南	532	7.58	9.3	208	5.70	22.4	39.10
广东	82	1.17	1.2				
广西	540	7.70	12.6	143	3.92	15.8	26.48
海南	50	0.71	8.5	12	0.33	15.9	24.00
重庆	119	1.70	5.3	83	2.27	9.7	69.75
四川	509	7.25	7.3	236	6.47	17	46.37
贵州	623	8.88	18	440	12.06	20.1	70.63
云南	574	8.18	15.5	469	12.85	22.8	81.71
西藏	61	0.87	23.7				
陕西	350	4.99	13.0	188	5.15	17.1	53.71
甘肃	417	5.94	20.1	346	9.48	26.3	82.97
青海	52	0.74	13.4	36	0.99	16.8	69.23
宁夏	42	0.64	10.8	30	0.82	14.4	66.67
新疆	212	3.02	18.6	97	2.66	19.5	45.75

资料来源：《中国扶贫开发年鉴 2015》。

（二）农村老年人的贫困发生率

如果聚焦于年龄，我们会发现，老年人口的贫困发生率高于总体贫困发生率。因为随着年龄的增长，老年人在收入上会处于弱势地位，其陷入贫困的概率会增加。既有研究表明，老年人的贫困发生率与年龄正相关，“老年人年龄越大，发生贫困的比例越高”[①]。如果聚焦于城乡差异，我们会发现农村老年人的贫困发生率明显高于城市。有研究发现，农业户籍老年人占到贫困老年人总数的87.9％，大部分贫困老年人都集中在农村地区。[②] 有研究者分别采用国家贫困线、低保线、世界银行每天1美元等标准，评估农村老年人的贫困状况，发现农村老年人的贫困发生率为19.7％～30.3％。[③] 如果聚焦于区域，我们会发现，农村老年人的贫困发生率由东至西逐步提高，西部地区的农村贫困老年人依然有一定规模。

总之，受文化程度、健康状况、户籍、民族等因素的影响，农村老年人是一个有着较高贫困风险的群体。帮助农村老年人脱贫，任务依然较为艰巨。2017年6月23日，习近平总书记在“深度贫困地区脱贫攻坚座谈会”上发表重要讲话，将深度贫困的特征概括为“两高、一低、一差、三重”[④]。其中，“三重”即低保五保贫困人口脱贫任务重、因病致贫返贫人口脱贫任务重、贫困老人脱贫任务重。可见，即便2020年绝对贫困全面消除后，贫困治理工作仍

① 乔晓春，张恺悌，孙陆军．中国老年贫困人口特征分析[J]．人口学刊，2006，28(4)：3－8．

② 刘洋洋，孙鹃娟．中国老年人贫困特征及其影响因素分析[J]．统计与决策，2018，34(14)：95－98．

③ 国家应对人口老龄化战略研究中国城乡老年人基本状况问题与对策研究课题组．中国城乡老年人基本状况问题与对策研究[M]．北京：华龄出版社，2014：137．

④ “两高”即贫困人口占比高、贫困发生率高，“一低”即人均可支配收入低，“一差”即基础设施和住房差。

要重点关注老年人，因为他们具有较高的返贫风险。

（三）农村贫困老年人的数量

我国农村有多少贫困老年人？其结果受到贫困标准、测算时间、样本数量等因素的影响，因而往往存在着一定的差异。例如，2003 年于学军以国际贫困线为标准计算出农村贫困老年人约为 3 222 万人，以主观感受法为工具估测出农村贫困老年人为 3 354 万人。乔晓春等推算得出老年人口的贫困发生率城市为 15.0%，农村为 18.8%，然后以第五次人口普查数据为基础，计算出 2000 年全国约有贫困老年人 2 274.8 万人，其中农村约有 1 608.7 万人。2011 年，杨立雄以农村贫困线和“1 天 1 美元”为测量标准进行计算，得出中国农村老年贫困人口数量不低于 1 400 万，其贫困发生率为 10.77%。①刘洋洋和孙鹃娟利用中国人民大学 2014 年中国老年社会追踪调查数据，采用 2011 年国家贫困线标准，对全国老年人的贫困状况进行了探究，发现老年人口的贫困发生率为 24.3%。②

可见，对于农村贫困老年人的规模，不同的学者有着不同的结论。但无论使用什么样的统计测算口径，农村贫困老年人的规模都很庞大。党的十八大以来，农村贫困人口显著下降，即便如此，农村贫困老年人的数量依然不容小视。据调查，在深度贫困地区，60 岁以上贫困人口占比超过 45%。③《中国农村贫困监测报告 2018》指出，在剩余贫困人口当中，老年贫困人口已经成为贫困的主体，占贫困总人口的比重估计在五成以上。在人口老龄化

---

① 杨立雄. 中国老年贫困人口规模研究[J]. 人口学刊，2011(4)：37－45.
② 刘洋洋，孙鹃娟. 中国老年人贫困特征及其影响因素分析[J]. 统计与决策，2018，34(14)：95－98.
③ 习近平. 在深度贫困地区脱贫攻坚座谈会上的讲话[M]. 北京：人民出版社，2017.

城乡倒置的现实国情下，农村老年贫困问题亟待解决。

三、农村贫困老年人的特点

（一）较多分布在中西部地区

由于地理位置、资源禀赋、经济状况与福利政策等因素的影响，我国农村贫困老年人的分布呈现出区域性差异。2010年，中部、西部贫困人口分别是东部的2.1倍、3.3倍，这一差距到2015年甚至还有所扩大。2018年年末，东部有贫困人口147万，基本率先脱贫。中西部地区减贫幅度虽然很大，但分别仍有贫困人口597万、916万，分别是东部的4.1倍、6.2倍（见图1－1）。由于东部地区的地理位置较好，经济发展水平总体上高于中西部地区，加之东部地区各项福利制度普遍比中西部地区完善，因而形成了贫困程度由东至西逐渐加重的结果。我国农村贫困老年人口呈现出区域分布不均衡的特点，所以中西部地区老年贫困治理面临的挑战较大。

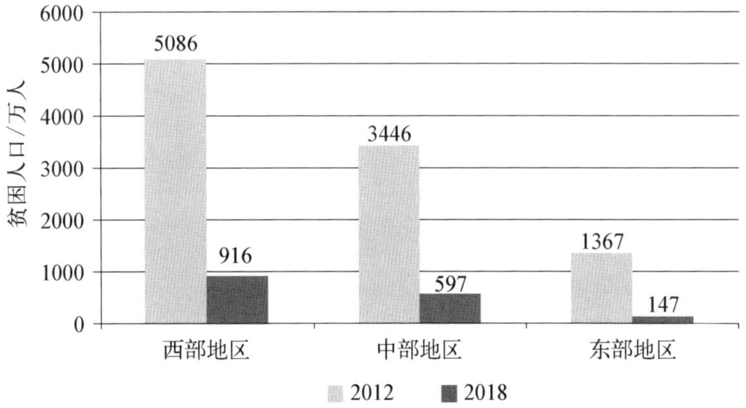

图1－1　2012年、2018年年末东中西部贫困人口数量

（二）高龄老年人的贫困风险更加突出

农村高龄老年人比低龄老年人更容易陷入贫困。有研究分析了2014年中国老年社会追踪调查（China Longitudinal Aging Social Survey，CLASS）数据，发现80岁及以上的高龄老年人的贫困发生率为30.09%～49.72%，明显高于中低龄老年人。① 这是因为：首先，从收入情况看，城乡经济发展不平衡，农村居民普遍从事高强度且廉价的体力劳动，但随着年龄增长，身体机能衰退，体力劳动能力也随之减弱，导致年龄越大的老年人劳动收入越少；其次，从健康状况看，随着年龄的增长，老年人的身体素质越来越差，患病风险越来越高，“而慢性病对农村老年人的贫困具有显著影响”②；最后，老年人的自理能力会越来越差，高龄失能老年人不仅没有创造收入的能力，还需要家庭提供经济支持和生活照料，而这无疑会增加家庭的负荷，甚至导致家庭的贫困。

（三）女性老年人更易陷入贫困境地

性别差异在我国农村贫困老年人问题上表现得也很明显。据统计，在建档立卡的贫困人口中，女性人口的贫困发生率为9.8%，高于男性。③ 受性别分工的影响，农村女性老年人年轻时大多以操持家务、生儿育女为人生任务，并没有太多的收入来源。而且，由于受教育程度低，农村女性往往只能从事廉价的体力劳动，或依靠配偶获得生计资源，故年老时一般很少有自己

① 朱晓，范文婷．中国老年人收入贫困状况及其影响因素研究：基于2014年中国老年社会追踪调查[J]．北京社会科学，2017(1)：90－99．

② 于长永．慢性病对农村老年贫困的影响研究：以新疆11地州市31县调查数据为例[J]．西南民族大学学报(人文社科版)，2018，39(3)：1－8．

③ 闫坤，于树一，刘新波．论引入性别因素的精准扶贫：以绵阳市特困县为例[J]．华中师范大学学报(人文社会科学版)，2016，55(6)：1－7．

可独立支配的、足够的收入，因而更容易陷入贫困。可以说，无论城乡，老年人口中的无收入现象均集中于老年妇女群体。全国妇联的调查也发现，我国老年女性人口中半数以上为农村女性，在劳动力外流、社会保险覆盖率低、养老和医疗服务水平低的情况下，该群体整体生活境况不佳。[①] 此外，女性的寿命一般比男性长，加之“男高女低”的婚配模式，导致女性老年人失去配偶的比例较高。配偶是她们的经济依靠和精神依靠，一旦失去配偶，她们更加容易陷入贫困。

(四) 缺少有力的家庭支持

家庭对于老年人来说至关重要。家庭中子女的数量、家庭成员的健康状况，以及代际关系是否和谐等，均是影响老年人生存质量的重要因素。农村贫困老年人的家庭情况常常表现为：无子女或少子女，代际联系弱，家中有病患或残疾人。一般情况下，子女越多，能够提供给老年人的支持资源就越多。当然，如果代际关系紧张或亲情疏淡，老年人就可能独居生活，独自应对生活风险。此外，家庭成员的健康状况越差，老年人越容易陷入贫困。[②] 有研究发现，劳动力健康受损会影响家庭收入，而非劳动力健康受损则会增加家庭的负担。[③] 同时，由于生病的家庭成员需要更多的照料和关心，也会在一定程度上增加其他家庭成员的压力。在这样的家庭中，病患或残疾人甚至要依赖老年人提供经济支持和生活照料，因而老年人陷入贫困的可能性相

① 全国妇联妇女研究所老年妇女问题研究课题组，谭琳. 老年妇女：国家应对人口老龄化战略不可忽视的群体[J]. 老龄科学研究，2015，3(3)：70－80.

② 徐月宾，刘凤芹，张秀兰. 中国农村反贫困政策的反思：从社会救助向社会保护转变[J]. 中国社会科学，2007(3)：40－53.

③ 王金营，杨茜. 中国贫困地区农村老年人家庭贫困—富裕度研究[J]. 人口学刊，2014，36(2)：45－54.

对较大。在社会流动频繁且普遍的当下,随着青壮年人口的外流,越来越多的老年人留守农村独自生活,导致一些老年人因缺少家庭支持而陷入贫困。

四、农村贫困老年人的问题

(一)生活水平较低

贫困研究的先驱英国学者朗特里曾经指出,老年期是一生中贫困风险最高的三个阶段之一。贫困最直接的后果就是物质匮乏、生活水平低。目前,农村老年人的收入来源主要是自身劳动收入、家庭成员给予的支持和政府提供的福利性收入。上述三种收入途径都具有脆弱性和不确定性,难以全面保障晚年生活水平。

第一,随着年龄的不断增大,老年人自身的劳动收入会逐渐减少,因为市场能够提供给老年人的就业机会少,即便有,也多是双低工作。而我国又有着财富下移的文化传统,农村老年人在青壮年时期辛苦积累的财富在经历建造房屋、为子女操办婚事等人生大事后,一般都所剩无几,甚至可能负债累累。

第二,从理论上说,子女进城务工有可能改善老年人的收入情况,但实际情形往往是,农民工在城市里要面对高昂的物价、房租,以及歧视性的就业环境,对老年人赡养往往力不从心。即便他们汇钱给老年父母,但一般数额都较为有限,或有特定用途,如给留守儿童交学费、买奶粉等。在"代际倾斜"下,老年人的需求和利益往往最先被忽略。①

第三,虽然我国政府试图建立覆盖城乡的居民基本养老保险制度,以发

① 孙琪宇.中国老年人贫困治理研究[J].黑龙江社会科学,2015(6):85-89.

挥社会保险对保障人民基本生活、调节社会收入分配、促进城乡协调发展的重要作用，但对于目前已经步入晚年的农村老年人而言，由于没有前期数十年的个人缴存，每个月可领的就是百元左右的基础养老金，而这显然不能起到很好的保障作用。当家庭和政府都不能给农村老年人提供足够的经济支持，而老年人自身又缺乏稳定的收入来源时，生活水平低就难以避免了。

（二）精神压力较大

贫困不仅表现为物质匮乏，也有可能导致精神健康问题。近些年，农村老年人自杀的新闻频繁见诸报端，令人痛心。调查发现，贫困是导致自杀的重要因素。有研究发现，因生存困难导致的老年人自杀占绝望型自杀的87.01%。[①] 事实上，社会经济地位对健康状况的影响在社会科学的不同领域里都得到了验证，即社会经济地位越高的个体健康状况越好，反之越差。

贫困对精神健康的影响可以从以下几个方面去理解。第一，高收入者可以通过购买更多的医疗保健服务，确保物质生活水平等，提高自身的健康水平。第二，高收入者往往有较高的社会地位，而高社会地位能带来精神上的满足或愉悦，进而有助于精神健康。低收入者则相反，其自我价值评价低，进而导致精神上的消沉与绝望。第三，低收入者对社会的信任度较低，较少参与社会活动，因而其社会资本水平也较低，而社会资本会影响个体的健康状况。可见，经济贫困会导致精神贫困。有研究发现：家庭人均年收入每提高1 000元，老年人的情景记忆能力会提高0.132分、精神状态会提高0.121分；家庭人均年收入每提高1 000元，老年人的抑郁得分会下降0.293分。该研究

① 刘燕舞.农村老年人自杀及其危机干预(1980—2009)[J].南方人口，2013，28(2)：57－64.

还发现,相较于普通老年人,贫困家庭中老年人的精神健康状况更差。①

(三)生存质量较差

老年人是一个特殊的社会群体,在社会转型、人口流动和农村社会保障体制尚不健全的背景下,农村老年人更易陷入贫困。而且,在人口老龄化快速发展的当下中国,相较于城市,农村"未富先老""未备先老"问题更为突出,这在一定程度上也助推了老年人口的贫困。作为贫困的直接结果,老年人生存质量堪忧常常是可观察到的直观情形。有研究发现,贫困老年人中有较大比例是农村留守老年人,他们在生理、心理、社会关系、生活环境等方面的得分均显著低于我国普通老年人常模。年龄、文化程度、收入、自理能力、家庭支持等都影响贫困老年人的生存质量。②

贫困老年人生存质量差,除了物质条件差、生活水平低之外,还表现为以下两点。第一,照料需求得不到满足。随着年龄的增长,老年人的身心功能会逐渐衰退,失能风险增加。一项针对 1 593 位获得低保救助的老年人的调查显示:80 岁及以上的贫困老年人口是最需要长期照护的群体,但他们缺乏基本的自我照护能力和素质。10.67%的农村贫困老年人、10.47%的男性贫困老年人处于生活不能自理状态,但家庭提供的非正式照护非常有限。③ 第二,精神慰藉需求得不到满足。因为贫困,农村老年人与社会的联

---

① 温兴祥,程超.贫困是否影响农村中老年人的精神健康:基于 CHARLS 数据的实证研究[J].南方经济,2017(12):47-65.

② 隋佳,张会君.辽宁省贫困地区留守老人的生存质量现状及其影响因素[J].中国老年学杂志,2017(11):2808-2810.

③ 慈勤英,宁雯雯.家庭养老弱化下的贫困老年人口社会支持研究[J].中国人口科学,2018(4):68-80.

系少、生存压力大、家庭支持弱，故而其在心理上常常更加自卑退缩，在精神上往往更为孤独寂寞。正如有研究者指出的那样，贫困对老年人主观福利有一定的影响，贫困线以下的老年人对主观福利更为敏感。①

第二节　农村老年人贫困的原因

一、自然因素

（一）地理环境差

地理环境在一定程度上影响着农村的状况，从而间接影响着人的生活状况。2015 年，我国东部地区 11 省和中部地区 8 省的农村贫困人口分别占全国农村贫困人口的 11.7％、36％，这意味着超过 50％的农村贫困人口集中在西部地区。西部地区多是高山、峡谷、高原、丘陵和盆地交错的地貌，土地的人口承载力较小，交通不便，基础设施落后。贫困地区的自然资源贫乏，将会进一步导致贫困的发生。加上西部地区自然资源的再生能力差，导致可供开发和利用的自然资源严重匮乏。可见，地理环境差是造成农村老年人口贫困的客观因素之一。

（二）自然灾害频发

频繁发生的自然灾害是影响农村贫困人口数量变化的重要因素。自然灾害不仅破坏自然生态环境，而且破坏整个社会的经济循环功能，进而导致农村贫困率上升。2015 年，我国有 62.10％的贫困地区遭受了旱灾、水灾、植

① 王小林，尚晓援，徐丽萍. 中国老年人主观福利及贫困状态研究[J]. 山东社会科学，2012(4)：22-28.

物病虫害、冻灾等自然灾害，其中发生旱灾和水灾的地区占比分别为27.60%、15.50%。有调查发现，武陵山农村居民“几乎每年都会不同程度地遭受洪涝、干旱、冰雹、大风等自然灾害的袭击，从而导致其农业产品减收”①。频发的自然灾害导致了直接和间接的经济损失，对贫困地区和当地居民的生产和生活产生着持久的影响。由于老年人对传统生产方式和土地资本的依赖性更大，因而他们往往是自然灾害的最大受害者。

二、文化因素

（一）贫困文化的影响

贫困文化是持久贫困的人们应对贫困问题的一套文化态度、信念、价值观和实践。贫困文化是一种社会亚文化，是穷人所共享的有别于主流文化的一种生活方式。② 其往往表现为两个方面。第一是安于现状、不思进取的生活态度和对待脱贫的“等靠要”心理。例如，部分贫困地区的居民有“乐于天命”的观念，相当一部分居民一生不外出，也不了解外面的世界。③ 一部分老年人固守传统，不仅自己守着土地，也反对子女外出。第二是过高的人情消费、节庆消费、祭祀消费等。例如，在一些贫困地区，依然存在大操大办婚丧嫁娶的习俗。女儿出嫁要给嫁妆，儿子结婚要建房、摆酒，就算欠账也要将礼仪办得风光。这些落后习俗和攀比心理会加大老年人的经济负担。受“养儿防老”观念的影响，农村老年人往往会将辛苦一生得到的积蓄用在下一代身上，以图晚年

① 谭贤楚. 武陵山农村贫困的形成机理与治理研究[M]. 北京：科学出版社，2019：75.
② 周怡. 贫困研究：结构解释与文化解释的对垒[J]. 社会学研究，2002，17(3)：49－63.
③ 唐建，刘志文. 西部地区农村贫困现状、原因及对策探析[J]. 中国人口·资源与环境，2004(4)：50－55.

生活有子女的保障。如果子女不积极承担赡养义务，老年人的贫困就难以避免。

（二）文化变迁不利于老年人

近年来，随着市场经济的发展，功利主义快速兴起。人们普遍追求经济利益，在生活中精于算计，造成尊老、爱老、敬老等传统文化日渐衰微，孝文化对人们行为的约束也越来越弱。在现代工业社会，农村老年人的家庭地位明显下降，家庭养老的互惠性逐渐弱化，乡村社会已不再是传统的“长老统治”，反而是虐老、不孝、与父母断绝联系等各种现象在农村比比皆是。[①]同时，家庭重心逐渐向年轻一代转移，这导致老年人被边缘化。他们认为自己作用有限，可能会成为家庭的累赘，想独立但是又没有能力。[②] 加上他们身体机能衰退，行为和思想已经不能适应快速的社会变迁，于是逐渐与社会脱节，得不到社会的认可和尊重。这些文化的变迁也是导致农村老年人更加容易贫困的原因，并且存在一定的持续性。

三、社会因素

（一）二元社会结构影响深远

中国长期存在城乡二元社会结构，进而产生制度化的社会隔离。农村居民一直处在弱势地位，不能享有和城市居民同样的发展机会和福利权利。这导致了农村居民的物质贫困、能力贫困和权利贫困，突出表现为：他们在

① 余飞跃.家庭养老的困境与出路：兼论孝与不孝的理性[J].重庆大学学报(社会科学版),2011,17(5)：124－130.

② 罗遐，于立繁.我国农村老年贫困原因分析与对策思考[J].生产力研究,2009(1)：110－112,123.

经济活动中的利益受到剥夺，公民身份遭到限制，不能得到公平的教育机会。① 不仅如此，由于贫困人口无法获得与非贫困人口相同的竞争条件和参与机会，也造成了贫富差距越来越大，加剧了摆脱贫困的困难。② 农村贫困老年人是弱势群体中的特殊类型，他们多出生于 20 世纪 30—50 年代，在青少年时期没有受到良好的教育，中壮年阶段被束缚在土地上，步入老年期后又被市场经济边缘化。可以说，他们的贫困是不断积累的结果，因而很难在短期内得到明显缓解。

（二）社会福利支持力度不足

农村贫困老年人是社会救助的对象之一。有学者对当前农村社会救助体系存在的问题进行了分析，认为相较于国际标准来说，我国社会救助补助标准偏低、国家投入资金较少。③ 也有学者指出，我国城乡体制分割和制度碎片化严重，社会救助不力，缺失公平性，以及缺少服务性救助，导致社会救助对于缓解农村老年人贫困作用有限。④ 有研究发现，新型农村社会养老保险（以下简称“新农保”）制度对家庭支持没有明显的“挤出效应”，其减贫效果并不显著。⑤ 老年人领取养老金虽可以降低绝对贫困，但对缓解相对贫困

---

① 张等文，陈佳．城乡二元结构下农民的权利贫困及其救济策略［J］．东北师大学报（哲学社会科学版），2014（3）：47－51．

② 邢成举，赵晓峰．论中国农村贫困的转型及其对精准扶贫的挑战［J］．学习与实践，2016（7）：116－123．

③ 关信平．朝向更加积极的社会救助制度：论新形势下我国社会救助制度的改革方向［J］．中国行政管理，2014（7）：16－20．

④ 陈友华，苗国．老年贫困与社会救助［J］．山东社会科学，2015（7）：104－113．

⑤ 杨志武，苑军军，宁满秀．新型农村社会养老保险制度对农村老年人的减贫效果分析［J］．学习与探索，2017（9）：126－130．

没有作用。[①] 随着年龄的增加，老年人患病风险会升高，医疗支出会增加，劳动收入会减少，所以对于农村贫困老年人来说，经济困难是较为普遍的问题，所领取的基础养老金、临时性救济也常常只能解燃眉之急，减贫作用较为有限。一旦遭遇自然灾害、意外事故、重大疾病，农村老年人就可能陷入困境。

四、家庭因素

（一）家庭收入不足

从理论上说，老年人是否会陷入贫困，主要取决于其获得稳定的经济收入的高低。由于农村老年人主要的经济来源是非正式制度的劳动收入和家庭供养，因此从某种程度来说，家庭经济状况是老年人贫困最为核心的影响因素。有研究发现，家庭规模、人均耕地面积显著影响老年贫困发生率。[②] 杨菊华指出，家庭的非经济支持能力影响老年人的社会贫困，经济支持能力影响老年人的经济贫困。[③] 基于农村老年人对家庭的高依赖性，如果老年人家庭增收渠道少、收入不足，就会直接影响老年人的生活，不论老年人是与子女共同生活，还是单独生活。而且，年龄越大，家庭供养的比例越高，其受到的影响就越大。此外，农村家庭支出结构失衡，年轻人的婚嫁开支逐年攀升，生活教育等成本不断上涨，也会使家庭的财富分配较少顾及老年人。很

① 边恕，宋经翔，孙雅娜. 中国城乡居民养老金缓解老年贫困的效应分析：基于绝对贫困与相对贫困双重视角[J]. 辽宁大学学报(哲学社会科学版)，2020(1)：88－97.

② 王小龙，唐龙. 家庭养老、老年贫困与农村社会养老保险的角色定位[J]. 人文杂志，2012(2)：132－139.

③ 杨菊华. 人口转变与老年贫困问题的理论思考[J]. 中国人口科学，2007(5)：88－94.

多农村老年人多年来习惯于“吃苦”，往往也因为成全下一代而牺牲自己的利益。

（二）家庭成员病残

健康对于每个人来说都很重要，不论是什么样的家庭，遭遇健康问题都会使整个家庭在精神上和物质上有多倍付出。有研究发现，家庭成员遭受健康冲击会造成老年人的物质剥夺感，加深物质剥夺程度。① 因为家庭中如果有成员存在健康问题，比如长期患病或残疾，一是会增加家庭的医疗费用负担，二是会持续影响家庭的经济创收能力。有调查显示，农村95%的因病致贫家庭都有借债行为，生活压力非常大。② 在家庭成员存在病残的情况下，一方面，老年人合理的生活需求难以得到满足，如经济支持、精神慰藉等；另一方面，老年人往往要承担长期照料任务，甚至要参与经济生产活动，这对老年人的身心健康有消极影响。这些反过来又加剧了老年人的贫困程度。

五、个体因素

（一）自我保障能力弱

相较于城市老年人，农村老年人自我保障能力较弱。他们大多辛勤劳作、勤俭过活，把帮助子女成家立业作为自己的人生任务。由于缺乏稳定的收入来源，他们的积蓄普遍不多。这导致他们的风险承受力很弱，没有能力抵御贫困。随着年龄的增长，农村老年人的身体机能逐渐衰退，通过体力劳动获取收

① 韩华为，高琴，徐月宾. 农村老年人口绝对贫困及其影响因素：物质剥夺视角下的实证研究[J]. 人口与经济，2017(5)：70－83.

② 段庆林，李保平. 2017 宁夏社会蓝皮书[M]. 银川：宁夏人民出版社，2016：258.

入的可能性也随之减少。故而他们一般会将自己的养老问题寄托在子女身上，一旦子女不承担赡养义务，他们的生活就没有了基本保障。

（二）文化素质低

受经济条件和落后观念的影响，贫困人口的文化素质普遍偏低。据统计（见表 1 - 2），2015 年我国贫困地区有 88.7%的劳动力的文化程度在初中及以下。受教育程度低，影响了农村居民对新事物的接受程度和学习能力，也制约着他们的职业选择。有研究发现，受教育程度低的农村老年人的贫困发生率明显更高。如果按照世界银行每天 1 美元的标准，没有上过学和仅读私塾的农村老年人的贫困发生率分别为 41.9%和 22.7%，而上过小学和初中的老年人贫困发生率则分别是 19.3%和 11.9%，高中以上受教育程度的老年人贫困发生率更低。在自评经济状况、幸福感、生活满意度等方面，没有上过学和仅读私塾的老年人明显落后于受过正规教育的老年人。①

表 1 - 2　2015 年贫困地区劳动力文化程度分布　　单位：%

受教育程度	全部劳动力	女　性	男　性
未上过学	8.3	12.6	4.2
小学	34.7	39.4	30.1
初中	45.7	40.2	51.0
高中	8.5	6.0	11.0
大专及以上	2.8	1.9	3.7

资料来源：《中国农村贫困监测报告 2016》。

① 国家应对人口老龄化战略研究中国城乡老年人基本状况问题与对策研究课题组. 中国城乡老年人基本状况问题与对策研究[M]. 北京：华龄出版社，2014：140.

（三）健康状况不佳

老年人自身患病或残疾，也是导致贫困的一个原因。由于农村整体经济状况和医疗卫生条件较差，居民健康管理意识淡薄，农村老年人的健康状况不甚理想。第四次中国城乡老年人生活状况抽样调查发现，农村老年人的失能和半失能比例是 20.9%，高出城市 5.3 个百分点。从健康水平得分看，城市老年人的健康状况也明显好于农村老年人。① 患病或失能，既损害了老年人的劳动能力，影响老年人的收入，也增加了家庭的经济压力，进而产生因病致贫、因病返贫现象。同时，随着年龄的增长，老年人的生活自理能力会慢慢下降，不论是请人照料、依靠子女照料，还是入住养老机构，都会影响家庭的经济状况，增加家庭的贫困风险。

第三节　农村老年反贫困政策与实践

一、农村老年反贫困的历史进程

（一）有限救济式扶贫（1949—1977）

1949 年中华人民共和国成立后，面对绝大多数人处于贫困状态的社会状况，国家通过发展工业、实施土地改革、重构基层社会管理制度等，稳定了社会秩序，在一定程度上缓解了贫困问题。这一时期，由于经济基础薄弱，国家百废待兴，政府的援助只能是对生活困难群体的有限救济，是对“不幸

① 全国老龄工作委员会办公室. 第四次中国城乡老年人生活状况抽样调查数据开发课题研究报告汇编[M]. 北京：华龄出版社，2018：414－416.

者的慈善”。[①] 例如，针对城市“三无老人”和农村“五保老人”[②]，通过集中或分散供养，保障这些贫困老年人的基本生活。这一阶段的反贫困政策不成体系，瞄准的仅是无生活来源、无依无靠的特殊老年人，救助水平较低。由于贫困人口基数大，经济社会发展一度出现波折，这一阶段的反贫困工作总体效果不甚理想。

（二）体制改革推动扶贫（1978—1985）

我国有组织、有计划、有规模地推动反贫困始于 1978 年。1978—1985 年是体制改革推动减贫阶段。这一阶段我国虽未成立专门负责反贫困问题的政府机构，但通过经济体制改革，尤其是提升贫困人群的能力，客观上解决了部分贫困群众的温饱问题。1982 年，我国将甘肃的河西、定西和宁夏的西海固（被称作“三西”地区）作为全国第一个区域性扶贫开发实验地，每年拿出 2 亿元对其进行开发式扶贫。“三西”扶贫从改变农业生产条件入手，提出了“有水走水路，无水走旱路，水旱路都不通另找出路”的建设方针。

这一时期，由于人民公社被废除、家庭联产承包责任制建立，农民的生产积极性大大提升，农村绝对贫困问题有所缓解。1984 年 9 月 29 日，《中共中央 国务院关于帮助贫困地区尽快改变面貌的通知》指出，党的十一届三中全会以来，全国农村形势越来越好，但还有几千万人口的地区仍未摆

---

① 赵定东，方琼. 新中国成立以来农村反贫困政策的层次结构与历史变迁[J]. 华中农业大学学报(社会科学版)，2019(3)：1－10.

② “三无老人”是指城镇居民中无劳动能力、无生活来源、无赡养人和扶养人，或者其赡养人和扶养人确无赡养或扶养能力的 60 周岁及以上老年人；“五保老人”是指中国农村集体经济组织或街道办事处经济组织供养的、实行“保吃、保穿、保住、保医、保葬”等“五保”措施的老年人。

脱贫困。改变贫困地区面貌的根本途径是依靠当地人民自己的力量，政府要通过放宽政策、给予优惠、智力投资等助力脱贫。这一时期，体制改革成为脱贫的推动力，包括老年人在内的农村贫困人口成为体制改革的受益者。

（三）区域开发式扶贫（1986—1993）

这一时期，中国共产党召开了十三大和十四大，中国进一步深化改革开放，经济增长趋于加速。与此同时，城乡之间、区域之间的发展差距逐渐扩大，贫富分化问题日益凸显。1986 年，国务院成立了贫困地区经济开发领导小组，与之相对应，有关部委及各级行政管理机关也纷纷成立扶贫开发领导机构。自此，我国的反贫困工作进入由政府主导的、有组织的开发式扶贫阶段。1986 年，为了解决老、少、边、穷地区①的贫困问题，“七五”计划用单独一章分析了这一议题。

瞄准特定区域、激发内生动力是开发式扶贫的主要特点。这一时期，我国先后确定了 679 个贫困县。国家每年投入数十亿资金，帮助贫困地区建设基础设施、发展乡镇企业、促进劳动力转移就业，力图通过提升贫困地区的自我发展能力实现减贫目标。这些政策虽然提高了贫困地区的经济产值，但由于未聚焦真正的贫困人口，因而减贫效果不尽如人意。1991—1993 年，我国平均每年只解决了 250 万人的温饱问题。减贫政策在改善贫困农户个人的贫困状况上效果有限。② 老年人因缺乏参与地方经济发展的能力和机会，脱贫难度依然很大。

---

① 主要指革命老区、少数民族自治地区、陆地边境地区和欠发达地区。
② 向德平，刘风，向雪琪. 中国减贫行动 1978—2018[M]. 武汉：武汉出版社，2018：46.

（四）综合性扶贫攻坚（1994—2000）

这一时期是中国减贫事业发展的关键阶段。为了解决区域开发式扶贫存在的问题，解决 8 000 万人口的贫困问题，1994 年我国颁布《国家八七扶贫攻坚计划》。这是农村脱贫工作的纲领性文件，它的颁布标志着我国农村扶贫开发进入了全面攻坚的新阶段。1996 年，《中共中央 国务院关于尽快解决农村贫困人口温饱问题的决定》再次强调，必须坚定不移、毫不动摇，如期解决农村贫困人口的温饱问题。这一时期，我国确定了分级负责、以省为主的首长负责制，确立了资金、权利、任务、责任“四到省”的原则，制定了定点扶贫和对口扶贫政策。

为了发挥扶贫资金的减贫效用，1997 年国务院出台《国家扶贫资金管理办法》，要求各级政府将扶贫资金列入财政预算，确保专款专用。这一时期，通过增加资金投入、挖掘地方优势资源、促进东西部合作、加强财税优惠、发展贫困地区科教文卫事业等途径，国家充实了贫困人口的生计资源。2000 年，我国贫困人口降至 3 000 万，农村贫困发生率降至 3.4%。5 000 多万农村人口的温饱问题基本得到解决。但由于这一时期的扶贫政策仍坚持地区发展的立场，因此因资源匮乏或没有劳动能力而陷入贫困的人口（包括老年人）“很难指望依靠区域开发而脱贫致富”①。

（五）新阶段开发式扶贫（2001—2012）

2001 年 11 月，中央扶贫开发工作会议召开，对新世纪第一个十年的扶贫工作作出部署。国务院发布《中国农村扶贫开发纲要（2001—2010 年）》，决心“集中力量，加快贫困地区脱贫致富的进程，把我国扶贫开发事业推向

① 李小汇，熊小林. 我国农村贫困状况的分析[J]. 中国国情国力，1997(3)：15－17.

一个新的阶段”。该纲要将这一时期的扶贫工作目标确定为：尽快解决少数贫困人口温饱问题，进一步改善贫困地区的基本生产生活条件，巩固温饱成果，提高贫困人口的生活质量和综合素质。《中国农村扶贫开发纲要（2001—2010年）》决定继续坚持开发式扶贫的方针，将扶贫开发的重点集中在老、少、边、穷地区和集中连片贫困地区。同时，贫困治理的瞄准机制从“县”进一步缩小到“乡村”。

这一时期，随着农业税的取消、农村金融体制改革的推行、新型农村合作医疗（以下简称“新农合”）制度与新农保制度的建立，以及农村居民最低生活保障（以下简称“低保”）制度的全面实施，形成了区域经济开发、改善生态环境、提高脱贫能力、建构福利制度相结合的立体式扶贫模式，减贫事业取得重大进展。相较于前一个阶段，更多的农村贫困老年人、残疾人等特殊群体成为福利政策助力脱贫的受益者。2011年，中共中央、国务院印发《中国农村扶贫开发纲要（2011—2020年）》，指出“扶贫开发是长期历史任务”，号召“打好新一轮扶贫开发攻坚战，确保全国人民共同实现全面小康”。该纲要提出了“稳定实现扶贫对象不愁吃、不愁穿，保障其义务教育、基本医疗和住房”的扶贫目标，要求各地建立健全扶贫对象识别机制，做好建档立卡工作。《中国农村扶贫开发纲要（2011—2020年）》的颁布为农村贫困老年人精准识别、提高生存质量提供了制度保障。

（六）“精准扶贫”和“脱贫攻坚”（2013—2020）

针对因“大水漫灌”导致脱贫成效不够理想的情况，2013年，习近平总书记在湖南湘西十八洞村调研时首次提出了“精准扶贫”的重要思想。后来在调研扶贫工作时，他又多次提及扶贫要因户施策，扶到根上，不能大而化之。

2015 年 6 月，习近平总书记在贵州考察时提出了“六个精准”，即扶持对象精准、项目安排精准、资金使用精准、措施到户精准、因村派人精准、脱贫成效精准。2015 年 11 月，《中共中央 国务院关于打赢脱贫攻坚战的决定》把精准扶贫、精准脱贫作为脱贫攻坚的基本方略。12 月 15 日，在“十三五”脱贫攻坚工作有关情况新闻发布会上，国务院扶贫办明确提出，要改革现行扶贫思路和方式，切实推动“五个一批”，即发展生产脱贫一批、易地搬迁脱贫一批、生态补偿脱贫一批、发展教育脱贫一批、社会保障兜底一批。

2016 年 11 月，国务院印发《“十三五”脱贫攻坚规划》，指出贫困问题依然是我国经济社会发展中最突出的“短板”，脱贫攻坚已成为全党全社会的统一意志和共同行动，要确保到 2020 年现行标准下农村贫困人口实现脱贫。党的十九大把精准脱贫作为三大攻坚战之一进行全面部署，锚定全面建成小康社会目标，指出脱贫攻坚要瞄准特困群众，向深度贫困地区聚焦。2018 年，习近平总书记在新年贺词中要求尽锐出战、精准务实、不负人民，夺取脱贫攻坚新胜利。2021 年 2 月 25 日，全国脱贫攻坚总结表彰大会在京召开，习近平总书记代表党中央向国内外庄严宣告：“经过全党全国各族人民共同努力，在迎来中国共产党成立一百周年的重要时刻，我国脱贫攻坚战取得了全面胜利。”

二、农村老年反贫困的政策分析

（一）文本说明

严格说来，我国并没有特别针对老年人口制定专门的反贫困政策。中华人民共和国成立以来，尽管反贫困政策不断增多、渐成体系，但基本上采取的都是“整体论述”的行文方式。关于老年贫困治理的设想和举措呈现出“碎片化”特征，散见于不同部门基于不同背景制定的法律法规和相关政策中，且常常是一笔带过的。因而，下文关于农村老年反贫困政策的讨论，将以相关法律法规和政策文件（见表1－3）的内容为依据。考虑到农村老年人脱贫资源主要涉及基本生活保障（如低保、基本养老保险等）、生产生活补贴、税费减免等，因此文本的选择将力求兼顾三个面向。此外，改革开放以来党和政府发布的多个反贫困文件，有些虽然未特别提及老年贫困治理问题，但老年人仍是直接或间接的受益者，因而也需要关注。

表1－3　改革开放以来我国发布的反贫困政策

序号	年份	名　　称	发布单位
1	1984	关于帮助贫困地区尽快改变面貌的通知	中共中央、国务院
2	1994	国家八七扶贫攻坚计划	国务院
3	1996	中华人民共和国老年人权益保障法	全国人大
4	1996	关于尽快解决农村贫困人口温饱问题的决定	中共中央、国务院
5	2001	中国农村扶贫开发纲要（2001—2010年）	国务院
6	2006	农村五保供养工作条例	国务院
7	2007	关于在全国建立农村最低生活保障制度的通知	国务院
8	2011	中国农村扶贫开发纲要（2011—2020年）	中共中央、国务院
9	2014	社会救助暂行办法	国务院
10	2014	关于建立统一的城乡居民基本养老保险制度的意见	国务院

续　表

序号	年份	名　　称	发布单位
11	2015	关于打赢脱贫攻坚战的决定	中共中央、国务院
12	2016	“十三五”脱贫攻坚规划	国务院
13	2017	关于支持社会工作专业力量参与脱贫攻坚的指导意见	民政部、财政部、国务院扶贫办
14	2017	关于广泛引导和动员社会组织参与脱贫攻坚的通知	国务院扶贫开发领导小组
15	2017	关于支持深度贫困地区脱贫攻坚的实施意见	中共中央办公厅、国务院办公厅
16	2017	关于加强农村留守老年人关爱服务工作的意见	民政部、国务院扶贫办等9部门
17	2018	关于在脱贫攻坚三年行动中切实做好社会救助兜底保障工作的实施意见	民政部、财政部、国务院扶贫办
18	2018	关于打赢脱贫攻坚战三年行动的指导意见	中共中央、国务院
19	2018	关于开展扶贫扶志行动的意见	国务院扶贫办、中央组织部等13部门

资料来源：作者整理。

（二）农村老年反贫困的政策构想

分析表1-3所列19份文件的内容可以发现，党和政府关于老年反贫困的政策构想主要包括如下几个方面：

第一，解决温饱问题，满足基本生活需要。例如，《中共中央 国务院关于帮助贫困地区尽快改变面貌的通知》虽未提及贫困老年人，但提出特困户可赊购棉絮、蚊帐等必需品（免除利息）。《国家八七扶贫攻坚计划》要求各地

“为贫困人口中优抚、救济对象创造基本生活条件”。《中国农村扶贫开发纲要(2001—2010年)》提出,“把贫困地区尚未解决温饱问题的贫困人口作为扶贫开发的首要对象”。《农村五保供养工作条例》规定,“供养标准不得低于当地村民的平均生活水平”。《国务院关于在全国建立农村最低生活保障制度的通知》要求各地“将符合条件的农村贫困人口全部纳入保障范围,稳定、持久、有效地解决全国农村贫困人口的温饱问题”。《中国农村扶贫开发纲要(2011—2020年)》提出“两不愁三保障”的扶贫工作目标,要求“切实保障没有劳动能力和生活常年困难农村人口的基本生活”。《民政部 财政部 国务院扶贫办关于在脱贫攻坚三年行动中切实做好社会救助兜底保障工作的实施意见》指出,对于农村建档立卡的贫困老年人要做到“应救尽救、应养尽养”。

第二,减轻生活压力,直接和间接提供经济支持。例如,《中共中央 国务院关于帮助贫困地区尽快改变面貌的通知》提出“减免贫困地区农业税”。《国家八七扶贫攻坚计划》提出,对贫困残疾人开展康复扶贫,对吃返销粮的贫困户给予补贴。《中华人民共和国老年人权益保障法》(以下简称《老年人权益保障法》)鼓励各地“建立八十周岁以上低收入老年人高龄津贴制度”。《中共中央 国务院关于尽快解决农村贫困人口温饱问题的决定》提出,通过建立农村医保制度,减少因贫致病,因病致贫返贫的现象;同时,对于尚未解决温饱问题的贫困户,免除粮食定购任务,减免农业税和农业特产税。《中国农村扶贫开发纲要(2011—2020年)》要求各地帮助贫困户解决基本住房安全问题。《社会救助暂行办法》将农村五保老年人界定为“特困人员”,并规定领取低保的农村家庭或居民、特困人员可申请生活救助、医疗救助、住房救助。《国务院关于建立统一的城乡居民基本养老保险制度的意见》则决定面向农村老年人发放基础养老金。《中共中央 国务院关于打赢脱贫攻坚战的决定》提出，对农村扶贫产业产生的收益，可折股量化给贫困村和贫困户，尤其是丧失劳动能力的贫困户。

第三，建构社会福利制度，为农村老年人脱贫提供保障。由于老年人是一个特殊的群体，他们陷入贫困多因自身劳动能力不足，如文化程度低、健康状况不佳等，加之社会资本的缺乏，参与经济活动的机会少，因而其一旦陷入贫困，往往很难依靠自身力量脱贫。如果家庭中有病残人员，自己无法定赡养、抚养、扶养义务人，或者当地自然条件恶劣，他们就极有可能连温饱都面临困难。因此，对于这一群体，扶贫更多的是要提供政策性兜底。20 世纪 90 年代以来，我国逐渐构建了老年人社会福利制度体系，明确了这一群体的法定权益，并推动其得以实现。例如，《老年人权益保障法》规定，老年人有从国家和社会获得物质帮助的权利。《农村五保供养工作条例》规定，对于供养对象，要在吃、穿、住、医、葬方面给予生活照顾和物质帮助。《社会救助暂行办法》提出了托底、救急、可持续的原则。农村低保制度、新农保制度、新农合制度的实施，减轻了贫困老年人的生活负担和医疗压力。不仅如此，《中国农村扶贫开发纲要（2011—2020 年）》《中共中央 国务院关于打赢脱贫攻坚战的决定》《关于加强农村留守老年人关爱服务工作的意见》等还提出了贫困地区养老服务体系建设、三留守人员关爱服务体系建设等问题，把提供专业服务作为支持贫困老年人的重要手段。在多个文件中，政府都要求企事业单位和社会力量积极参与扶贫攻坚，确保贫困人口不掉队、全国一起奔小康。

三、农村老年反贫困的方式选择

(一) 产业扶贫

产业扶贫是将扶贫资源投入产业发展,通过产业链建设,增加生产性就业机会,让更多贫困户参与分享农业产业链和价值链增值收益。产业脱贫体现了“授人以鱼不如授人以渔”的减贫理念,实现了减贫方式从“输血”到“造血”的转变,对于贫困地区的 GDP、财政税收、居民收入等都具有正向影响。近几年,很多贫困地区在政府、企事业单位和社会组织的帮扶下,借助于小额信贷、光伏发电、乡村旅游、农村电商等项目,带动贫困农户就业、推动农村市场与城市市场融合发展,既促进了贫困地区的经济增长,也改善了贫困人口的生活质量。老年人也因为自身参与经济活动,或其家庭拓展了生计来源,所以分享了经济发展所带来的效益。

(二) 搬迁脱贫

针对“一方水土养不起一方人”的现象,易地搬迁通过将贫困人口安置到其他生产生活条件相对较好的地区,解决因自然环境恶劣、资源禀赋差导致的贫困问题。易地搬迁被视为减贫的治本之策,因为其手段直接、见效快,能够在短时间内改善贫困人口的生产和生活环境。据统计,2001—2015年,全国有 680 多万贫困人口搬迁至新地区,中央累计补助投资 363 亿元,建设了一大批安置住房,建设了水电路气网等基础设施,并提供教育、卫生、文化等公共服务,有力推动了贫困人口脱贫和城镇化进程。① 截至 2020 年年

① 向德平,刘风,向雪琪. 中国减贫行动 1978—2018[M]. 武汉: 武汉出版社,2018: 185 - 187.

底，全国共有960多万人通过易地搬迁实现了脱贫。这也是新中国成立以来，涉及范围最广、人口最多的一次移民搬迁。通过这种方式，很多生活在高寒地区、荒漠化地区、贫困山区的老年人摆脱了绝对贫困。

（三）健康扶贫

2011年5月，中共中央、国务院印发的《中国农村扶贫开发纲要（2011—2020年）》指出，到2020年，贫困地区群众要获得更加均等的公共卫生和基本医疗服务。根据文件精神，2016年国家卫计委等15个部门联合发布《关于实施健康扶贫工程的指导意见》，进一步落实中央和省级财政扶贫投入责任，中央财政继续加大贫困地区卫生计生专项资金的转移力度。2017年国家卫计委、民政部和财政部等多部门联合制定了《健康扶贫工程“三个一批”行动计划》，推动了健康扶贫工程的深入实施。对于农村贫困老年人来说，新型农村合作医疗政策的不断完善，降低了他们的医疗支付压力。建立贫困人口健康卡，实施分类救治，采取先诊疗后付费的结算机制等，也减少了老年人的心理负担和经济压力。不仅如此，农村基本医疗服务的普及，也发挥了预防疾病发生的积极功能。据统计，2013—2020年，我国共有2 000万贫困患者得到了分类救治，避免了因病致贫、因病返贫现象的发生。

（四）兜底保障

全面小康的实现需要经济社会各领域的均衡发展，不能有失衡和掉队的情况发生。而贫困问题无疑是我国社会发展的致命短板，因此必须坚定不移地推动脱贫目标的完成。由此，如何实现脱贫攻坚战的目标和初衷就显得十分重要。政府兜底保障指的是政府通过制定政策对困难群众的基本生产生活需要进行保障，主要包括住房兜底保障、医疗兜底保障、养老兜底保障、教育兜底保障。对于农村贫困老年人来说，由于自身经济状况和能力的限制，没有能力购买住房，住房兜底保障可以帮助他们解决住房问题。医疗兜底保障可以进一步加强农村贫困老年人口的医疗救助体系，养老兜底保障可以进一步完善农村贫困老年人的养老保障体系。确保民生兜底保障工作的顺利推进，可杜绝相关政策实施出现遗漏，实现全面小康社会"不让一个人掉队"的政策初衷。

第四节　社会工作参与农村老年反贫困

一、社会工作参与农村老年反贫困的意义

（一）是党和政府反贫困战略的组成部分

党的十八大以来，精准扶贫成为中国共产党脱贫攻坚的重要战略。为了让贫困人口和贫困地区同全国人民一道进入全面小康社会，党中央要求广泛发动社会力量，企事业单位、社会组织要积极参与脱贫攻坚。2015 年发出的《中共中央 国务院关于打赢脱贫攻坚战的决定》提出要"实现社会帮扶资源和精准扶贫有效对接"，实施"社会工作专业人才服务贫困地区计划"，从政策层面明确了社会工作参与扶贫的合法性。2016 年 11 月，国务院印发《"十三五"脱贫攻坚规划》，进一步明确了社会工作专业人才服务贫困地区的方式。同年出台的《国务院关于进一步健全特困人员救助供养制度的意见》也强调，要鼓励社会工作服务机构等社会力量参与农村老年救助供养工作。2017 年 6 月，《民政部 财政部 国务院扶贫办关于支持社会工作专业力量参与脱贫攻坚的指导意见》指出，支持社会工作专业力量参与脱贫攻坚工

作，要坚持党政引领、协同推进，将发展专业社会工作纳入当地党委政府关于脱贫攻坚的总体安排中，同其他扶贫工作一同部署、协同推进。2018 年《中共中央 国务院关于实施乡村振兴战略的意见》也强调，要积极发展农村社会工作。可见，将社会工作引入脱贫攻坚领域，发挥专业服务在精神慰藉、能力建设、社会融合等方面的积极作用，是党和政府的要求，也是新时代社会工作加强自身建设的题中应有之义。

（二）是社会工作践行专业使命的必然要求

在西方，专业社会工作的发展已有一百多年的历史。它的源头就是以扶危救困为主要内容的慈善工作。社会工作以“助人自助”为理念，所助之人，既指向有服务需要之人，更指向处于困境的弱势群体。所以，残疾人、孤儿、贫困人士、老年人等一直是社会工作服务的重点人群。尽管在不同的历史时期、在不同的国家和地区，社会工作的使命表达有所不同，但诚如斯佩西和寇特妮所言，社会工作的最初使命就是“帮助和服务于社会中的下层民众”①，社会工作不能忘记这颗“初心”。作为北美最大的社会工作行业组织，美国社会工作者协会（NASW）也一再强调，社会工作专业的主要使命是提高人类福祉，特别是满足弱势群体和贫穷人口的需求。在我国，由政府发起的扶贫行动历来都强调保障贫困人士的基本生活，并主张通过扶贫开发形成贫困地区的造血机制。但老年人贫困问题的发生有着十分复杂的原因，既受到个人、家庭、社会、自然等因素的影响，也是生命历程中劣势不断积累的结果。因此，老年人脱贫相对困难。特别是当“老年”和“贫穷”相叠加，且被置于“农村”这个特定的场域时，“农村贫困老年人”便成为一种特殊的存在，是

① 陈涛. 社会工作专业使命的探讨[J]. 社会学研究，2011，26(6)：211－237.

“弱者中的弱者”。因此,这一特殊群体应受到更多的关注。社会工作扶助农村贫困老年人,是践行专业使命的必然要求。

(三)是社会工作争取社会认可的重要途径

2006年以来,在政府主导下,我国专业社会工作逐渐加快发展,在队伍建设、服务购买、机构培育等方面均取得了长足的进步。社会工作在社会救助、残障康复、优抚安置、医疗卫生、司法矫治等领域崭露头角,社会知晓度不断提高。但与此同时,人们对社会工作的误识以及对其专业性的质疑也一直存在。一些单位和个人把社会工作者等同于志愿者,希望他们听命于购买方,多做行政性事务。有些人批评社会工作者“花拳绣腿”,不能解决实质性问题。故而,尽管社会工作的知晓度有所提高,但尚未获得广泛的社会认可。参与脱贫攻坚为社会工作展现服务能力、争取社会认可提供了契机。换句话说,社会工作只有扎根农村,瞄准贫困人口的真实需求,针对致贫返贫因素设计和实施服务项目,才能够证明自身的专业性,提高社会美誉度。农村老年人致贫原因复杂,行政式的经济救助与物质帮扶虽然能解决基本生活困难,但并不能满足老年人在精神慰藉、心理建设、养老服务等方面愈发精细的需求。如果着眼于生活质量,农村贫困老年人的需求绝不仅仅是吃穿住不愁,还应包括精神不孤独、价值能实现、权益有保障等,而这些都是社会工作可以着力之处。正如有的研究者所言,“社会科学应用于完善基层社会治理、解决社会主要矛盾,社会工作可称为其集大成之作”①。

① 陈社英.中国社会工作的使命:国际与历史的视野[J].社会与公益,2018(8):58-63.

二、社会工作参与农村老年反贫困的优势

（一）与精准扶贫价值观相契合

社会工作以利他主义为导向，追求社会正义，主张助人自助。在一百多年的发展历程中，社会工作逐步建构了自己的价值体系和实践原则，如尊重和接纳服务对象、提供个别化服务、促进服务对象自决、为服务对象保密等。它强调“人在环境中”，致力于实现人与环境之间的良性互动，主张从个体、组织、制度等不同维度设计干预方案。这些与精准扶贫有着相似的价值追求，因为扶贫工作主张兼顾人的改变与环境的改善，强调根据贫困户的情况开展个性化帮扶，将全体国民共赴小康社会视为社会主义制度所追求的公平正义。可见，社会工作与精准扶贫之间存在价值观上的“契合”，社会工作参与农村贫困老年人精准脱贫具有天然的优势。

（二）可助力“六个精准”落地实施

2015 年 6 月，习近平总书记在贵州考察时提出了“六个精准”。这是党和政府对新时期扶贫工作的基本要求。社会工作可助力“六个精准”落地实施，这是因为社会工作强调需求为本，主张深入服务对象中，科学评估服务需求、分析致贫原因、有针对性地制订服务方案，因而可使扶贫部门更准确地识别扶贫对象，并根据贫困户的实际情况制定帮扶措施，进而推动贫困群众服务需求与扶贫资源精准对接。在实践中，社会工作者往往驻村开展工作，他们与贫困老年人接触多，能观察老年人的生活状况，能了解老年人的真实想法，这些都有助于更精准地开展反贫困工作。

（三）可创新农村老年人社会救助模式

协助农村老年人脱贫，离不开社会福利资源的投递。例如，强化政府托底保障职责，为低保老年人、残疾老年人、特困老年人等提供基本生活保障，发放救助金，对生活不能自理的给予照料等。这些工作虽然依靠基层行政组织就可以完成，但效果却可能不尽如人意。社会工作的介入，一方面可以优化服务递送过程，改善政策执行情况；另一方面可以促进服务对象融入社会，扩展其社会支持系统。因此，将社会工作引入精准脱贫，为贫困老年人提供心理疏导、社会融入、团体互助、宣传倡导等服务，有助于推动健全物质资金帮扶与心理社会支持相结合、基本救助服务与专业化个性化服务相补充的新型社会救助模式。

（四）可促进贫困老年人的观念转变

党和政府要求扶贫与扶志、扶贫与扶智相结合，强调增强贫困人口参与经济社会发展的能力。将扶贫对象建构成自主自觉的参与主体，是实现内源性扶贫的重要策略。社会工作致力于“助人自助”，既努力解决服务对象的问题，更将服务对象的观念转变和能力发展放在重要位置。这一点与脱贫攻坚的理念不谋而合。社会工作参与精准脱贫，一方面要着眼于“环境”，发挥其在组织协调、资源链接、宣传倡导等方面的优势；另一方面要着眼于“个体”，发挥其在激发内生动力、拓展社会支持等方面的优势。老年人要脱贫，也不能一味地“等靠要”，而是要积极参与各项扶贫行动，发挥自身的能动性，增强自身能力，而这些正是社会工作干预应关注的。

（五）可助力农村社会治理的模式创新

党的十八大以来，推动多元主体共建、共治、共享成为创新社会治理的关键。社会工作是社会治理的重要抓手，社会工作者是社会治理的新兴力量。社会工作参与精准脱贫，可助力共青团、妇联、老龄办等群团组织在基层农村的转型，促进其履职尽责；可链接政府、企业和社会资源，补充贫困村寨所欠缺的公共服务；可助力县域乡镇开展"三社联动""五社联动"，培育服务性、公益性、互助性农村社会组织，促进社区建设多元共治。贫困农村是社会工作的重要战场，社会工作参与精准脱贫，可以从个体、组织和制度多个层面干预，融合社会保障、生计改造、增权赋能、培育社会资本等扶贫手段，进而助力贫困地区的振兴和发展。

三、社会工作参与农村老年反贫困的内容

（一）经济帮扶

农村贫困老年人多数处于迫切需要救助的境况中，是老年人口中生活最困难和最需要社会保障的群体。[①] 经济帮扶是农村贫困老年人精准扶贫工作的主要内容，也是衡量脱贫成效的主要指标。社会工作参与经济帮扶，主要通过以下方式达成：第一，监督老年福利政策实施情况，如符合条件的老年人是否按时足额领取基础养老金、最低生活保障金、五保供养费用和临时救助款等。第二，帮助老年人对接相关资源，如产业扶贫项目、贫困人口增收计划或农业合作社等，拓展其收入来源。第三，反映老年人的合理诉求，倡导扶贫主体关注其生活状况，完善相关政策，优化扶贫举措等。

① 山娜，姜向群. 精准扶贫背景下我国贫困老年人的经济状况研究[J]. 现代管理科学，2018(8)：103－105.

（二）精神慰藉

农村贫困老年人往往具有年龄大、身体差、家庭支持弱、人际交往少、社会参与度低等特点。不少贫困老年人存在情感孤独、精神抑郁等问题。在精准脱贫中，相关举措聚焦于“两不愁三保障”等基本生活条件的改善，难以顾及精神贫困等问题。社会工作介入可以弥补经济帮扶的不足，发挥社会服务的心理支持功能。例如，开展志愿服务，组织邻里乡亲、村民小组和老年组织等以电话问候、上门访问等方式定期探访，及时了解农村贫困老年人的生活情况，协助其处理有关事务；设计和开展专业服务项目，发动贫困老年人参与其中，帮助其发挥特长或实现价值；落实老年人权益保障相关政策，增强村规民约对家庭赡养义务人的道德约束，发挥孝亲敬老典型的示范作用。

（三）生活照顾

《民政部 财政部 国务院扶贫办关于支持社会工作专业力量参与脱贫攻坚的指导意见》指出，专业社会工作者要针对特殊人群实施一批农村特殊困难老年人社会工作服务示范项目，为贫困地区特殊困难老年人提供生活照顾服务。《关于加强农村留守老年人关爱服务工作的意见》要求各地要以防范生活安全风险为重点，督促各方履行关爱职责，增强生活照料、精神慰藉、安全监护、权益维护等基本服务。可见，为贫困老年人提供生活照顾是社会工作反贫困的重要任务。在此方面，社会工作的干预途径包括：推动落实家庭的主体责任，敦促子女或其他赡养人、扶养人妥善安排老年人的生活；呼吁贫困地区加快农村养老服务设施建设，为非正式支持脆弱的贫困老年人提供生活照料；根据农村贫困老年人的收入、健康等情况，协助基层政府做好风险等级评估工作；设计和实施服务项目，回应贫困老年人的照护需求等。

（四）融合适应

易地搬迁是精准扶贫的一种方式，是“五个一批”的重要内容。易地搬迁能够通过降低生活风险、再造生计途径等协助贫困人口脱贫，但需要解决搬迁人口的社会融入与适应问题。相较于年轻人，老年人有着更深的故土情结，加之语言体系和生活习惯方面面临的新情况，老年人的社会融入和适应可能会更加困难。社会工作主张从人与环境的关系着手，化解危机和困难。因此，在促进搬迁到异地的贫困老年人融入新环境方面，社会工作者可以提供的服务包括：疏导搬迁老年人的不良情绪，引导其转变观念，理解搬迁的背景和意义；加强其与其他搬迁者、当地人的关系调适，协助老年人重构社会支持网络，促进其更好地融入新的社区生活；协助有关扶贫主体，持续巩固脱贫成效，提升搬迁老年人的生活质量，使他们认同易地搬迁的有关政策。

当然，社会工作参与农村老年反贫困不限于上述内容，其他服务还有权益保障、政策倡导等。在实践中，社会工作者应基于以人为本、精准服务的原则，为陷入困境的农村老年人提供有针对性的专业服务。作为参加脱贫攻坚战的新兴力量，社会工作要努力回应贫困群体的需要，探索开展一些具有示范性的服务项目。这些项目要体现“助人自助”的服务理念，将协助老年人脱贫与完善社会福利政策、发挥老年人的优势与特长、促进对老年人的关爱和发展老年人的能力结合起来。干预方法也应该是综合性的，即综合运用个案工作、小组工作、社区工作、社会行政等方法，以争取达到较好的效果。

第二章　农村经济贫困老年人的社会工作服务

农村老年人是贫困发生率最高的群体。农村老年人存款少、收入低、抵抗风险的能力弱。在社会保障机制尚不完善的情况下，他们的生活稍有变故就容易陷入贫困。对规模庞大的农村贫困老年人的精准脱贫成为我国反贫困的实践难题。学术界最初对于贫困的界定仅涉及经济贫困，也称收入贫困。经济贫困是指物质资源不能满足自身最低生活需求的状况。随着贫困研究的深入，贫困的含义开始涉及能力、心理、精神等多个维度。多维贫困的概念体现了社会的进步与文明的发展，但贫困首先一定是经济上的贫困。尽管农村老年人面临着多维贫困，但经济维度仍是其他贫困的触发之源。因此，本章主要是从经济维度来探讨农村贫困老年人及与之相关的社会工作服务。

第一节　农村经济贫困老年人社会工作的内容

一、农村经济贫困老年人的救助服务

救助服务是社会工作者为满足农村贫困老年人及其家庭的基本生活需求而提供的专业服务。社会工作者在评估农村贫困老年人及其家庭的基本经济状况和物质生活条件的基础上，在现有的社会救助政策框架内，通过链接各种资源，制定最有利于农村贫困老年人的救助策略，解决或缓解其生活困难。从救助服务的形式来看，农村贫困老年人的救助服务主要包含实物救助和资金救助两个方面。

（一）农村经济贫困老年人的实物救助

实物救助服务指的是社会工作者直接或间接为贫困老年人提供生活必需品的工作。对农村贫困老年人而言，实物救助服务非常重要。首先，它是维持生活自理能力受损老年人生存的关键性社会支持。按照生活自理能力的程度，农村贫困老年人可分为无生活自理能力、有部分生活自理能力和有完全生活自理能力三类。无生活自理能力的贫困老年人大多去了敬老院。有完全生活自理能力的贫困老年人占总体的比例较小。在有部分生活自理能力的贫困老年人中，有相当一部分人行动不便，有的腿脚不利索，有的是残疾人，有的患慢性疾病。农村的商业服务和道路交通状况相较于城市而言较差，导致部分老年人不能及时获取各种生活必需品。

其次，农村贫困老年人由于缺乏经济安全感而消费水平较低。邬沧萍教授曾专门研究过农村老年人的消费状况，发现农村老年人的日常开销非常小，甚至存在“零消费”的现象，即日常货币消费趋于零的生活模式。[①] 由于生计脆弱，农村老年人通常缺乏经济安全感，因而只能尽量不消费。普通的农村老年人尚且如此，贫困老年人的情况就可想而知。他们即便能得到一点救助金的资助，也依旧会节衣缩食。物质贫困直接关系到人的生存，因此对农村贫困老年人提供生活必需品是十分必要的。

最后，实物救助体现着社会的关爱。实物是一种福利资源，往往来自政府派发、社会捐赠、企业救助，体现了全社会对农村贫困老年人的关爱。社会工作者通常是传递这种关爱的桥梁，他们深入贫困老年人家中，评估其精准脱贫需求，提出具有针对性的脱贫对策，帮助链接相关扶贫资源。在驻村服务中，社会工作者与贫困老年人保持着密切的联系，对老年贫困者嘘寒问暖。这种送上门的救助服务是当前农村贫困老年人最需要的。

（二）农村经济贫困老年人的资金救助

资金救助，即依据政策、制度和捐赠意愿直接为贫困者提供经济支持。资金也是社会福利资源的一种，主要来自财政投入和慈善捐助两个方面。由财政安排的社会救助资金涉及最低生活保障、特困供养、临时救助、医疗救助等。其中，从2007年开始实施的低保制度对经济贫困老年人尤为重要。农村低保制度是社会保障体系的重要组成部分，其实施有助于增进社会福利，缓解农村居民的绝对贫困。农村贫困老年人是“弱势中的弱势”，符合条件的应做到“应保尽保”。社会工作具有执行社会政策的职能，社会工作者

① 张岭泉，邬沧萍，段世江. 解读农村老年人的“零消费”现象[J]. 甘肃社会科学，2008(1)：211－214.

在扶贫工作中应特别关注涉及农村贫困老年人的社会政策的执行情况。

慈善捐助也是农村贫困老年人获得资金扶持的一个重要渠道。近些年，随着我国社会组织的发展壮大，很多社会服务机构和基金会活跃在扶贫领域，这是精准扶贫可以依靠的力量。社会工作者在此方面应发挥链接资源、筹集资源和配置资源的功能，例如：主动联系公益慈善类社会组织、企事业单位，向它们反映农村贫困老年人的生活困境，呼吁它们进行对口帮扶；策划公益项目，通过相关捐赠平台筹集资金，面向农村贫困老年人开展社会服务；配置福利资源，提高透明度，做好向社会公众交代的工作。

二、农村经济贫困老年人的金融服务

在数字金融技术的推动下，金融活动逐渐融入老百姓的日常生活。金融在经济社会生活中日益重要，现代社会已经迈向“金融社会”。金融领域的伦理是市场经济的资本伦理，具有富者越富、穷者越穷的马太效应。为避免贫困群体的处境因金融能力薄弱而越来越差，降低他们的金融风险、增强他们的金融能力是十分必要的。

（一）金融服务助力农村老年反贫困

个体的金融能力与其资产建设有着紧密的关系，可以触及的金融机会对人们的生活日益重要。但受各种主客观条件的限制，贫困群体特别是农村贫困老年人群体的金融能力发展远远赶不上社会金融化的速度。同时，普惠金融仍是政府需要努力实现的目标。在金融能力不足和缺乏普惠金融机会的双重困境下，农村贫困老年人的许多生活功能将会变得低效甚至无法实现。要想使反贫困政策现实有效，贫困者必须具备一定的金融能力。金融能力指的是个体金融知识、技能与他们所能享有的金融服务与金融产品之间互相促进的一种状态，包括两个层面：一是微观层面的个体金融素养与金融技能，二是宏观层面的普惠金融机会。① 个体在拥有金融知识和技能的同时享有符合他们需求的金融产品与服务时，才被视为拥有金融能力。享有可及的金融服务、拥有必要的金融知识和技能是实现金融能力的两大前提。为农村经济贫困老年人提供金融服务是对其金融赋能的必要举措。

（二）农村贫困老年人金融服务的内涵与举措

农村贫困老年人的金融服务是指社会工作者为农村贫困老年人学习有关金融知识提供的服务。通过金融服务，社会工作者要让农村贫困老年人了解储蓄、投资和资产建设的相关基础知识，理解时间维度在投资中的重要作用，合理安排救急储蓄和长期投资。当然，这项服务的对象不局限于农村贫困老年人，所有农村老年人和中年人都应该是其服务对象。从金融服务的实际效果来讲，针对农村中年人的金融服务更有防微杜渐的作用，因为老年人在中年时不懂得为老年期储蓄是当前农村贫困老年人贫困的原因之一。

社会工作者为农村贫困老年人提供金融服务可着眼于三个方面。首先是金融政策倡导。社会工作者和社会工作机构要介入政府和金融主管部门，呼吁政府和金融业关注农村贫困老年人的金融利益。社会工作机构要建议监督管理商业银行的银监局和人民银行出台相关的政策与法规，确保农村贫困老年人在金融服务中享受特殊的待遇和优惠。政府鼓励和支持有

① 方舒，兰思汗.金融赋能与资产建设：金融社会工作教育、研究与实务国际研讨会综述[J].开发研究，2019(2)：142-147.

条件的银行开展针对农村贫困老年人的特色金融服务。

其次是金融知能培育。社会工作者要采用各种办法来提升农村贫困老年人的金融能力。社会工作者可以通过链接各种资源，采用个案辅导、互助小组、讲座、社区教育、工作坊等形式协助农村贫困老年人了解和掌握有关金融知识，提升其金融能力。社会工作者不仅要解决他们可能遇到的如金融政策、普惠金融法规、防范金融诈骗知识与方法等一般性、普及性金融问题，还要解决他们可能遇到的不会使用金融产品、小额贷款知识缺乏等特殊性和专门性问题。

最后是资产建设。社会工作者要利用专业方法帮助农村经济贫困的老年人确立并执行金融计划，不断增强其改变的动机；协助农村经济贫困老年人将金融能力与行为改变的过程步骤化，以最终实现目标。

三、农村经济贫困老年人的权益保障

(一) 农村贫困老年人权益被侵犯时有发生

我国一直存在着敬老爱老的优良传统和赡养老年人的孝道文化。但随着现代社会的发展，农村孝道文化缺失，歧视老年人、不赡养甚至虐待父母的现象时有发生，老年人权益及其维护面临越来越多的挑战。农村贫困老年人作为最弱势的群体，本该受到社会的关爱与支持，但在现实生活中其权益却常常被侵害。

在享受基本养老保险方面，有些老年人的权益受到了侵害。例如，因子女没有缴纳新农保或社会保险，一些农村老年人的养老金领取权被剥夺。这种捆绑做法的依据是《国务院关于开展新型农村社会养老保险试点的指导意见》中的相关条款:“新农保制度实施时,已年满60周岁、未享受城镇职工基本养老保险待遇的,不用缴费,可以按月领取基础养老金,但其符合参保条件的子女应当参保缴费。”[①]在农村土地承包与流转中也存在着侵犯贫困老年人权益的现象。例如,有的子女在农村土地承包中直接把父母的土地据为己有,不经父母同意擅自将土地进行流转,独揽其收入。农村土地承包与流转中变相的继承权进一步削弱了贫困老年人的经济独立性。

一些农村地区存在着“子富父贫”的怪象。一些贫困老年人的子女过着小康生活,却不赡养自己的父母。而处在如此境遇之下的贫困老年人秉持家丑不可外扬的思想,害怕给孩子丢脸,再苦再难也选择忍气吞声。一些贫困老年人想要维护自己被赡养的权利却苦于没有途径。最关键的问题是,由于子女的生活水平尚可,这些被子女抛弃的贫困老年人无法获得低保救助,基本生活缺乏保障。这非常容易引起贫困老年人的绝望,这种绝望甚至会引发一些农村贫困老年人做出自杀等极端行为。

(二)农村经济贫困老年人权益保障服务的内涵与举措

权益保障服务,也叫权益维护服务。它是社会工作者在农村贫困老年人的人身、财产、赡养等权益受到侵害时,为其提供政策支持和法律援助,从而维护农村贫困老年人正当权益的一种服务。农村贫困老年人权益保障服务主要包括以下内容。

第一,法律咨询服务。向贫困老年人提供法律咨询是法律社会工作者的重要工作内容。若案情和证据简单,当事人可以通过电话、网络等渠道进

① 李昕瑶,盛楚淇.哈尔滨市香坊区新型农村养老保险实施问题分析[J].商业经济,2014(4):14-15.

行咨询;若案情和证据复杂,则需要当事人当面咨询。法律社会工作者将根据具体情况来帮助其审查证据,明确法律关系,提出解决方案。

第二,法律文书撰写服务。农村贫困老年人立遗嘱、分家产等需要撰写一些法律文书。有的法律纠纷虽然进入了诉讼阶段,但因法律关系比较简单,只需法律社会工作者帮忙拟具起诉状和答辩状。① 对文化水平不高而又缺乏法律知识的农村贫困老年人来说,这些法律文书的撰写工作就需要法律社会工作者协助完成。

第三,取证调查服务。农村贫困老年人法律纠纷中的取证非常重要,很多情况需要法律社会工作者依法调查取证或指导其调查取证。例如:因为不熟悉法律,有的农村贫困老年人不能取得符合要求的证据;由于缺乏法律意识,有的农村贫困老年人没有及时保留相关证据,需要一定的方法才能获得证据。

第四,案件代理服务。如果农村贫困老年人的争议进入诉讼阶段,虽然其贫困仍然不满足法律援助的条件,但可以委托法律社会工作者参加诉讼。法律社会工作者既可以以律师身份参加诉讼,也可以以法律社会工作者身份参加诉讼。

第二节　农村经济贫困老年人的社会工作模式

社会工作模式是在社会工作实务中形成的,在相对固定的理论架构指

① 乔中国,薛立斌.法律社会工作论纲[J].社会工作与管理,2015,15(6):18-23,92.

导下的具有普适性价值的社会工作服务方式。① 社会工作模式是人们对解决某类问题的方法所进行的概括与抽象，是联结社会工作理论与实务的桥梁。它以社会工作理论为基础，是贯穿于社会工作实务过程的概念化设计与经验总结。文军教授主编的《社会工作模式：理论与应用》列出了问题解决模式、危机干预模式等 21 种模式。这些模式在反贫困社会工作中大都可以运用，但相对而言，社会目标模式、社会支持模式、社区发展模式、生态系统模式和整合发展模式更具实用性。在实际的反贫困服务中，单一模式运用得很少，往往是多种模式综合运用。这里，我们主要讨论农村经济贫困老年人社会工作的三种实务模式。

一、行政性反贫困社会工作模式

（一）行政性反贫困社会工作模式的含义

在我国的反贫困工作中，中央与地方各级政府一直扮演着至关重要的角色。消除贫困是政府义不容辞的责任。行政性反贫困社会工作模式指政府是农村贫困老年人社会服务的直接提供者，政府应采取各种形式回应农村贫困老年人的需求。当前我国行政性反贫困社会工作主要表现为社会福利部门所从事的反贫困社会工作，其涉及的主体主要是民政部门、政府扶贫机构，以及共青团、妇联等以特定人群为服务对象的群团组织。

行政性反贫困社会工作模式有三层含义。第一，行政性反贫困社会工作模式坚持以农村贫困老年人为本，以其需求为指导，重视其生存状态，通

① 文军. 社会工作模式：理论与应用[M]. 北京：高等教育出版社，2010：12.

过实物、资金、政策和法律等支持方式帮助农村贫困老年人解决最迫切的问题。第二，行政性反贫困社会工作能卸下农村贫困老年人的思想包袱，调节其消极心态，激发低龄老年人通过获得知识技能来脱贫的积极性。第三，行政性反贫困社会工作通过建立农村老年反贫困责任制，建立反贫困的社会关系网络和社会支持体系，动员各种力量参与反贫困事业。反贫困是政府、贫困老年人和整个社会的共同事业。

（二）行政性反贫困社会工作模式的特点

行政性反贫困社会工作模式的第一个特点是行政性。在行政性社会工作中，社会工作被纳入行政框架中，具有行政性的特点。行政性反贫困社会工作对农村贫困老年人的服务与帮助是按照行政系统的运行方式和管理手段进行的。农村贫困老年人向所属行政部门反映需求，代表政府的有关行政单位有责任去解决他们的困难。在这些行政单位中，民政部门尤为重要。民政部门是主管社会福利和社会工作的政府部门。专业社会工作与民政工作关系密切，前者常常嵌入后者而成为社会政策的执行者。制定社会政策是中央和省级民政部门的主要工作。地市和县级的民政部门的一部分工作是贯彻执行社会政策，另一部分工作是直接面对特殊社群的社会工作。而到了街道、乡镇和居委会、村委会等基层，为弱势群体提供社会服务则是其主要任务。此外，行政性反贫困社会工作中的工作人员主要是政府干部或公务员，他们在正式的行政组织架构内，按照国家政策及本部门的工作方式，开展针对农村经济贫困老年人的反贫困工作。这种反贫困工作既有服务工作也有管理工作，而其反贫困的服务工作部分实际就是社会工作。政府也可以通过购买服务的方式，让专业社会工作者驻扎农村，开展针对经济贫困老年人的社会服务，以弥补人力不足与专业性不足的缺憾。

行政性反贫困社会工作模式的第二个特点是半专业性。行政性反贫困社会工作虽然也力求回应贫困老年人的需求，帮助服务对象摆脱困境，但工作作风与方式往往带有政府管理的烙印，与专业社会工作机构中的职业社会工作者相比，具有半专业性的特点。目前我国行政性反贫困社会工作中的工作人员主要由两部分人构成。一是非专业和半专业的行政性人员，如乡镇干部、扶贫专员、村干部等。这部分人比较多。他们通常有丰富的实践经验和较强的工作能力，熟悉农村的风俗人情，工作方法多凭经验而非专业技巧。虽然他们也接受过社会工作、社会治理等专题培训，甚至了解专业社会工作的理论和方法，但仍习惯于行政工作的方式方法。二是专业的社会工作人员，这部分人比例较小。随着社会工作的发展，包含社会工作职能的有关部门都引入了专业社会工作者。但是受行政体制的影响，在实际工作中，这些专业社会工作者的职责定位不清，很多人承担着大量的行政工作，扮演着“万金油”角色。可以说，专业社会工作者被“非专业”使用，影响了其专业功能的发挥。

（三）行政性反贫困社会工作模式的策略

民政领域是行政性反贫困社会工作模式的主要场域。民政工作质量水平的提升要从提升民政领域社会工作着手。民政部采取积极有效的措施破除制约社会工作发展的短板，从而带动各领域社会工作全面发展。行政性反贫困社会工作模式的策略主要包括以下几种。

(1) 精准化服务的策略。“精准扶贫＋社会工作”或者“社会工作＋精准扶贫"应该是我国扶贫开发的探索难点。① 当前行政性反贫困社会工作必须精准化。首先是贫困对象精准识别。行政性社会工作者大多数在基层，他们能够对农村老年人的生存状况与生活质量进行实时了解与监测，把真正贫困的老年人纳入帮扶体系。其次是帮扶项目精准确定。行政性社会工作者可以利用行政工作实践的机会，对贫困老年人进行全面观察与深入交流，分析其贫困的根源，链接社会资源，对症下药，精准确定帮扶项目。最后是乡村资源精准整合。农村贫困老年人的脱贫离不开农村社区的发展。行政性社会工作者应积极拓宽社区资源获取渠道，通过乡村资源的精准整合，推动贫困老年人参与相关脱贫项目，切实为改善其经济收入与生活质量提供帮助，促进农村贫困老年人与农村社区的长远发展。

（2）全方位协调的策略。行政性反贫困社会工作是协调扶贫实践中各个参与主体权利与利益的全方位沟通者。从纵向来看，基层民政社会工作者需要协调好与扶贫项目有关的从省市到乡镇的各级权力机构与部门。从横向来看，基层民政社会工作者要做好村民、贫困户、村干部、地方精英、企业等扶贫相关方的协调与沟通工作。如何恰当地与不同的机构和人群沟通，使之共同助力农村贫困老年人脱贫是基层民政社会工作者需要具备的能力与技巧。

（3）资源链接与整合的策略。基层民政社会工作者是为农村贫困老年群体链接扶贫资源的纽带。基层民政社会工作者通过上下联动，整合基层扶贫资源，激活基层组织建设，切实推动农村贫困老年人的贫困治理工作。

① 谢俊贵. 论精准扶贫中的社会工作精准化[J]. 贵州师范大学学报(社会科学版)，2017(1)：45－52.

基层民政社会工作者来自各乡镇、街道社会工作站(室)、老年人服务机构等。他们不仅能充分利用自己所在单位的平台优势获取外部资源,还能发挥自身社会网络动员能力,让更多的资金、项目、人才流入农村,结合当地的特色产业与农村贫困老年人的实际情况对农村贫困老年人进行精准帮扶。

二、资产为本的社区发展反贫困社会工作模式

(一) 资产为本的社区发展反贫困社会工作模式的含义

资产为本的社区发展反贫困社会工作模式是从优势视角出发,立足农村贫困老年人及其所在社区的资源与优势,充分发挥贫困老年人的各种资本,通过推动农村社区的发展来促进贫困老年人脱贫。它注重对贫困老年人的资本利用与能力建设,使其成为自身反贫困的主体。

资产为本的社区发展反贫困社会工作模式既重视“资产”,也立足于“社区”。从农村贫困老年人及其所在社区所拥有的资产出发,看到农村贫困老年人的各种资源,鼓励并努力促使其积累资产,从而产生脱贫的自信与自我发展的能力,最终实现脱贫。同时,农村贫困老年人的脱贫必须依托农村社区的发展。农村社区的价值之一就是为居民提供各种服务。社会工作者要充分利用农村社区自身的资源,发挥自身在资源对接和关系协调方面的优势,为农村贫困老年人争取更多资源,通过农村社区更好地带动贫困老年人脱贫。

(二) 资产为本的社区发展反贫困社会工作模式的特点

虽然资产为本的社区发展反贫困社会工作模式采取优势视角,但并不

意味着它不留意问题的存在，不去回应及解决农村贫困老年人的问题。该模式强调从资产和优势入手，认为优先寻找资产和优势比首先关注问题与不足会使人更有信心和能力去面对所要解决的问题。资产为本的反贫困社会工作模式有三个特点。

(1) 以资产为本。从认识论层面来讲，农村老年反贫困社会工作既要从农村贫困老年人的问题或需要出发，更要从农村贫困老年人及其所在的社区所拥有的资产和优势出发。从操作层面来讲，社会工作者在介入农村老年人脱贫问题时，必须关注农村贫困老年人及其所在社区中的现有资源，如居民的能力、社区现有的组织团体和特色资源等。在实务工作中，社会工作者要在进行贫困老年人与社区需要调查或问题界定的同时，去寻找贫困老年人与社区内的资产和优势。

(2) 以内部为焦点。农村老年反贫困社会工作必须重视老年人自身能力的培养。农村老年人的致贫原因之一是能力不足。他们因文化程度低，往往依靠单一低效的农业劳动谋生，缺乏多样化的生计途径。知识贫乏和能力不足又加剧了其对脱贫的绝望和坐等帮扶的思想。扶贫先扶智，资产为本的反贫困社会工作模式非常重视教育扶贫。它主张通过各种形式的培训改变贫困老年人的认知，提升他们的增收技能和自我发展能力。该模式信奉“授人以鱼不如授人以渔”，强调挖掘农村贫困老年人的潜能，增强其自我救助能力和社会融入能力。

(3) 注重关系网络的建立。农村贫困老年人社会关系弱化，社会交往不足，社会融入不够。社会工作者必须帮助他们与农村社区居民、社区组织之间建立起关系网络。社会工作者以社区为依托，在农村贫困老年人现有关系网络的基础上整合各种社区资源，协调各方力量，运用专业知识和方法开展有针对性的社区活动，帮助贫困老年人构建与拓展社会关系网络。农村贫困老年人关系网络主要包含：农村贫困老年人之间的关系网络，农村贫困老年人及其群体与社区居民之间的关系网络，农村贫困老年人及其群体与农村社区及各组织之间的关系网络等。

（三）资产为本的社区发展反贫困社会工作模式的实务策略

社会工作者要注重发掘农村社区内部资源，促进社区发展，因此在实务中既要针对农村贫困老年人开展专业服务，还要统筹整个农村社区。资产为本的社区社会工作大体会经历三个阶段，每个阶段的服务策略都有所不同。

(1) 建立信任关系阶段。这一阶段可采用个案工作和社区工作的策略。对于农村贫困老年人而言，社会工作者是陌生的“闯入者”。他们不了解什么是社会工作和社会工作机构，不知道社会工作者要做什么，也不会表达自己的需求。有些老年人会排斥和抵制社会工作者的到来。因此，建立信任关系、搭建良好沟通纽带就成为首要任务。而实现这一任务的有效方式则是认真分析服务对象的需求，采用个案工作和社区工作的策略，尽快解决他们面临的突出困难。如此，老年人会看到服务的效率和效果，进而对社会工作者和社会工作机构产生信任感。

(2) 个体层面的增能阶段。增能常常在社会互动中出现，因而此阶段较宜采用小组工作方法。这一阶段主要利用社区资产为农村贫困老年人增能，增强服务对象的自我发展能力、互助能力和自我管理能力。能力增强意味着服务对象群体之间能够建立良好的团队意识，在团队成长中相互支持与帮助，相互理解彼此的困难和需要，搭建支持网络，充分利用社区资产，进一步促进自我能力的提升。

(3) 社区发展与个体脱贫阶段。这一阶段适合采用社区工作方法。前两个阶段的介入策略达到的效果是，服务对象走出原有较狭窄的活动空间，融入亲密程度高的乡村群体，从而为个体和乡村的发展建设创造条件。自我学习能力、团队管理能力、互助能力的提升，促进了整个群体能力的提高，从而增加了个人知识资产，达到小组成员资源共享。这一阶段注重以资产为本，积极鼓励和动员社区参与，推进资产建设和乡村建设，推动乡村经济、文化、社会高效发展，最终助力农村贫困老年人脱贫。

三、社会支持反贫困社会工作模式

(一) 社会支持反贫困社会工作模式的含义

社会支持模式始于 20 世纪 60 年代的社会网络治疗，是以 20 世纪 80 年代的社区支持为代表的一种社会工作模式。[①] 作为对弱势群体的帮助，社会支持一般是指来自个体之外的各种支持的总称。获得社会支持，有利于人们解决各种问题与危机，维持日常生活的正常运行。本书采用林南教授对于社会支持的定义，即社会支持就是意识到的或实际的由社区、社会网络和亲密伙伴提供的工具性或表达性的资源。[②]

社会支持通常分为正式支持与非正式支持两类。来自企业、社区组织

① 文军. 社会工作模式：理论与应用[M]. 北京：高等教育出版社，2010：323.

② LIN N, ALFRED D, WALTER E. Social support, life events, and depression[M]. Orlando: Academic Press, 1986: 34 - 35.

和政府的支持属于正式支持；来自血缘关系、亲缘关系、业缘关系、地缘关系和趣缘关系的支持属于非正式的社会支持。社会支持的形式主要有物质帮助、行为支持、亲密的互动、指导、反馈、正面的社会互动等六种。① 社会支持反贫困社会工作模式是社会支持模式在反贫困领域中的具体运用，指通过链接各种社会资源，使农村贫困老年人获得精神、物质、资金、信息等方面的支持与帮助，经过自身努力逐步摆脱贫困的社会工作模式。农村贫困老年人所获得的正式支持大体相同，主要是指来自政府的政策性支持，各种社区组织、企业的帮助，以及一些专业性团体的援助和支持。但他们获得的非正式社会支持却各不相同。外在于农村贫困老年人的社会支持往往表现为潜在的资源，它们不会自动转移给贫困群体。因此，社会工作者可着眼于贫困老年人的需求，帮助其寻找和链接资源，使各种社会支持能够助力老年人脱贫。事实上，社会工作实务的主要内容就是引导服务对象挖掘和利用社会支持。

（二）社会支持反贫困社会工作模式的特征

社会支持反贫困社会工作模式的基本思路和过程如下：首先，整合社会资源形成相互联系的支持网络，以提高其整体效能；其次，传递社会支持，帮助农村贫困老年人建立自己的社会支持网络，并尝试通过该网络获取各种社会资源；最后，被支持的农村贫困老年人自主开展互助与自助，进而摆脱贫困。可见，支持与被支持是一个持续的互动过程，蕴含着助人自助的理念。这一工作模式可用图 2－1 表示。

① 周林刚. 社会支持与激发权能：以城市残障人福利实践为视角[M]. 北京：社会科学文献出版社，2009：85.

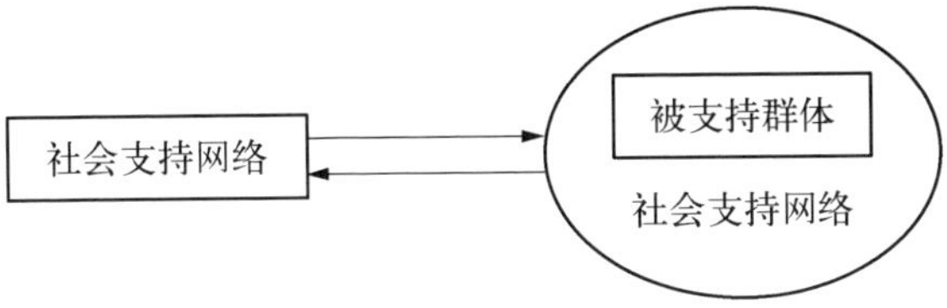

图 2－1　社会支持模式结构图①

社会支持反贫困社会工作模式具有三个特点。一是整合性。通过社会工作者的寻找、挖掘与联系，将微观（个人、家庭、非正式群体等）、中观（社区、社会组织等）、宏观（政策、制度、文化等）的各种资源整合起来，形成相互联系的以服务对象为中心的关系网络。这种整合既是关系的整合，也是资源的整合。整合的关键是建立联系，而不是简单罗列资源清单。在整合的过程中，社会工作者要引导贫困老年人参与互动，与正式的和非正式的支持者建立联系。

二是互动性。首先是农村贫困老年人与社会工作者之间的互动。社会工作者与案主之间是双向平等的互动。社会工作者通过构建服务对象的社会支持网络，充分挖掘其优势与资源，建设案主应对危机与困难的能力，并与其一起讨论和探索建立适宜的日常生活。② 其次是支持者与农村贫困老年人的互动。社会支持工作模式从整合支持资源开始，就一直致力于推动支持者与农村贫困老年人的交流和互动。这种互动一方面有助于老年人在认知和行为方面发生改变，另一方面也有利于支持者了解农村贫困老年人的问题和需求，从而有针对性地提供帮助。

三是普适性。社会支持模式具有广泛的适用性，因为它符合社会工作

① 文军. 社会工作模式：理论与应用[M]. 北京：高等教育出版社，2010：335.

② 黄耀明. 失独家庭重建的社会支持工作模式研究[J]. 北京社会科学，2014(7)：44－49.

关于“人在环境中”的专业理念，是社会工作实务的重要工具。由于社会工作介入的对象常常是处于困境的弱势群体，而弱势群体的社会支持通常又较为薄弱，因而社会支持模式在残疾人社会工作、困境儿童社会工作、老年社会工作等诸多领域中都得到了广泛的运用，并可作为任何一种其他社会工作模式的补充。[①] 农村贫困老年人之所以陷入绝对贫困，往往与社会支持匮乏有关。因此，强化对该群体的社会支持，无疑是助力其脱贫的重要途径。

（三）社会支持反贫困社会工作模式的实务策略

（1）个人支持策略，是指社会工作者着眼于农村贫困老年人现存的人际关系，识别可以提供支持的成员，并与其建立一种支持的关系。在农村贫困老年人社会支持的来源中，关系强度越高的群体越愿意提供支持。社会工作者要根据农村贫困老年人家庭及家族结构中不同成员的角色，引导服务对象获得不同的支持。

（2）志愿链接策略，是指社会工作者帮助农村贫困老年人与可提供支持的志愿者之间建立联系。社会工作者需要与志愿者充分沟通，反映贫困老年人的境况与需求，协商服务内容，以促进志愿者提供服务。如果志愿者是社会工作者所在机构聘任的，社会工作者通常还需承担管理和监督职责，以确保其按照志愿服务计划开展工作。

（3）互相援助策略，是指社会工作者把有相同的问题，兴趣、能力、处境相似的农村贫困老年人聚在一起，建立起他们之间的联系，促进彼此相互支持、抱团取暖。

---

① 文军.社会工作模式：理论与应用[M].北京：高等教育出版社，2010：332.

(4) 社区授权支持策略，是指社会工作者识别和联系农村社区的关键人物与领袖，获得其对农村贫困老年人的支持。社会工作者主要扮演联系人和中介的角色，把社会支持网系统内部与系统之间的关系与资源整合在一起，促进资源的实际利用与支持的真正落实。

上述四种实务策略的要点，可参见表 2-1。

表 2-1　社会支持反贫困社会工作模式实务策略①

实务处理策略	案　主	支持者类型	支持地点	预期功能
个人支持策略	农村贫困老年人个体	专业社会工作者、家庭、邻居、朋友	不特定	脱贫
志愿链接策略	农村贫困老年人个体	专业社会工作者、志愿者	家庭、社区	脱贫
互相援助策略	农村贫困老年人群体	有相同问题的人	社区、不特定	脱贫
社区授权支持策略	农村贫困老年人个体、农村贫困老年人群体	非正式支持者、专业社会工作者	家庭、社区	脱贫

第三节　农村经济贫困老年人社会工作的路径

社会工作介入农村贫困老年人精准脱贫是我国精准脱贫实践的重要手段。社会工作自身要不断发展与完善，才能更好地介入农村贫困老年人精准脱贫，更好地服务于农村贫困老年人。优化农村经济贫困老年人社会工作服务路径可着眼于以下几个方面。

① 文军. 社会工作模式：理论与应用[M]. 北京：高等教育出版社，2010：339.

一、完善社会工作介入农村精准扶贫的机制

社会工作参与农村老年人脱贫攻坚，既有助于农村老年人精准脱贫目标的实现，也能促进社会工作自身的发展与完善。寻求社会工作介入老年人精准脱贫的有效路径需要在资金支持、社会认同等多个层面同时进行。

（一）建立农村社会工作资金保障机制

现有脱贫攻坚中的专项社会工作服务资金无法支撑其为老年人精准脱贫提供基础服务。有研究发现，2017 年各地社会工作投入资金量共有 51.1 亿元，除广东、上海、北京等地超过 1 亿元外，其他大部分省份社会工作资金投入均为几百万元至几千万元。但很多省份提供给社会工作参与精准扶贫的资金十分微薄，约占社会工作总投入资金的百分之一。投入不足导致社会工作参与精准脱贫面临尴尬局面：一方面政府要求社会工作积极参与反贫困工作，另一方面社会工作机构因资金不足难以开展高质量、覆盖面广的服务项目。同时，社会工作机构自身吸纳资金能力比较弱，基层政府对于服务类扶贫项目兴趣不大等原因，导致目前社会工作参与精准脱贫普遍存在着服务难开展、难持续、覆盖面窄、影响力小等问题。

农村社会工作经费严重不足使得帮助农村老年人精准脱贫的社会工作者数量缺口很大。截至 2017 年年底，全国社会工作专业人才资源总量约为 100 万人，其中参与农村精准扶贫的社会工作者仅有 8 000 余人，在社会工作各实务领域中是最少的（见表 2－2）。① 这 8 000 多人，分散全国各地，又要

① 王三秀，芮翼. 社会工作介入农村老年精准脱贫的困境与出路：基于 Z 县 Y 村的调查[J]. 四川理工学院学报(社会科学版)，2018，33(4)：1－18.

对接多种群体。由此可以推算，面向农村贫困老年人开展工作的社会工作者必然非常有限。在项目经费不足、生活条件艰苦、服务工作得不到认可的情况下，一些驻村社会工作者难以长期坚持下去。因此，各级民政部门应加强对农村社会工作的资金投入，使社会工作机构能够持续驻村开展工作，并建立稳定的农村社会工作者队伍，进而使贫困老年人能够获得持续的支持。

表 2-2 2017 年社会工作专业人才资源情况表

类　别	2017 年度人数/人	占比/%	比重排序
民政	499 928	48.74	1
共青团	106 000	10.33	2
人力社保	90 563	8.83	3
司法行政	81 869	8.00	4
公安	48 268	4.71	5
教育	40 271	3.92	6
计生卫生	37 080	3.61	7
妇联	33 071	3.22	8
残联	29 804	2.91	9
工会	22 187	2.16	10
综治	14 330	1.40	11
信访	14 197	1.38	12
扶贫	8 189	0.80	13

（二）提高社会工作在贫困农村的知晓度

社会工作参与精准脱贫还面临着一个障碍，那就是广大农民并不知道社会工作,更谈不上认同。所以,相对于政府部门、企业、事业单位等扶贫主体,社会工作机构处于十分弱势的地位。多年来,贫困农民习惯了依靠政府提供的帮扶,甚至认为扶贫就是政府给钱、给物。当他们发现社会工作者不是政府公职人员,不能像企业家那样给扶贫资金、建扶贫设施、立扶贫项目,也不能像结对帮扶的事业单位那样直接捐款捐物,他们对社会工作的接受和配合就比较有限,至少在服务初期是这样的。农村社会工作者常常感慨,要一遍遍解释社会工作是什么、社会工作能干什么。由于社会服务是无形的,且很难立刻取得效果,因此社会工作者在农村开展工作时也常常面临着当地干部支持不足的困境。同时,由于对社会工作不了解,农村贫困老年人、基层干部可能会对社会工作者抱有不切实际的期望,误解了他们的本职工作。①

为了顺利开展农村社会工作,使社会工作作为社会组织的一支专业力量助力脱贫攻坚和乡村振兴,必须在农村地区加强对社会工作的宣传。近几年,民政部门、社会工作行业协会等已经在加强宣传工作,比如利用3月份的“世界社会工作者日”组织宣传和开展活动。但这也多限于城市,农村是社会工作宣传的薄弱地带。为此,要在农村地区加强对社会工作的宣传。主管社会工作的民政部门应制定专项规划,推动农村社会工作的发展,为专业社会工作进入农村提供支持。同时,要完善社会工作宣传机制,各级民政部门要采取多种措施大力宣传社会工作,提升社会工作的知晓度和美誉度。例如,组建专门的宣传团队,拍摄宣传视频,展播社会工作微电影等。社会

① 熊景维,钟涨宝.新时期我国农村社会工作的典型实践、经验与挑战[J].华东理工大学学报(社会科学版),2016,31(5):18-25.

工作协会和广大社会工作机构要积极参与宣传活动，将特别时段宣传与日常宣传、机构宣传与项目宣传有机结合起来。

二、发展农村经济贫困老年人金融社会工作

近几年，国内多次召开金融社会工作学术会议。2019 年 11 月，上海商学院发起成立了“上海金融社会工作发展中心”。西方经验表明，社会工作者将商业金融资讯、基础会计、预算等与个人或家庭经济发展相关的重要技巧带入实务工作，有助于济贫服务取得更好效果。金融社会工作领域中的资产建设也利于提升贫困群体应对生活风险的能力，增强脱贫信心。金融社会工作的兴起为我国解决贫困问题并提升贫困人士的能力提供了新的视角。

（一）农村经济贫困老年人金融社会工作的内涵

目前，对于金融社会工作的概念尚无统一的界定。黄进等研究者认为，金融社会工作是指通过完善个体及其家庭的金融能力与推动资产积累来改善案主的金融福祉，进而推动社会工作服务其他目标的实现。金融社会工作的主要目标是实现金融福祉，而实现这一目标的核心工作内容是提高金融能力和推动资产建设。① 还有学者认为，金融社会工作是金融服务、社会工作、日常生活三个向度交织重合的部分，它具有福利属性、社会化干预和面向钱财议题等三大本质特征。金融社会工作秉持“人与环境互动”的系统论视角，运用社会工作专业手法介入个人、家庭、群体和社区有关钱财方面

---

① 黄进，玛格丽特・谢若登，迈克尔・谢若登. 金融社会工作的核心内容：美国的探索[J]. 社会建设，2019，6(2)：19－22.

的议题，是一项涉及金融议题的福利性社会行动。[①] 本研究借用黄进等研究者的观点，将农村贫困老年人金融社会工作定义为：通过提升金融能力和推动资产积累，改善农村经济贫困老年人及其家庭的金融福祉，帮助其摆脱贫困。

（二）农村经济贫困老年人金融社会工作的实务

第一，金融知能培育。金融知能意为“让一个人能够认知并且有效运用财务资源的知识及能力”，简而言之，就是辨识财务资讯的知识及处理财务问题的相关技巧。[②] 金融社会工作的重点就是通过工作坊、讲座、个案辅导、社区教育等途径增加人们的金融知识。金融能力是个体在掌握金融知识后而具有的金融资讯获取、理财、金融决策与规划等能力。金融社会工作者通过扮演导师、教育者、教练、赋权者、顾问等角色，来提升个体的金融能力。

第二，金融政策倡导。金融机会是指个体获得金融服务的机会及影响其发挥金融技能的外部限制。[③] 弱势群体由于金融资讯不足、缺少金融支持和金融排斥等，不能获得公平的金融机会。为弱势群体倡导公平的金融机会是金融社会工作者的主要工作之一。有外国学者指出，金融社会工作者开展金融政策倡导的策略主要有：（1）加入政治性组织以推动低收入者金融支持性措施的出台；（2）参加最低工资运动以提升最低工资和所得税减

---

① 方舒，兰思汗．金融社会工作的本质特征与实践框架[J]．社会建设，2019，6（2）：14－19．

② 李青．金融社会工作与反贫困：社会工作反贫困研究中的经济性议题[J]．华东理工大学学报（社会科学版），2018，33（4）：19－26．

③ 邓锁．社会发展、金融能力与社会工作参与反贫困[J]．中国社会工作，2018（28）：25－26．

免;(3) 督促针对贫困的金融改进措施;(4) 呼吁政府为更多低收入群体开展支持性的金融社会工作服务;(5) 为低收入社区增加金融服务和机构开展游说;(6) 阻止掠夺性的金融行为。①

第三,金融治疗服务。缺乏金钱一直是底层民众面临的最重要的压力源。针对遭受金融压力的个人及其家庭开展心理取向的金融治疗是非常必要的。在美国,金融社会工作的创始人丽塔·沃尔夫松(Reeta Wolfsohn)创立的金融社会工作中心已经构建出一套成熟的金融健康治疗模式,为面临金融问题和经济压力的案主提供专业帮助。此外,美国金融治疗协会也在开展金融治疗服务,且已经形成一定的气候。

第四,进行资产建设。注重贫困者资产的积累可以使减贫政策事半功倍。资产建设是指围绕资产积累和个人金融能力增长所进行的建设过程。②“台北市家庭发展账户”就是典型的资产建设方案。该方案为贫困户开展相关金融知识与能力的教育,并为其提供特定的存款账户以鼓励他们定期储蓄,以达到贫困户财产累积和金融能力提升的目的。而该方案的实际效果也证实资产建设有着良好的脱贫效果。

在上述四种实务策略中,除了第三项金融治疗服务对农村经济贫困老年人不太适用外,其他三项都是适用的实务策略。金融知能培育可以传递金融知识、提供金融咨询、影响金融观念。金融政策倡导可以帮助老年人及家庭获得接受金融教育和政策服务的机会,推动金融机构提供适合老年人和贫困人士的金融产品和服务。资产建设则侧重于积少成多,以资产积累实

---

① GOLDBERG G S. Economic inequality and economic crisis: a challenge for social workers[J]. Social Work, 2012, 57(3): 211－224.

② 童星. 以资产建设的思路拓展社会保障[J]. 山东经济,2011,27(2): 82－86.

现“有恒产者有恒心”。近年来，美国、南非、孟加拉国等国的资产建设实践均产生了较好的减贫效果。今后，资产累积、能力建设、小额信贷、微型创业、社会企业、经济合作社等社会投资与社会发展策略，将成为反贫困的主要方式。①

三、开展农村经济贫困老年人法律社会工作

（一）农村经济贫困老年人法律社会工作的内涵

部分农村贫困老年人陷入贫困的原因之一是权益受到侵害。为回应社会工作保护弱势群体合法权益的需求，建立健全法律社会工作就变得日益迫切。虽然法律社会工作非常重要，但其尚处于发展初期，研究者对其内涵没有形成一致看法。陈慧女用法律社会工作指称司法矫治。② 石明磊认为法律社会工作“主要是指为‘特定人’提供法律服务的社会工作活动”。“特定人”既包括非诉讼活动中需要法律服务的人，如在赡养问题上与子女发生纠纷的老年人，也包括法律活动后留有一定“后遗症”的人，如强奸案件中的被害人以及刑满释放人员等。③ 乔中国、薛立斌认为，法律社会工作主要是运用法律和政策知识维护弱势群体合法权益的社会工作。④ 法律社会工作不同于律师工作、心理认知社会工作和司法矫治，要求社会工作者熟悉有关法律知识，具备司法服务和社会服务技能。农村贫困老年人可能遭遇权益受损问题，限于文化水平和经济条件，他们往往缺乏维权的渠道与能力。在

① 李青. 金融社会工作与反贫困：社会工作反贫困研究中的经济性议题[J]. 华东理工大学学报(社会科学版)，2018，33(4)：19－26.

② 陈慧女. 法律社会工作[M]. 台北：心理出版社，2004：1－20.

③ 石明磊. 法律社会工作：综合治理的重要内容[J]. 社会，2002，22(10)：60－61.

④ 乔中国，薛立斌. 法律社会工作论纲[J]. 社会工作与管理，2015，15(6)：18－23，92.

农村开展社会工作，社会工作者要能够回应贫困老年人在此方面的服务需求。

(二) 农村经济贫困老年人法律社会工作的实务策略

第一，政策倡导。对于损害农村贫困老年人合法权益的相关政策与措施，社会工作者要及时向有关部门反映，提出合理的修改建议，协助立法和决策部门进行政策调整，协助各级政府、社会组织有效实施涉及农村贫困老年人的福利政策。

第二，权益监督。社会工作者要监督有关部门的政策实施情况，防止诸如冒领、挪用扶贫物资，真正贫困老年人得不到救助等不公平和不公正现象的发生。

第三，权益维护。社会工作者对虐待、遗弃农村贫困老年人以及侵害其财产的行为要及时上报并干预，同时为其提供法律援助。社会工作者可依据《老年人权益保障法》，依托老年法庭和老年人合法权益维护岗等老年维权机构，维护农村贫困老年人的合法权益。

第四，纠纷调解。传统的乡村社会是一个无讼或少讼的社会。各种纠纷在差序格局内，通过族长与乡绅等地方精英的调解就能化解。在现代社会，地方精英权威弱化，当村民出现纠纷时，法律社会工作者可以担任纠纷调解员的角色。法律社会工作者运用共情、澄清、反馈、聚焦等沟通技巧，能使纠纷双方减少误会，稳定情绪，更好地表述自己的需求和需要解决的问题，避免矛盾升级。①

---

① 赵佳敏，张有亮，赵天祥. 农村法律顾问制度前瞻性研究：以湖北省潜江市为例[J]. 成都理工大学学报(社会科学版)，2017(6)：20－23.

第五，法律增能。法律增能就是通过法制宣传与教育，培养人们正确的法律观念，养成学法、用法的生活习惯。多数农村贫困老年人不太懂法，有些人的法律观念还是错误的。例如，在一些偏远农村地区，不少人认为男女双方只要办了酒席就算是夫妻，但法律却不认可这种关系。法律社会工作者可以通过法制宣传来纠正这些错误的观念，引导人们遇事找法、解决问题靠法。

第四节　农村经济贫困老年人社会工作实务案例

一、案例背景

（一）基本情况

袁某，女，安徽人，63 岁，初小文化，无就业技能。袁某既要承担养家责任，又要照顾儿孙生活，生活压力大，精神压力也很大，对未来生活看不到希望。2017 年袁某一家成为贫困户，主要靠政府救济和贫困帮扶生活。

（二）家庭情况

袁某老伴早年去世，多年来都是其独自带着儿孙生活。儿子今年 38 岁，儿媳妇在 6 年前与儿子离婚，留有一子，现 8 岁。袁某一家生活在农村，以往依靠务农和儿子在工厂务工作为主要生活来源，但收入很少，勉强维持基本生活。2017 年，袁某的儿子在外工作期间发生意外事故，导致双腿受到重创。为了给儿子看病，她已经花光所有积蓄，但最终儿子仍无法直立行走，丧失劳动能力。此时袁某自己年纪较大，又无就业技能，家庭急速陷入贫困。

（三）社会支持情况

袁某缺乏正式与非正式的社会支持网络。正式的支持主要来自政府、各级组织、机构、企业、社区等。2017 年，袁某生活陷入困境之时，国家已经普及精准扶贫工作，政府和社区是其可利用的正式支持。但在尚未被确定为贫困户之前，仅有社区的困难补助和帮扶，无来自机构、企业等单位的支持。非正式支持主要来自家庭成员、邻居、朋友、志愿者等。袁某的非正式支持也较弱，主要来自家庭和小部分邻里，但两个方面的作用都十分微弱。

（四）社区资源情况

袁某个人及家庭的资源匮乏，处于贫困状态。袁某所在镇上的产业扶贫工作已经开始，逐渐形成了鸵鸟养殖产业，并发展出一系列的周边产业。县、镇、村各级设有专项资金用于精准扶贫，具备一定的物质资源，并且都配备了贫困帮扶干部，为精准扶贫工作提供了充足的人力资源。

二、案例分析

（一）社会工作者诊断

案主由于家庭成员突然遭遇变故，陷入经济困境。案主面临经济贫困、精神萎靡、生活无希望等方面的问题，如果单纯依靠短时的经济援助，只能解决一时的困难，难以从根本上解决问题。对于此案主的情况，社会工作者需要结合扶贫扶志的思想，在专业社会工作价值观指导下，运用专业服务技巧综合解决问题。

（二）需求评估

第一，评估贫困老年人个人。社会工作者结合以往与服务对象打交道的经验，通过对袁某的观察探访与深入交流，了解其现状，并深入分析其问题根源。

第二，评估利益相关方。社会工作者对与袁某相关的个人、家庭、社区等进行调查，全面深入地了解袁某的生活、经济等方面的综合情况，判断袁某与各方的主要需求。

第三，从第三方视角进行评估。社会工作者利用独立于政府之外的第三方身份对袁某进行细致深入的调查，调查结果与官方数据相互印证补充，进一步核实袁某的贫困状态。

第四，借助其他手段进行评估，如社会支持网络图。社会工作者要求袁某识别出相关支持力量并在图上标注，根据离中心圆的远近来区分支持力量的大小：离中心圆越近表示支持越大，反之则支持越小。纵列的网络用于量化袁某获得的支持水平。

（三）案主的“精准”需求

根据脱贫攻坚战略要求，需求评估也应做到“精准”，指从识别贫困户、制定扶贫措施到脱贫都应该精准，明确贫困户的特点，做到每一步都精准。具体来说，精准评估需求主要包括以下三个方面。

1. 精准识别

社会工作者应重视对案主的精准识别。一是精准识别服务对象的贫困条件。根据安徽省 2017 年脱贫攻坚要求，社会工作者应对贫困户从识别规范、识别标准、识别过程等多方面实现“精准”。对案主袁某的精准识别也应严格按照程序执行，并计算家庭人均纯收入。二是精准识别服务对象的多重需求。此时应该由社会工作者运用专业的评估技巧对案主的多重需求进行识别,并确定多重需求满足的先后顺序。多重需求包括经济、生活、心理等方面。对于本案例中的袁某,首先应该满足其经济需求,其次考虑其心理和生活等方面的需求。

2. 精准扶贫

社会工作者应根据贫困户的致贫原因,分析其存在的困难和问题。结合包括产业反贫困、就业反贫困、生态反贫困、金融反贫困等反贫困攻坚配套政策,根据案主的实际情况制定反贫困策略,并提供适切性的反贫困服务。本案例中的袁某及其家庭的贫困主要是丧失经济来源,可以适当引导其利用当地资源实施产业反贫困的策略。在精准扶贫过程中,社会工作者还应提供满足“扶志”与“扶智”条件的反贫困措施。

3. 精准脱贫

精准扶贫是为了精准脱贫,要设定脱贫时间表以及时摘掉贫困的帽子。脱贫与否要同群众一起算账,要得到群众的认可。也就是说,精准脱贫既要满足脱贫条件,也要做到群众认可。当案主真正实现脱贫并能够实现“助人自助”的目标时,才能够完成精准脱贫的目标。另外,社会工作者还应该特别注意案主的“返贫”风险,及时关注案主动态。

(四)制订服务计划

社会工作者主要运用社会支持反贫困社会工作模式来实现该案主的脱贫。基本思路和过程如下:第一步,整合案主的社会支持资源,形成相互联系的支持网络,提高社会支持的整体效能;第二步,传递出社会支持以帮助案主建立自己的社会支持网络;第三步,案主通过社会支持网络获取各种社会资源;第四步,被支持的农村贫困老年人自主开展互助与自助,摆脱贫困。

在此过程中，社会工作者根据具体情况运用个人支持策略、志愿者支持策略、互助支持策略和社区授权支持策略。

这里的社会支持是整合了从微观个体到宏观社会与政府各种资源的巨大的关系网络，既是各种关系的整合，也是众多资源的整合。社会工作者利用自己的专业知识与技能，将源自个人、家庭、企业与单位、社区等直接或间接对其进行干预的社会支持整合成高效的资源，来助力农村贫困老年人脱贫。

1. 从政府层面，提供基本、完善的扶贫措施

提供基本的扶贫措施，实施适当的反贫困工程，如支持案主的孙子上学的“雨露计划”、支持案主的儿子康复的“健康扶贫工程”、支持家庭经济的“产业脱贫”措施等，解决案主的经济困难。

2. 从社区层面，开展广泛的社区宣传

除村第一书记、村委会干部、帮扶联系人定期上门外，社会工作者还应该利用社会工作宣传教育手段，开展广泛的社区宣传，营造良好的社区反贫困氛围和社区关爱互助的氛围。

3. 从专业机构层面看，实施教育扶贫服务

社会工作者开展教育扶贫服务，从心理上重建希望，防止“等靠要”思想滋生，有助于实现“扶志”的目的。专业的社会工作者还应该实时链接产业资源、机构资源等，达到最终脱贫的目标。

4. 从家庭层面，解决贫困户的后顾之忧

社会工作者协助案主解决家庭困难，链接相关资源为案主的儿子提供康复服务，为案主的孙子提供学习引导和家庭照料服务。考虑从最优角度

解决案主面临的家庭问题，尽量让案主无后顾之忧。

5. 从邻里层面，成立互助组增强脱贫信心

社会工作者邀请案主与当地有相同或类似情况的家庭组成互助组，加强他们之间的联系，这样他们既可以分享经验，也可以互相鼓励。

三、服务介入

（一）社会工作者疏导与潜力挖掘

社会工作者主动每周上门为案主提供心理疏导、生活辅导等方面的服务，缓解案主的精神压力。链接当地医院定期上门为袁某的儿子提供康复服务，解决案主家庭的生活困难。社会工作者还邀请案主与当地有相同或类似情况的家庭组成互助组，专门负责子女的安全护送，并且邀请学校老师对互助组的孩子们给予更多的关注。

（二）特色产业扶持与带动

贫困户的精准脱贫，离不开经济援助和教育扶智。社会工作者积极配合当地扶贫干部对案主及其家庭采取帮扶措施。但是要从根本上解决贫困问题，最重要的还是要实现案主的“可持续生计”。为了帮助贫困者脱贫，当地政府与社会组织大力开展该村的特色产业；与此同时，加大对龙头企业、农民合作社、家庭农场和种养大户的培育力度，鼓励新型农业经营主体与贫困户建立紧密的利益联结机制；此外，充分发挥新型农业经营主体在资金、技术、质量品牌、市场营销等方面的优势，积极带动贫困户发展，助力其脱贫。

袁某所在的县针对贫困户发展种养业现状，组织开展了“特色种养业扶

贫千人服务进万家活动”。组织全县各乡镇林业、农技、畜牧、水产等农技干部和相关社会组织参与。该县采取 1 名技术员包保 5 户贫困户，也就是“1+5”的技术帮扶方式，将全县建档立卡的贫困户作为产业反贫困的对象，帮扶贫困户开展特色种养业。

2015 年，韩某在政府支持下回乡办起了鸵鸟养殖场，吸纳 5 户贫困村民进场务工，帮助他们实现了脱贫致富。韩某的公司采取贫困户认购加公司管理和收购的模式帮助贫困户脱贫致富。由贫困户出资认领幼鸟，幼鸟托养在鸵鸟养殖场，养殖场免费为贫困村民提供鸵鸟养殖技术指导，并免费为其提供苜蓿青饲料。一年后，鸵鸟养殖场对贫困户养殖的鸵鸟按市场价进行回收。

贫困户袁某参与该项目，在养殖场上班不仅有固定的工资收入，她还购买了幼鸟在养殖场托养。等幼鸟一年后出栏按照 18 元/斤的价格再卖给养殖场。一只成年鸵鸟能卖 2 000～3 000 元。这样既可以增加自己的收入，也能学得养鸵鸟的技术，袁某的脱贫信心大大增加。袁某认为：“每个月有 1 800 元的工资，加上 20 只鸵鸟苗在基地托管饲养，一年下来有将近 4 万元的收入，孙子有得吃，儿子看病的钱也有了着落。”

四、总结反思

通过社会工作的介入，在政府、企业、帮扶组织等的支持下，袁某顺利脱贫。她不仅学会了鸵鸟养殖技术，还拥有了自己的养殖产业，为家庭提供了稳定的收入来源。在社会工作者的帮助下，袁某儿孙的问题也得到了有效的缓解。袁某的生活希望重新树立起来，社会工作者介入成效明显。

第三章　农村生态贫困老年人的社会工作服务

很多农村地区的贫困与其所处的自然环境有着密切的联系，特别是生态脆弱地区。这些地区既要发展经济，又要保护环境，脆弱的生态和有限的资源使得当地经济很难得到提升，加之人才市场的自由流动往往加剧了劳动力的不断迁出，导致生态恶劣地区的老年人更容易陷入贫困。此类因自然环境恶劣而导致的贫困通常被叫作“生态贫困”。在众多扶贫手段中，社会工作服务具有工作方法专业、注重人文关怀、能够快速有效链接各类资源等优势，可以显著提升扶贫对象在其系统中的个人适应能力，适合与农村生态扶贫工作相结合，帮助生态贫困老年人科学合理利用各类资源，一边发展经济，一边保护环境。本章所讨论的是社会工作服务在农村生态贫困老年人扶贫工作中可以发挥哪些作用。

第一节　农村生态贫困老年人社会工作概述

一、生态贫困与生态贫困老年人

从生态环境的角度来研究贫困，我们可以发现很多自然环境恶劣的地方一般也是经济比较落后的地方，这就是“生态贫困说”。众多的学者都曾从生态学的角度，对生态贫困进行了解释。美国经济学家迈克尔·P. 托达罗认为，贫困现象与生态环境恶化的不停循环是造成贫困地区经济一直落后、社会难以发展的主要原因。① 陈南岳认为，很多农村地区的致贫原因往往与当地环境恶劣、生态平衡遭到破坏有关。他把这种由于生态环境恶劣、生态环境恶化引起的贫困称为生态贫困。② 杨一斐和韩建民则认为，生态贫困是指某一地区环境不断恶化，超过其生态承载能力，最终造成当地环境满足不了人们的基本生活生存需要，也难以维持当地生产发展的现象，这里的生态破坏主要是指人类活动对自然环境的破坏及对自然资源的不合理利用。③ 李虹则认为，生态贫困是因为人类活动导致当地的自然环境质量下降，使本来就脆弱的生态环境日益衰败，当地居民因长期缺乏生存发展的必需资源而陷入贫困的状态。杨定、杨振山则认为生态贫困属于地区资源环境要素耦合失调导致居民基本生产生活条件被剥夺而形成的特殊贫困类型。生态贫困反映了区域生态环境和资源禀赋的情况。资源环境的优劣状

① ［美］迈克尔·P. 托达罗. 经济发展与第三世界［M］. 印金强，赵荣美，等译. 北京：中国经济出版社，1992：102.
② 陈南岳. 我国农村生态贫困研究［J］. 中国人口·资源与环境，2003(4)：42-45.
③ 杨一斐，韩建民. 甘肃省生态贫困问题研究［J］. 广东农业科学，2008，35(4)：109-112.

况直接影响个人和社会的发展,因而在资源环境要素长期作用下,生态环境恶劣地区极易形成生态贫困与经济贫困、社会贫困等叠加的多重贫困。①

生态贫困地区大多自然环境恶劣、自然资源匮乏,使得当地严重缺乏生产和发展的条件与资源。陈南岳指出,中西部山区的自然环境特点是导致生态贫困的主要原因,在我国生态贫困分布的几个主要区域,都存在着相似的生产和发展的突出障碍。例如,青藏高原地区常年低温寒冷,新疆中部多戈壁沙漠,内蒙古地区草场沙化严重,秦巴山区土地落差大、耕地面积小、水土流失严重,西南大石山区土壤严重缺乏,西北黄土高原区严重缺水。另外,这些地区各种自然灾害频发,如山体滑坡、道路坍塌、旱灾、洪灾、冰雹等。恶劣的自然条件加上各种自然灾害,再加上过度的开发,致使当地农业生产条件严重衰变退化,最终导致了贫困。这些生态贫困地区自然环境的特征如表 3-1 所示。

表 3-1 我国贫困人口主要分布区域及自然环境特征②

区 域	环境的特点
青藏高原区	气候高寒、自然灾害频繁、生活环境严峻
新疆中部沙漠区	沙漠化严重、干旱少雨、温差大
内蒙古草原地区	沙漠化严重、干旱少雨、环境承载力低
西北黄土高原区	干旱少雨、植被稀疏、环境承载力低
秦巴山区	土地落差大、耕地少、水土流失严重
西南大石山区	植被破坏、水土流失、土层浅薄、灾害频繁

① 杨定,杨振山.高寒地区生态贫困评价及影响因素分析:以色林错地区为例[J].资源科学,2021(2):293-303.

② 陈南岳.我国农村生态贫困研究[J].中国人口·资源与环境,2003(4):42-45.

上述地区属于集中连片特殊困难地区，也称为连片特困区。这些地区的致贫因素中最主要的一条就是恶劣的生态环境。我国在《中国农村扶贫开发纲要(2011—2020年)》中把贫困较为集中的部分区域作为脱贫攻坚的主战场，在全国划定了14个重点区域。测度表明，这些地区的农民不仅仅收入贫困，还存在着严重的多维度贫困，具体表现为区域生活条件恶劣、社会保障体系不健全、受教育程度偏低等。

在我国，因为自然环境严重退化和自然灾害频发而导致的基本生活条件和生产条件被剥夺的现象大多发生在中西部农村地区，这些地区多是我们常说的"老、少、边、穷地区"，这些地区都有着相似的特征，例如生态环境脆弱，灾害频发，设施落后，生产及发展严重滞后，居民人均收入低，贫困发生率高，脱贫难度大，脱贫成本高，再加上年轻人和劳动力大量迁出，留下的多是老弱妇孺，特别是这些地区的老年人，多半是一辈子务农，除了土地以外没有其他经济来源，他们在经济支持、权力获得、适应能力和心理状况等方面无不处于劣势，相较于其他地区的老年人及其他群体，农村生态贫困地区的老年人更容易陷入贫困状态。

二、农村生态贫困老年人的特征①

(一) 老年人的健康问题突出

生态贫困地区自然环境恶劣，生产及发展条件不足，生活卫生习惯落后，使得当地大多数老年人物质条件匮乏，地方病发病率高，健康状况普遍

① 张赛玉. 新时代中国农村老年贫困精准治理研究：基于马克思主义反贫困理论[M]. 北京：世界知识出版社，2018：87－90.

不好。与城镇老年人不同，农村生态贫困老年人少有退休金，没有稳定持久的养老保障。为了维持生活，他们在老年阶段还要通过繁重的体力劳动去获取生活所需。长期从事繁重的体力劳动，身体会遭受各种伤害，加上生命周期推进带来的普遍性生理退化，使得农村生态贫困老年人的身体状况越来越让人担忧。在《老年健康蓝皮书：中国老年健康研究报告（2020～2021）》中，对于具有全国代表性的慢性病及其危险因素的监测数据显示，我国60岁及以上的老年人高血压、糖尿病、高胆固醇血症的患病率分别为58.3%、19.4%和10.5%，超过3/4的老年人存在多病共存情况，随着年龄的增长，慢性病患病率提升。70岁及以上老年人伤残调整寿命年构成中，心脑血管疾病（39.11%）、癌症（15.40%）、慢性阻塞性肺疾病（10.48%）占前3位。随着人口老龄化程度的加剧，与年龄密切相关的疾病，如高血压、糖尿病、癌症、脑卒中、关节炎等慢性病所累及人口的绝对数量及相关疾病负担将持续增加。①

另外，农村生态贫困老年人的保健意识不强，农村医疗体系不完善，医疗救助水平低下，医疗设备不足，去城市就医对他们来说成本相对较高，这导致大部分农村生态贫困老年人往往有病无处就医、有病看不起、有病也拖着，从而陷入贫病交加的境地。

（二）老年人贫困程度高

农村生态贫困老年人大多分布在青藏高原区、新疆中部沙漠区、内蒙古草原地区、西北黄土高原区、秦巴山区，这些地区自然环境非常恶劣，还

① 刘远立.老年健康蓝皮书：中国老年健康研究报告（2020～2021）[M].北京：社会科学文献出版社，2021：23-25.

有不少贫困人口仍过着极端贫困的生活。虽然《中国农村贫困监测报告2017》显示，2016年，60岁及以上农村老年人的贫困发生率只有5.8%，与往年相比，占比虽有所下降，但下降速率明显放缓，因而农村老年贫困的深度和强度未必出现好转。换言之，农村老年贫困人口的生活状况趋于恶化，贫困发生率下降了，但是贫困的其他指数都上升了。这说明农村老年贫困人口总数虽然减少了，但是贫困状况并没有得到缓解，反而加剧了，贫困的程度更高了。由此可见，农村生态贫困老年人的扶贫与脱贫任务十分艰巨。

（三）老年人的返贫率高

由于自然环境和生产发展条件恶劣，自然灾害频发，大部分地区不适合人类的生存和发展，因而农村生态贫困老年人在脱贫之后又极易返贫。正因如此，在国家整体扶贫工作中，生态贫困老年人的高返贫率不断地反噬着扶贫工作的成果，降低了贫困治理成效。与国际上的贫困标准相比，中国的贫困标准在很长一段时间内都低于国际水平，从某种意义上说，中国贫困人口更多属于绝对贫困或生存贫困。致贫的主要因素有自然灾害、子女教育、意外事件、重病大病等，其中因病返贫是主要表现。对农村生态贫困老年人而言，因病返贫也是主要表现。由于农村老年贫困人口的脱贫基础薄弱，抵御疾病风险的能力低下，基层公共卫生医疗体系不健全，这些从客观上给农村老年人看病带来了很大的障碍，农村老年人因病致贫、因病返贫得不到有效的控制。除此之外，农村生态贫困老年人多生活在经济发展落后、自然环境条件恶劣的中西部连片地带，大多数农村生态贫困老年人虽实现脱贫，但由于自身能力发展不足，生产生活条件又无法获得根本性的改善，因而返贫现象频发。

三、农村生态贫困老年人的需求

在恶劣的自然条件下，生态贫困人群有着贫困代代相传的特点。贫困者的抗风险能力低，而且还会把这种熟悉的、可能是唯一知道的生活模式传给下一代。当这里的人一旦步入老年阶段，身体各方面机能急剧下降，大部分人会丧失经济能力。因此，与其他区域的老年人相比，农村生态贫困老年人的需求呈现出多样性和急迫性的特点。

（一）养老需求

生态贫困地区的农村老年人大多没有退休工资，其养老的重担主要落在自己和子女身上，加之生态贫困地区自然条件艰苦、经济基础薄弱，青壮年劳动力集体外出务工，致使当地老年人留守和空巢现象严重。生态贫困地区老年人基本收入较低或者没有收入，当地家庭整体收入同样偏低，单纯依靠家庭养老会严重增加子女负担。而且家里有时刻需要照顾的老人，全家就会失去“造血功能”，从而拖累整个家庭，这也是生态贫困地区很多家庭贫困的一个原因。由此可见，农村生态贫困老年人的养老问题突出，养老需求强烈，是扶贫工作的重点。

（二）医疗与看护需求

老年人尤其是生活在物资相对匮乏地区的农村贫困老年人，对医疗的需求更大。虽然贫困人口已被纳入医保体系中，但贫困人口医疗保障的实际状况却不容乐观。例如，绝大多数贫困人口都处于交通不便的山区和丘陵地区，看病就医的成本巨大。贫困人口参加新农合后，依然面临着经济条件的制约,对巨额医疗的负担能力较低,面对重大疾病干脆放弃治疗,仍然无法享受到切实的医疗保障。

在农村,因为年轻劳动力大量外出务工,很多老年人无奈独居,还有一些老年人因没有子女而成为孤寡老人,这些老年人都需要不同程度的看护服务。此外,近年来老年病种类急剧增多,且多发于农村老年人。被疾病较为严重限制行动的老年人需要专人照顾,农村老年人的照顾责任首先落到儿女肩上。但随着经济的快速发展,儿女专职照顾老年人需要大量的精力和资金的支持,造成沉重的压力,甚至会拖垮整个家庭。孝道与生活压力之间的矛盾阻碍了农村老年人照护需求的满足。

(三)精神生活需求

我国生态贫困地区农村老年人的精神需求主要体现在对子女的情感依赖上,对其他方面的情感需求较少。这一方面是因为受到传统文化的影响,另一方面是因为生态贫困地区恶劣的自然环境和交通状况,使得农村老年人较少与外界交流,对感情的理解能力也较差。农村生态贫困老年人多为留守老年人或独居老年人,他们很少与人交流,容易陷入孤独甚至抑郁。对他们来说,家庭和睦、子女孝顺、朋友来往、邻里融洽、被人尊重、自我实现、社会交往等都是可望而不可即的精神需求。近年来,农村老年人孤独抑郁、心理失衡的现象增多,社会应高度重视生态贫困地区的农村老年人的精神需求,改善令人担忧的农村老年人情感状况。

(四)环境保护与生态移民需求

地理位置偏远与生态环境脆弱是生态贫困地区贫困的主要原因。贫困地区的环境持续恶化,一方面是由于人类对环境的破坏与过度开发,另一方面是由于当地生态本就不适合人类生产生活。要改变这种状态，就需要改善生态脆弱区的生态环境和实施移民。改善生态环境，一般来说就是退耕还林、退牧还草、保护水资源，禁止像过去那样无休止地采矿、开荒、开发利用各种资源，以恢复生态平衡。生态移民就是为了改善生态和保护自然资源，促进科学的生活与发展，把生态环境脆弱地区的人口迁移出去，减少生态脆弱区人口数量甚至形成无人区，在适合居住和生产的地区建立新的人口聚集地，从而达到人口、自然资源、生态环境和经济产业的协调健康发展。[①] 农村生态贫困老年人长期遭受恶劣生态环境的影响与危害，部分老年人生态移民需求强烈。

四、农村生态贫困老年人社会工作的内容

农村生态贫困老年人大多数自身的可行能力不足，具体表现为人际关系简单、文化水平较低、社会地位不高等。这使得他们在争取有利于自身发展的各类社会资源时缺少话语权，处于弱势和被动的地位，这些都会导致老年人得到的发展支持比较少，最后形成恶性循环，致使生态贫困农村老年人越来越多，也越来越贫困。而在近些年的扶贫工作中，社会工作越来越多地参与其中。社会工作者注重收集相关信息、运用社会系统理论、使用各种方法，为农村生态贫困老年人提供资金筹措渠道与获取合适的服务，最终帮助他们与外部资源建立联系，引导他们利用资源，以期高效脱贫与科学地保护自然环境。

① 倪瑛.贫困、生态脆弱以及生态移民：对西部地区的理论与实证分析[J].生态经济(学术版)，2007(2)：407－411.

社会工作是一种科学的助人活动，秉持以人为本，尊重人、关心人并致力于人的发展。这些价值理念和我国现阶段的生态贫困扶贫工作有很高的契合度。社会工作介入农村老年人生态扶贫工作，可以有效地改善老年人的生活环境，促进老年人的人际关系，提高老年人的个人能力，帮助老年人充分利用各类社会资源；还可以提供老年人服务的各方面的实务经验和理论模式，为有关部门制定老年人政策提供参考，让农村生态贫困老年人以一种健康积极的态度度过高质量的晚年。社会工作介入农村生态贫困老年人扶贫可以从以下几个方面入手：老年人环境保护工作、老年人生态脱贫工作、老年人生态移民工作、老年人生活保障工作、老年人照顾与护理工作、老年人心理辅导工作。

（一）老年人环境保护工作

社会工作者可以通过实地调查来了解和掌握当地老年人的需要，根据实际需要来提供资源，从而避免资源浪费。① 社会工作者具备专业的理论知识和丰富的实践经验，掌握了大量的调查方法与技巧，在生态贫困地区，与老年人打交道的过程中，能够更好地运用所学知识与老年人建立关系，这也是社会工作介入农村环境保护的一个良好切入点。社会工作者通过对农村生态贫困老年人进行环保知识和理念的传授，使农村老年人改变不良习惯与行为、提高保护环境的自觉性、养成环保意识，为生态脱贫创造良好的群众基础。社会工作者可以通过小组活动，组建老年人环境保护小组，宣传环保知识与技能，培养小组成员的环保习惯。社会工作者还可以组织小组成员在村里宣传环保知识，邀请环保专家和志愿者进村办讲座，

---

① 周宏霞．浅谈农村环境保护中的社会工作介入[J]．法制与社会，2012(2)：218－219.

开展乡村环保活动。

(二) 老年人生态脱贫工作

社会工作者利用社区发展模式，链接当地政府与社会资源，寻求政策支持与帮助，帮助生态贫困地区农村引进新的生态生产模式，逐步淘汰传统生产模式，调动农村生态贫困老年人的积极性，发展生态农业和生态旅游等生态产业。首先，社会工作者要帮助当地政府建立健全生态补偿等制度，促进生态资本水平的提高，完善生态扶贫补偿机制，提高生态扶贫补贴。生态扶贫补偿是通过对损害自然资源环境的行为进行收费，提高该行为的成本，使损害行为减少，来达到保护自然资源的目的。[①] 其次，社会工作者要大力发展生态农业与生态旅游。社会工作者可以帮助农村生态贫困老年人，研究适合当地种植的经济作物，开发具有当地特色的生态旅游项目（如农家旅馆、农家乐等），帮助联系农业与旅游业的专家进村开展生态农业培训和生态旅游经营管理的指导，使贫困老年人可以通过生态产业获取收益。同时，社会工作者可以通过网络对生态产品和生态旅游展开营销，形成生产、销售、旅游一条龙的生态项目产业。

(三) 老年人生态移民工作

在农村，生态贫困老年人，因为受到恶劣的自然环境与落后的经济发展水平的双重影响，生存、生活及发展资源严重不足，部分人群甚至生活在不适合人类居住的环境中。老年人生态移民是通过对生态贫困地区老年人口的迁出，来改变资源和环境对生产发展的限制，克服资源环境的主导性限

① 杜明义，余忠淑. 生态资本视角下的生态脆弱区生态贫困治理：以四川藏区为例[J]. 理论月刊，2013(2)：176－179.

制。选择条件较好地区迁入，使生产要素达到有机结合，以改善老年人生存与生活条件，进而提升贫困老年人的自我发展能力，最后达到易地搬迁而脱贫的目的。社会工作者可以帮助生态贫困地区老年人所在的政府部门有针对性地制定和出台移民开发优惠政策、建立生态移民基金，还可以将扶贫开发、产业开发和生态移民结合起来。

（四）老年人生活保障工作

社会工作者根据生态贫困老年人的特点和需求，帮助其从政府和社会各界获得帮助，保障其能得到成年子女赡养，保护其可以享受社会发展成果和参与社会发展。需要特别强调的是，如果老年人失去了劳动能力、没有生活来源，也没有赡养人，或赡养人无赡养能力的，社会工作者就可以帮助老年人统计、评估，并协助其向当地政府申请帮助；村里老年人患病无力支付医疗费用的，社会工作者可以帮助老年人向当地政府申请帮助，也可以联系社会救助，为老年人提供免费医疗服务。老年人因其合法权益受侵害提起诉讼但交纳诉讼费有困难的，可以缓交、减交或者免交；需要律师帮助但无力支付律师费的，社会工作者可以帮助其寻找免费法律援助。社会工作者可以参与健全和完善生态贫困地区关于老年人的社会救助体系，以确保生态贫困地区的老年人享有受赡养和扶助的权利。①

（五）老年人照顾与护理工作

相较于其他地区，农村生态贫困老年人身体情况普遍衰退严重，且受到疾病的困扰，需要他人的照料和护理才能正常生活。社会工作者就承担着

① 卞国凤，陈宇鹏. 老年社会工作方法与实务[M]. 北京：北京师范大学出版社，2011：23－24.

为农村生态贫困老年人提供护理的服务。老年护理工作包括日常生活照料与老年病人护理两大类。其中，日常生活照料主要涉及对老年人起居、饮食、活动的合理安排与帮助。老年病人护理的内容相对来说要复杂一些，包括用具消毒、卧床病人护理（翻身、口腔护理、排便、排痰、擦澡）、常见疾病护理、常见急救帮助、临终护理与关怀等。社会工作者可以利用专业上的优势，调动社会资源为农村生态贫困老年人提供照顾与护理工作，让他们在家就可以享受专业的看护服务。①

（六）老年人心理辅导工作

农村生态贫困老年人因身体功能的衰退、社会功能的丧失、恶劣环境以及生态移民带来的举家搬迁等，会出现很多心理不适问题，因此从事老年社会工作时，为老年人提供心理辅导也是其中一项重要的工作内容。具体工作为缓解老年人心理上的焦虑和解除老年人精神上的困扰。老年人心理辅导主要是运用心理学知识和方法来引导老年人走出心理困境，常见的老年人心理辅导工作内容包括：协助老年人应付生活压力以及适应环境，帮助老年人应对生态迁移带来的不适，帮助老年人进行与他人关系的调适，帮助老年人克服衰老感，帮助老年人克服老年期疑病症，帮助老年人缓解老年期孤独感，协助老年人解决社交困难等问题。所有涉及老年人心理和情绪健康的问题，社会工作者都可以通过专业方法和技术提供帮助，让老年人保持开朗、乐观、积极的心态适应老年生活。②

① 叶志诚. 老人社会工作[M]. 台北：秀威咨询科技，2018：166－180.
② 卞国凤，陈宇鹏. 老年社会工作方法与实务[M]. 北京：北京师范大学出版社，2011：27.

第二节 农村生态贫困老年人社会工作的过程

农村生态贫困老年人社会工作服务是有计划、有步骤的系统工作，工作者应根据特定的程序开展。由于服务过程中使用的个案、小组、社区工作方法的不同，服务步骤或许稍有差异，但总体来说，农村生态贫困老年人社会工作服务的过程可以分为接案、预估、计划与介入、评估与跟进四个步骤。

一、接案

接案是农村生态贫困老年人社会工作的开始，是社会工作者与老年人开始接触，了解其基本情况、具体需求，帮助其逐步成为服务对象并使其接受服务的过程，也是社会工作者与农村生态贫困老年人通过沟通达成共识，一起解决问题的开始。① 在接案的过程中，社会工作者能否与农村生态贫困老年人达成助人的共识并确立专业关系是这一过程的关键。这一过程可以分为两个阶段：接案初级阶段和关系建立阶段。

首先是接案初级阶段，即当农村生态贫困老年人寻求服务但还不是服务对象的时候，他就处在接案的初级阶段。在这个阶段，社会工作者和老年人都在思考提供的服务和希望获得的服务是否一致。只有当农村生态贫困老年人和社会工作者达成共识，才能进入下一个阶段，即关系建立阶段。②

① 全国社会工作者职业水平考试教材编写组. 社会工作实务(初级)[M]. 北京：中国社会出版社，2016：1.
② 周沛. 企业社会工作[M]. 上海：复旦大学出版社，2017：117.

关系建立的过程包括以下三个方面的内容。

（一）了解农村生态贫困老年人的来源和类型

面对不同类型的农村生态贫困老年人，社会工作者需要使用不同的方法与技巧，所以了解老年人的类型是专业关系建立的重要工作内容之一。

在农村生态贫困老年人工作领域，了解老年人的来源是一项非常重要的工作。一般来说，服务对象的来源主要有主动求助、外展、转介三种。农村生态贫困老年人很少主动上门寻求社会工作者的帮助，他们大多是社会工作者主动外展找到的服务对象，还有部分老年人是其他服务机构或社会工作者介绍来的。此外，社会工作者还应了解农村生态贫困老年人的类型。类型不同，社会工作者拟采取的服务方式也应不同。农村生态贫困老年人主要包括以下几种类型。

第一，居住地周围生态环境极其恶劣的老年人。生态贫困地区的沙漠、戈壁以及大山、荒原都散居着部分没有条件自由迁出的老年人，社会工作者可以帮助这部分老年人寻找资源，迁出已经不适合生存的地区。

第二，长期患病、身体机能严重衰退或者残疾的老年人。生态贫困地区的恶劣条件，使得当地人长时间营养不均衡，体质普遍较差。随着年龄的增加，老年人身体各方面的功能迅速衰退，这类老年人对日常生活照顾和专业护理的需求非常强烈。

第三，孤寡独居老年人。老年人丧偶或者子女早逝，必定心情悲痛，难以化解，这时候就特别需要社会工作者的介入，为老年人提供心理支持和物质帮助。

第四，无法调适老年生活的老年人。一些老年人进入老年以后始终处于生活寻找不到规律、心理始终处于波动的状态之中。这类老人需要社会工作者介入并提供健康的生活方式的实践辅助。

第五，人际关系不良的老年人。人际关系问题包括与配偶关系不和睦，与其他家庭成员有冲突，与家庭以外的人（如亲戚、邻居等）有矛盾等，需要社会工作者的介入帮助化解矛盾、修复关系，形成良好的人际环境。

第六，生活能力不足的老年人。由于农村生态贫困老年人的文化水平普遍较低，因而他们自身生活能力不足，无法获取外界的资源，也很少主动寻求社会工作机构的帮助。社会工作者要主动寻找这类老年人，以期为老年人送上专业的服务。

（二）初步预估农村生态贫困老年人的问题和需求

初步预估的主要任务是识别服务对象求助的问题是什么，最关心的问题是什么，问题的来龙去脉及服务对象对问题的看法是怎样的。初步预估的目的在于保证生态贫困老年人所要求的服务在社会工作者的工作范围内，帮助社会工作者考虑是否有能力处理服务对象的问题并决定问题解决的先后次序；还可以帮助社会工作者确定可供利用和调配的各种社会资源，明确服务工作的内容。

（三）与农村生态贫困老年人确立专业关系

经过初步的接触与了解后，社会工作者开始与服务对象确立专业关系。在这一阶段，社会工作者需要注意以下几个方面：

第一，社会工作者与老年人沟通想法与感受，充分实践真诚原则；

第二，社会工作者要力求与老年人建立信任；

第三，社会工作者与老年人明确各自的责任；

第四，社会工作者坚守专业价值观，始终与老年人一同解决问题。

二、预估

在生态贫困老年人社会工作中，预估是收集材料和确认问题的过程，是把所有与老年人的资料组织起来并进行分析的专业活动，其目的在于为科学地制订介入计划做好准备。[①] 在这一阶段，社会工作者收集与农村生态贫困老年人有关的详细材料、了解老年人问题形成的过程，然后对老年人进行综合的分析与判断，最后形成结论。

（一）预估的主要任务

预估的主要任务就是了解农村生态贫困老年人存在的主要问题，以及问题产生的原因、性质和程度，还有对老年人的实质影响；了解生态贫困老年人的生活经历及行为特征，包括老年人的人格特征、能力、自身的优势和弱点；了解生态贫困老年人与环境的互动状况，及其对自身问题的认识和改变的动力与能力；了解农村生态贫困老年人所处的环境系统的状况。

（二）预估的步骤

1. 收集资料

根据人在情境中的观点，社会工作者对农村生态贫困老年人的基本情况进行了解和收集，不仅要呈现问题，也要探索老年人与周围环境互动的情况。所以，材料收集也要从以下几点入手：

（1）从生态贫困老年人个人层面收集资料，主要包括年龄、性别、教育背

① 全国社会工作者职业水平考试教材编写组. 社会工作实务(初级)[M]. 北京：中国社会出版社，2016：10.

景、健康状况等。

(2) 从生态贫困老年人的环境层面收集资料，主要包括家庭背景、生活状况、工作经历、人际关系等。

(3) 从生态贫困老年人个人与环境交互作用层面收集资料，主要包括生活环境、老年人的社会网络、当地农村的社会保障体系等。

2. 分析资料

分析材料是社会工作者在广泛收集生态贫困老年人个人资料、环境资料、老年人与环境互动等各方面资料的基础上，使用科学的方法，对资料进行加工并使其系统化、规范化的过程。通过分析材料，社会工作者对农村生态贫困老年人有了深入的认识，并找出老年人问题的性质、成因以及程度，这也为研究农村生态贫困老年人的问题和制订方案做好准备。

3. 问题认定

社会工作者在掌握了生态贫困地区的农村老年人的资料后，需要进一步确定农村生态贫困老年人的情况、问题与需要。

(1) 明确生态贫困老年人问题的性质与原因。

(2) 明确生态贫困老年人的生存环境，研究老年人问题得不到解决的具体原因。

(3) 明确农村生态贫困老年人的周围有哪些可利用资源。

三、计划与介入

在初步分析了农村生态贫困老年人的材料和明确老年人的问题后，社会工作者需要与服务对象一起就确定的问题制订计划，最后正式介入并实施服务计划。所以，计划与介入包括了社会工作者必须完成的核心任务，解决预估中确认的问题，帮助改善生存状况。

（一）计划

1. 目的及目标

目的是指总体介入工作要达到的方向，目标则是具体的工作指标。只要实现了目标，就能达到总体的目的。社会工作者在分析了农村生态贫困老年人的资料，确定了老年人的问题以及需求以后，根据问题与需求确定服务目的及目标。农村生态贫困老年人社会工作的目的和目标确定一般要考虑以下四个层面：

第一，农村生态贫困老年人的经济状况改善；

第二，农村生态贫困老年人自信心的建立与心理状态的改善；

第三，农村生态环境的保护及恢复；

第四，农村生态贫困老年人的生活改变。

农村生态贫困老年人社会工作计划不仅要确立目的和目标，还要有对关注的问题和服务对象的进一步详细说明。问题是社会工作者在预估阶段和服务对象一起认定的问题，而关注的对象却不能仅限于农村生态贫困老年人，还应包括老年人家庭和周围环境。也就是说，社会工作者既要改善贫困老年人的生活，也要改善其所处的环境。

2. 介入策略

介入策略是指社会工作者介入农村生态贫困老年人工作的整体方案。因为农村生态贫困老年人社会工作所关注的对象是一个包括贫困老年人和其所处环境的服务体系，所以社会工作者在制订介入策略时要注意介入过程对老年人与其所处环境的影响。制订介入策略的过程实际上就是确定介入程序和选择介入方法的过程。

农村生态贫困老年人工作的介入程序包括：改善农村生态贫困老年人的生活，保护与恢复生态环境，对农村生态贫困老年人进行心理疏导，帮助农村生态贫困老年人建立自信、发挥潜能、调整社会关系，在介入的过程中继续完善和补充计划与策略。

农村生态贫困老年人社会工作是社会工作在农村生态贫困老年人工作上的具体应用，其方法是和社会工作方法一致的，所以农村生态贫困老年人社会工作可以使用传统的个案、小组和社区工作方法。

第一，个案工作方法。对农村生态贫困老年人个体而言，虽然最主要的致贫原因是自然环境的恶劣，但每个人的能力及可以利用的资源不一样，致使每个人面临的问题都不尽相同。特别是在面对老年人心理问题时，社会工作者宜采用专业的个案工作手法加以介入。在个案工作中，社会工作者应充分调动农村生态贫困老年人自身的潜能与积极性，共同探讨、研究生态贫困老年人的问题，以及他们的家庭和周围环境，运用老年人本身及外部资源，增强其解决问题的能力，达到帮助老年人的目的。

第二，小组工作方法。农村生态贫困老年人致贫的最主要原因都是恶劣的自然环境，并且他们都生活在同一个村庄或者地区，生活的外部条件一样，所以他们所面对的问题往往也具有相同之处。因此，农村生态贫困老年人社会工作的第二种方法就是小组工作方法。社会工作者在小组工作过程中，通过调动小组成员团结协作，共同面对环境，以此增强小组成员与他人配合解决问题的能力，达到用团队的力量来共同解决问题的目的。

第三，社区工作方法。所有的农村生态贫困老年人都是生活在特定的区域之内，老年人的生活与地区建设、区域发展有着密切的联系。社会工作者可以通过发动和组织农村生态贫困老年人参与改善农村生态环境的集体行动，动员农村地区一切可以利用的资源，争取外力协助，有计划、有步骤地解决和预防生态环境问题，增强农村社区的凝聚力，提高当地的社会福利水平，从而有效改善农村生态贫困老年人的生活质量。因此，在农村生态贫困老年人社会工作中，对贫困老年人的服务不能脱离区域或社区而孤立地实施，而是需要在社会工作者的帮助下，调动和运用更大区域或社区的资源和力量，从而达到解决问题的目的。

四、评估与跟进

（一）评估

农村生态贫困老年人社会工作评估是指对向老年人提供的服务的有效性进行评定。其目的是检验服务是否有效，是否实现了工作目标，而且还能够在评估的基础上积累经验作为以后工作的参考与借鉴。通过评估，社会工作者不仅要对实务效果、过程进行思考，而且要对农村生态贫困老年人社会工作的未来做出相应的跟进计划与准备。

1. 结果评估

一般是在服务过程结束以后，依据制定的目标和完成的结果进行评估，目的是度量工作目标实现的程度。一般来说，在农村生态贫困老年人工作结果评估阶段可以采取的方法有：

第一，收集服务对象材料，通过对比农村生态贫困老年人接受社会工作前后的生态状态，对社会工作介入效果进行评估。

第二，收集服务对象的意见和看法，通过对农村生态贫困老年人非语言行为进行观察，从老年人周围亲友、医生、村镇公务人员等处获得间接信息进行评估；通过对农村生态贫困老年人的直接访谈，听取老年人对服务效果的主观感受，记录下老年人对社会工作的满意度。

第三，通过问卷的方式获取介入效果的客观材料，对社会工作介入效果进行评估。

2. 过程评估

过程评估是对整个生态贫困老年人社会工作服务过程的评估检查，包括社会工作进行时的评估检查。其关注的重点是社会工作中的各步骤和程序怎样促成了介入结果，方法是了解和描述介入活动内容。

在介入初期，过程评估的重点是对农村生态贫困老年人的表现和社会工作者的技巧进行评估，以便了解服务过程中的问题，即时调整介入方法和技巧。使用的评估材料有个案工作记录、录像和电子记录、社会工作者和农村生态贫困老年人的评价等。在工作结束阶段，过程评估的重点落在评估农村生态贫困老年人以及生态环境改变的原因，重点分析工作时的典型事件来寻找老年人转变的内在动力以及环境改善的根本原因。

（二）跟进

评估完成以后，一般会进入接案和跟进阶段。农村生态贫困老年人社会工作的特殊性在于老年人生态脱贫后容易返贫，生态环境改善以及生态迁移后的适应周期都很长，甚至是一直持续，所以要保持生态贫困老年人脱贫以后的生活质量不再回落，跟进必须是一个重要且长期持续的过程。社会工作者在结案以后要定期对老年人进行跟踪回访，了解他们脱贫后的情况和需要，以便及时提供帮助。社会工作者可以在结案后一段时间内回访，以了解老年人的情况。面对面的跟进可以让老年人感觉亲切，也有助于社会工作者了解更多信息。社会工作者也可以在服务结束后一段时间内组织集体会面，农村老年人可以回顾经历，交流各自的经验，加强联系和促进相互之间的支持。社会工作者还可以通过跟进服务对象的社会支持网络（包括家庭、邻居、朋友、村干部以及村委会等其他机构）来了解老年人的情况，以便及时提供相应的服务和必要的支持。

第三节　农村生态贫困老年人社会工作的模式

社会工作模式是指社会工作者为了提高社会工作服务效果，在相对固定的理论框架中提炼出的具有普适性指导价值的社会工作方式。[①] 社会工作模式是对社会工作实务经验的归纳和提炼，是对特定目标群体服务的总结，具有规范化、流程化的特点，可以更高效地为目标人群服务。农村生态贫困老年人可能会长时间地陷入贫困，这就增加了社会工作介入的难度和复杂程度。在社会工作模式的指引下，社会工作者可以高效处理各类老年人问题，快速地为有需要的老年人提供经济帮助、心理支持以及生活照顾和护理，也可以帮助老年人发展个人能力和维护其合法权益。根据服务对象的具体目标、规模、社会资源等来划分，农村生态贫困老年人社会工作模式

① 朱眉华，文军．社会工作实务手册[M]．北京：社会科学文献出版社，2006：139.

主要有以下几种。

一、生态系统模式

生态系统模式认为个人或家庭问题的产生，是由于环境资源的不足与障碍，是多项因素共同促成的，因此必须注重可持续发展，重视人类和其他生物形态的多样性。用生态系统模式研究此类公共责任问题，不仅仅是单方面改变个人以适应环境，或者改变环境去适应个人，还要注重人和环境的交流，使双方能够互惠互适。[①] 生态环境恶劣的主要原因就是人类对自然环境的过度开发及破坏，生态系统模式介入可以使生态环境较为恶劣地区的老年人经由适应环境学会科学地适应生活，而老年人所处的环境也逐渐得到改善，可以为老年人提供生活所需的资源和支持。

生态系统模式在生态贫困老年人服务中主要有四种方法：[②]

第一，整体性分析，考虑生态环境恶劣地区的需要，从贫困老年人和生态环境两方面出发，让老年人也参与进来。把农村生态贫困老年人和环境视为一个整体，不把当地贫困老年人的问题仅仅归结为老年人个人的原因，也关注环境方面的原因。

第二，保护生态环境，提高农村生态贫困老年人的环保意识，提倡环保的生活方式，促进资源的合理利用。抓住生态贫困中最主要的因素，通过改善自然环境，来提高老年人的生活质量。

---

① 文军. 社会工作模式：理论与应用[M]. 北京：高等教育出版社，2010：371－372.

② ［英］马尔科姆·派恩. 现代社会工作理论[M]. 冯亚丽，叶鹏飞，译. 3 版. 北京：中国人民大学出版社，2016：169.

第三，通过当地政府、学校以及其他社会机构，共同构建支持网络解决农村生态贫困老年人的生活问题及环境问题。

生态系统模式在介入生态环境贫困农村老年人工作时，可分为以下七个阶段。

（一）进入系统

社会工作者查看资料或者与有关人员交谈，了解农村生态贫困老年人的基本信息，找出老年人的主要问题及其拥有资源的优劣之处。社会工作者可以寻找熟人带领或者与老年人谈论其感兴趣的话题来接近老年人。在和老年人接触的过程中，社会工作者要体现对其感同身受的理解，要详细地介绍服务、机构以及社会工作者的角色，尽量消除老年人群体受到的不良影响，鼓励老年人主动表达愿望。

（二）绘制生态图

与农村生态贫困老年人初步建立关系以后，社会工作者可以开始分析其周围各类系统，掌握老年人生态系统的流动方向和关系强弱。绘制的生态图以老年人系统中的人物和时间为重心，积极的与消极的行为和情感都应该包含在内。

（三）评量生态

在这一阶段，社会工作者帮助农村生态贫困老年人寻找生命中重要的关系和主题。交谈中被老年人多次提及的事件，通常会是老年人生态系统中最具影响力或老年人最在乎的事件。社会工作者一旦根据老年人所提供的信息评估其个人的优缺点及重要的人际关系后，应该向老年人或其他重要他人解释这些资料，互相交流以确定资料是否符合老年人的认识。

（四）创造改变的观点

社会工作者和老年人分享所做的评量后，开始向老年人提议几个需要改变的生态系统，特别是在老年人生态系统中相对容易改变的生态系统层次。对所有这些干预方法的选择必须征求老年人同意。

（五）协商与沟通

在干预过程中，社会工作者的角色在于沟通及协调老年人的各个生态系统。我们需要知道的是，老年人生态系统中的重要他人对老年人的改变有非常重要的作用，必要的时候可寻求其协助老年人改变。社会工作者还可通过电话、家访及其他的支持性行动来完成改变的任务。由于生态系统是变动的，因而社会工作者的评量和干预行动也应时时检查。

（六）再评量

如果老年人和重要他人参与的干预过程进行得不顺利，社会工作者应在评量的阶段，再次寻找切口进入老年人的生态系统中，再度与老年人和相关的重要他人会谈，以取得更多的资料，进行再评量的工作。

（七）评估

在干预结束阶段，社会工作者必须运用一些结构式的工具从老年人本身的角度来评估干预行动的成效，在干预的过程中也应随时评估干预的进展情况，以便随时修正或改进干预方法，还可积累经验以便惠及其他有类似情况的老年人。

二、任务中心模式

任务中心模式是一种简要而有时限的社会工作模式，它具有明确的方向和富有计划的处置方式。有关研究表明，长期治疗过程被删减后，其治疗效果与全程的长期治疗效果相当，而且有计划的短期治疗效果甚至更显著。[①] 在农村生态贫困老年人工作中，因为地理环境恶劣，交通极其不便，所以社会工作者不能长时间在这些地区停留，任务中心模式正好适用于这种时间有限制、进出比较困难的社会工作。农村生态贫困老年人面临着环境恶劣、物资匮乏、生活照顾缺失、迁移适应不良、心理需要疏导等一系列问题。老年人的独特属性导致其在面对问题时缺乏有效应对的能力，以至于陷入内心的苦闷当中，如果不及时介入，他们就有可能对生活失去希望。任务中心模式注重增强老年人解决问题的能力，提高老年人的生活适应能力，让老年人学习解决问题的新办法，增强老年人独立解决问题的信心。

任务中心模式在介入农村生态贫困老年人工作时，可分为以下五个阶段。

(一) 关系的建立

在这一阶段，社会工作者需要与老年人建立良好的专业关系，向老年人介绍工作内容、工作者的角色以及需要解决的问题。社会工作者需要告诉老年人改变的主体是他们自己，而社会工作者只是一个协助者。

(二) 核心问题

社会工作者要发挥老年人的核心作用，帮助他们寻找自己的问题，协助老年人探讨每个问题的原因及后果，并选择老年人认为最重要的几个问题作为本次工作准备要解决的问题。

---

① ［英］佩恩(Payne，M.)．现代社会工作理论［M］．何雪松，等译．上海：华东理工大学出版社，2005：104.

（三）目标与时限

在这一阶段，社会工作者要协助老年人确立对问题解决的预期目标，即要达到的效果。一般任务中心模式要求社会工作者在 2 至 4 个月内进行 8 到 12 次的会谈。也就是说，任务中心模式是一种很少超过 4 个月的短期性的个案工作方法。

（四）计划与介入

社会工作者和老年人一起讨论问题解决和目标实现的过程，制订计划，并一同完成计划。社会工作者要加强与老年人的合作，明确哪些是老年人可以做到的，哪些是社会工作者要做的，然后围绕计划进行分工，一起解决问题。在实施的过程中，社会工作者要注重服务对象的问题解决能力的培养，并通过过程目标树立起解决问题的信心。

（五）结案与评估

社会工作者要与老年人一起回顾和评估整个生态贫困过程。此时会出现三种情况：目标完成和问题解决，部分目标完成和部分问题解决，以及目标未完成和问题未解决。当目标完成和问题解决时，社会工作者要引导老年人回顾和总结成功经验，肯定他在工作过程中的能力提升和成果，并鼓励其运用成功经验面对未来的挑战。当部分目标完成和部分问题解决、目标未完成和问题未解决时，社会工作者也要引导老年人回顾和总结失败经验，找出失败原因，以便于今后在应对相似问题时不至于再次失败。

三、生态环境建设

全面建成小康社会的两个短板是脱贫和环保，生态扶贫恰好把国家这两项重点工作有效结合起来。而生态扶贫的重中之重就是老年反贫困工作,社会工作者可在生态环境恢复和保护工作中利用专业优势帮助老年人链接资源和组织活动。社会工作者可以帮助生态贫困地区联系环保专家、机构,寻找生态农业和旅游业投资,积极推动当地走绿色发展道路;还可以帮助生态贫困地区老年人组织生态生产和生态旅游项目,利用网络宣传推广产品和服务,让产品走出去,游客走进来。农村生态环境建设模式可以从以下几方面介入生态贫困老年人工作。

(一)鼓励发展生态产业

老年人生态扶贫社会工作是生态文明建设和社会工作的有机结合,广大的贫困连片地区的贫困根源是其贫乏的生态资源和脆弱的生态环境,其实其最大的优势也是其生态资源和生态环境。如果只顾经济发展不顾生态,将给环境带来极大的伤害,还可能反噬经济发展成果;如果一味强调环保,不考虑经济发展,也难以实现脱贫。因此,要坚持经济发展和环境保护相统一,就必须发展生态产业、绿色产业,如生态农业、林业及旅游业。社会工作者在生态农业扶植中可以起到很大的作用,可以通过各种方式宣传生态产业的优势,帮助老年人树立生态文明发展的理念;链接各类社会资源帮助老年人发展绿色产业,包括提供资金和技术帮助,邀请生态产业专家亲临农村教授生态农业技术;引导生态贫困地区政府形成正确的发展观,努力实现经济发展与环境相协调,避免走先发展后治理的老路。

(二)创造生态产业链

社会工作者可以利用专业优势帮助生态贫困老年人构建生态产业链,带动贫困地区生态产业全面协调发展。对于老年人贫困治理最有效的措施是提升老年人自我发展的能力，实现从“输血”向“造血”转变正是生态贫困农村老年人脱贫的关键所在，而链接社会资源、挖掘当地老年人的发展潜力、构建区域生态产业，以及改变以往生态扶贫的矛盾局面，也正是社会工作者的强项。打造生态产业品牌，不仅要扶持贫困地区的生态产业构建，更要支持生态产业的长久发展；同时，要提升贫困老年人群体的参与度，使其生活能力在整体的生态扶贫开发中得到提升，让贫困老年人在生态产业发展的过程中直接受益。

（三）健全生态扶贫运行机制

虽然生态扶贫作为一种扶贫理念与扶贫方式在我国已进行了大面积的试行推广，但有关生态扶贫的机制探索却因为各种因素而发展迟缓，生态扶贫制度仍需进一步完善。传统生态扶贫模式的工作机制以单纯的环境保护为主要内容，这使得经济发展仍然乏力，贫困地区老年人脱贫以后的返贫现象时有发生。要想减少返贫现象只有提升老年人自身的经济能力，发展生态产业只是重要的手段，构建生态扶贫运行机制才是可靠保障。社会工作者可以链接各类社会资源帮助当地推动地方绿色产业的构建，通过建立一批、扶持一批、引进一批生态产业的发展方式推动地方生态脱贫。社会工作者还可以发挥自己的专业优势，在构建生态产业的同时注重整个产业链配置，通过广泛利用社会资源搭建生产—供给—消费的完整市场关系，配合国家脱贫攻坚大背景，实现生态产业的良性发展，从而使生态产业的效能得到最大限度的发挥。①

① 莫光辉.绿色减贫：脱贫攻坚战的生态扶贫价值取向与实现路径：精准扶贫绩效提升机制系列研究之二[J].现代经济探讨.2016(11)：10－14.

（四）建立生态考评管理机制

管理失效与考评不合理一直都是扶贫工作难以行之有效的重要原因，而老年人扶贫的管理与考评难度更大，因而实现老年人扶贫管理的科学化、合理化是生态扶贫的重要内容。社会工作者可以帮助革新扶贫管理体系，为生态扶贫的进一步发展提供更多的机会：一方面，社会工作者可以加强扶贫职能部门与其他有关部门的沟通协作，制定更为完善且行之有效的考评标准；另一方面，社会工作者可以帮助有关部门出台政策，从宏观上为老年人生态扶贫的实施做出相应的指导，推动相关制度的完善，建立上下通畅的管理体系，推动老年人生态扶贫的高效治理。

四、生态环境教育

生态贫困老年人贫困的根本原因就是生态环境的恶劣和退化，所以农村老年人生态扶贫工作也要从生态角度出发，为生态贫困地区自然环境的恢复和社会长期发展提供有效的动力。为此，社会工作者要培养生态贫困地区老年人的生态文明意识，通过实地调查来了解和掌握老年人的生态文明程度，根据实际情况来制订方案，提高老年人的生态文明程度。社会工作者具备丰富的专业知识，善于与老年人打交道，他们可以通过农村生态环境教育，培养老年人健康的生活习惯，在老年人中树立生态环保理念。

（一）宣传环保理念

在农村生态贫困老年人社会工作中，社会工作者一方面可以向村镇干部进行宣传，提升他们的环保意识，使其意识到环境保护和经济发展同样重要，离开了环境，农村经济就不可能实现可持续发展；另一方面，社会工作者可以向老年人宣传环保的重要性和必要性。由于长期受传统生活观念的影响，老年人会随处倾倒垃圾，而且农村没有固定的垃圾堆放点，因而很多地方出现了“垃圾围村”的现象。帮助老年人认识到环境保护的重要性，也是生态文明建设的重要途径之一。社会工作者还可以请来环保专家，举办环保讲座，向老年人介绍最新的环保观念和健康的生活方式。

（二）培养生态观念

社会工作者在进行农村生态贫困老年人工作的同时，也应该从思想上、精神上进行帮扶，帮助老年人培养健康的生活习惯和环保理念，激发其环保的内在动力，提高其环保的积极性，最终提升其自主环保能力。社会工作者可以组织志愿者帮助老年人打扫卫生和清洁环境，慢慢培养老年人的健康生活习惯；还可以组织老年人去生态文明示范区参观访问，亲身体验绿色生活的氛围，提高其环保的积极性和能动性。

（三）传授环保生活经验

生态贫困地区老年人环保教育不仅包含了环保理念的宣传和培养，更关键的是包含了环保生活方面的经验，特别是对环保生活知识和技术的传授。老年人自主学习能力较差，社会工作者可以开展健康生活活动，引导并传授老年人各类环保生活知识与技巧，组织老年人观看环保生活教育视频，发放健康生活知识手册，引导老年人自主学习环保生活知识；还可以请来环保专家做健康生活知识培训，手把手地教导老年人，期望可以达到培训一人、影响一片的效果。

第四节　农村生态贫困老年人社会工作实务案例①

一、案例背景

云南省双柏县是红河源头，风景秀丽，是西南地区重要的生态屏障，也曾是有名的贫困县。这里山多地少，全县 99.7%的面积都是山区，土壤贫瘠，生态环境脆弱，可用于生活生产的自然资源十分匮乏。在这里生活着 17 个少数民族，他们大部分居住在低热河谷或冷凉边远高寒山区。位于双柏县西南部的爱尼山乡总面积为 675 平方千米，人口为 1.25 万人，平均算下来每平方千米仅有 19 人。这里森林覆盖率达 96.69%，人均占有林地 70 亩。很长一段时间，爱尼山乡村民靠山吃山现象比较普遍，砍树卖钱、砍树盖房、砍树开荒种地成为习惯，屡禁不止，不仅破坏了生态环境，贫困落后的生活状态也未发生根本改变。

二、进入系统与绘制生态图

（一）进入系统

云南省双柏县在社会工作机构帮助下精准分析当地情况，从 2015 年开始实施“生态立县、绿色崛起”战略，带领全县各族人民坚定不移地走绿色发展之路。其间，县政府委托双柏县社会工作协会以购买的方式吸引 50 名来自全国各地的社会工作者参与了这次工作，并进驻双柏县下辖的各个贫困

① 此案例根据生态环境部网站生态扶贫案例整理而成。

村，其中有6名社会工作者进驻双柏县爱尼山乡力丫村。力丫村是有名的贫困村，年轻人大多出去务工，村里总人口有900多人，其中60岁及以上人口近200名，老年人大部分身体状况不佳，再加上自然环境恶劣，导致村民生活十分困难。进驻力丫村的6名社会工作者有着丰富的老年人社会工作经验，2015年3月就提前进村住下开展工作。

通过帮助老年人做家务，社会工作者很快与村里的老年人都熟悉起来。他们把带来的文具交给老年人的孙子孙女，并帮助孩子们补课，进一步拉近了与老年人的距离。

了解了当地的风俗民情、生存环境、老年人的生活习惯后，在一起生活时，社会工作者会尽量做到换位思考，想象自己是力丫村的老年人，思考自己的生活怎样才能得到改善，同时思考如何利用外部资源来开展生态贫困老年人的社会工作服务。

（二）绘制生态图

在进入系统后，为了收集老年人及其周围环境的材料，社会工作者提供了一个具有吸引力、温馨和支持的环境，并鼓励老年人讲述自己的困难。在开展生态贫困老年人的社会工作服务之前，社会工作者向老年人解释并澄清其易混淆和有疑虑的地方。根据老年人的讲述，社会工作者进行仔细核查比对，绘制生态图。生态图清晰地描绘了老年人的生活现状，包括生活状态、家庭信息、身体状况、生活能力、中心问题、生活环境、家庭环境、亲朋关系等。

第一，力丫村近200名老年人大多数身体状况不佳，多数患有慢性病，少部分身体状况良好。

第二，每位老年人都有家人在城市务工，寄回的钱基本上能满足老年人和孩子生活所需，种植的水稻和蔬菜只够日常生活，不能产生多余的经济价值，生活依然贫困。

第三，力丫村地处高山，老年人很少出去，民风淳朴保守，村里人经常因为小事发生口角，村民开始时对陌生人怀有很强的戒备心，但熟悉以后知无不言。不过村里老年人都认为自己是黄土埋脖子的人了，过一天是一天，不想改变。

第四，社会工作者经过勘察与分析发现，力丫村海拔为 556 米到 2 250 米，立体气候明显，森林资源丰富，适合种植中草药和野生菌等经济作物。这是力丫村脱贫的一个生态产业的突破口。

三、评量生态与创造改变

（一）评量生态

根据生态图所提供的信息，社会工作者分析问题的关键突破口在于解决村里贫困老年人的经济生产问题。在生态系统中，很多家庭成员关系不是很好，家庭成员经常发生争吵，有些家庭内部关系紧张，家庭陈设杂乱，空间狭小；家庭外部环境（邻里、社区环境、自然环境）也不好，房屋破旧，道路年久失修，全村耕地面积极少，经济作物单一；邻里关系冷漠，社区意识淡薄，生活垃圾到处乱扔，老年人常年劳作且身体健康状况普遍堪忧。

（二）创造改变

通过分析力丫村的生态系统可以发现，力丫村的老年人的问题焦点在于经济状况糟糕、邻里关系及村里氛围不和谐、环境状况与健康状况堪忧。同时，力丫村的老年人们本身生活能力低下，不能适应繁重的农业生产，再加上当地的地理环境也不适合大规模种植粮食作物，这些都导致了力丫村的老年人在贫困中越陷越深。

第一，社会工作者们建议力丫村的老年人改变乡村的环境，重新调整生产生活方式，如爱护环境、杜绝乱砍滥伐以及乱扔垃圾，帮助老年人从繁重的农业生产中抽身出来，开始在山上、林中种植经济附加值更高的经济作物——中草药以及野生菌类。

第二，社会工作者帮助乡政府着力打造“公司＋基地＋农户”的发展模式，让力丫村人员和作物出得去、卖得掉。由于组成环境的要素是非常复杂的，因此改变老年人的观点的途径也是多元化的，社会工作者可以结合老年人自身的条件选择突破口。

第三，在处理力丫村老年人生活适应不良方面，社会工作者们通过小组工作的形式，改善老年人的生活环境，鼓励老年人参加村里的集体活动，举办简单的联谊会，让老年人放松身心、增强体质、加强沟通交流，增进同村老年人之间的感情。

第四，通过县社会工作者协会，社会工作者们请来了农业和环境方面的专家，教会了老年人中草药、野生菌的种植技术，并给老年人留下了学习光盘。在社会工作者和环保专家的鼓励和帮助下，力丫村的老年人学习了环保知识，树立了环保意识。

四、协商与介入

（一）协商与行动

社会工作者针对力丫村老年人目前的生活状况给出建议以后，与所有的老年人沟通，听取他们的意见，然后组织实施生态贫困老年人社会工作服务。在实施过程中，社会工作者随时对效果进行评估。

截至2019年年底，爱尼山乡已引进5家中药材种植企业，组建中药材种植专业合作社15个，带动中药材种植农户1 800多户，在高海拔和低海拔地区分类施策，种植茯苓、芍药等30多种中药材5万余亩。2018年全乡中药材产值达3 000多万元，人均有2 300多元。昔日十分贫困落后的力丫村如今旧貌换新颜，大部分外出务工年轻人已返村生活，全村260户家庭已全部盖了新房，共计购买小轿车60多辆、摩托车300多辆，进县城购房40户。事实证明，做足"生态＋"文章，努力推动生态环境保护与经济社会发展有机融合，创造了"生态＋产业""生态＋扶贫"的农村生态贫困老年人工作模式，使得力丫村生态产业化发展迅速，极大地改善了农村生态贫困老年人的生活。

（二）结案

在结案阶段，为防止老年人可能因与社会工作者分离而痛苦，进而对服务效果产生影响，社会工作者做了周密的计划和准备。社会工作者首先肯定老年人已经取得的进展，确认其对环境的适应能力增强，降低老年人自身面对社会工作者离开这一事实而导致的对新环境的不适应感，并评估其改变后的环境质量。

五、案例总结

生态系统观点以整合的思想架构来解决农村生态贫困老年人的问题，抛弃了以往的纯心理学的取向以及人本中心的思想，更加系统地理解老年人的行为，从生理、心理、社会、文化、环境等多个系统的互动来说明影响老年人行为的动力因素,而不仅仅是以一元的方式解决问题。这一模式更有利于老年人的长远与持续发展,多元因子分析的方式更为社会工作者解决问题提供了更多的可行性方案。但是,正因为解决方法的多元化,这一模式并无特定的干预方法。此外,生态系统模式非常注重生态学的隐喻,由此而产生了一系列的对生态学概念的借用,如适应、栖息地、熵等,这些术语太过专业化,不利于实务操作中问题的解决,严格地照搬这些概念,将会使操作过程比较机械和刻板。另外,生态系统模式从老年人自身和环境出发,强调环境与个人之间的关系,提倡改变和创造环境以获得更好的个人适应性。但对于这一改变的两个维度——个人与环境——来说,改变任何一方都将导致新的适应问题,因此难以从根源上解决问题,这个问题的改善及解决最终还是需要政府从扶贫政策与社会保障制度方面去思考。①

① 文军.社会工作模式:理论与应用[M].北京:高等教育出版社,2010:386－388.

第四章　农村因病致贫老年人的社会工作服务

在脱贫攻坚时期，我国因病致贫人口约占贫困人口的40%。其中，因病致贫老年人约占因病致贫人口的70%。脱贫攻坚战虽然已经结束，但是因健康水平低下而产生的相对贫困人口仍将长期存在。由于青年劳动力不断涌向城市，农村老年人不得不从事更多的农业生产，而且老年人的器官功能逐年衰弱，极易罹患疾病。与此同时，城乡发展不平衡，农村老年人健康意识淡薄、经济自给能力较弱，在农村养老和医疗保障水平不高、养老服务体系不够健全的情况下，农村老年人一旦患病，就极易陷入生活窘境，变成相对贫困人口。开展农村因病致贫老年人社会工作服务，既能提高该群体的生活质量，又能助力解决健康型相对贫困，彰显社会公平。社会工作者充分运用社会工作的理论和方法，挖掘农村因病致贫老年人的潜能，激发他们的主动参与性，利用扶贫政策，链接各种社会资源，帮助农村因病致贫老年人解决生活中遭遇的各种问题，对改善和维持其社会功能具有重要的作用。

第一节　农村因病致贫老年人社会工作概述

一、因病致贫老年人的界定

在因病致贫群体中，农村老年贫困户缺乏赖以生存的生产劳动能力，经济来源渠道相对单一，是当前最需要关注的弱势群体之一。界定因病致贫老年人，有利于社会工作者更加精准地了解并帮扶这一群体，有针对性地提供专业服务，同时从更专业、更有效的视角解决精准扶贫过程中的关键问题。诸多学者对“因病致贫”及“老年贫困”进行了界定。孙梅等学者认为，新农合关注的因病致贫应是指农村居民支付的医疗费用超过一定额度的社会现象，一定额度是指农村居民对医疗费用的最大支付能力。① 乔晓春等学者认为，老年贫困的界定包括两部分内容：一是老年人收入的界定，二是贫困线的界定。② 但是，目前还没有学者对“农村因病致贫老年人”做出明确界定。

农村因病致贫老年人是亟须关注的特殊群体，主要体现在四个方面：第一，他们的致贫原因特殊，因病致贫对他们来说不仅仅意味着贫困，同时还意味着生理及心理健康状态不佳；第二，他们的年龄特殊，相对于其他群体来说缺乏较强的行动力，脱离社会，缺乏认同，更易遭受社会和他人的排斥；

① 孙梅，李程跃，吕军，等. 界定与测量农村居民因病致贫：新型农村合作医疗保险方案研制思路之四[J]. 中国卫生资源，2013，16(3)：160－162.

② 乔晓春，张恺悌，孙陆军. 中国老年贫困人口特征分析[J]. 人口学刊，2006，28(4)：3－8.

第三，他们所处的地域特殊，相较于城市，农村社会和生活环境更加不理想；第四，目前有针对性地扶持农村因病致贫老年人的政策较少。因此，要深入研究农村因病致贫老年人这一群体，切实把握他们的特殊性。本章将因病致贫老年人界定为，60 周岁及以上农村因病致贫建档立卡的贫困老年人。

二、因病致贫老年人社会工作的服务宗旨

农村因病致贫老年人社会工作服务应遵循独立、参与、照顾、自我实现、尊重的原则，促进老年人角色转换和社会适应，增强其社会支持网络，提升其晚年的生活和生命质量。农村因病致贫老年人社会工作的服务目标为实现老有所养、老有所医、老有所为、老有所学、老有所乐。

为了提高农村因病致贫老年人的生活和生命质量，保障他们从国家和社会获得物质帮助的权利，政府、社会和社会工作机构需要积极采取相应的举措。首先，政府需要积极建立以社会保险、社会救助、社会福利制度为主体，以慈善帮扶、社会工作者助力为辅助的综合保障体系，有效缓解农村因病致贫老年人经济脆弱性和健康脆弱性交互作用下的贫病问题。其次，全社会需要正确看待农村因病致贫老年人对家庭和社会的积极作用，营造浓厚的尊老、敬老的社会氛围，而不能消极地把农村因病致贫老年人看作“社会包袱”。最后，社会工作服务需要运用优势视角看待农村因病致贫老年人的生活，引导其通过家庭参与、社会参与发挥正能量，做出新贡献，实现积极老龄化。

三、因病致贫老年人社会工作的服务内容

（一）医疗救助服务

社会工作者在农村因病致贫老年人医疗救助服务中发挥着重要作用。① 社会工作者经常深入基层，在实践中掌握了与居民相处的方法，也积累了一定的经验，通过对农村因病致贫老年人进行观察走访，了解农村因病致贫老年人的医疗需求，从而能够有针对性地帮助农村因病致贫老年人解决自身面临的医疗服务问题。医疗救助服务主要包括以下内容：协助农村因病致贫的老年人申请医疗救助资源；精准识别农村因病致贫的老年人的患病情况，建立健康管理数据库；动态监测农村因病致贫老年人的生存状况与生活质量。

（二）老年健康教育

社会工作者面向农村因病致贫老年人开展健康教育有三个层面。在个人层面，可运用认知行为治疗模式，挖掘农村因病致贫老年人的潜能，培养其健康的行为习惯，提高其健康意识。在小组层面，可通过组建同一类型的贫困老年人小组，激发小组内生动力，促使组员学习健康知识，提高健康素养。在社区层面，可动员农村社区居民参与健康宣传活动，链接医院资源开展健康知识讲座，营造社区健康氛围。老年健康教育服务内容包括：评估农村因病致贫老年人的健康教育需求；整合社区教育资源，为农村因病致贫老年人提供健康教育服务；组织开展各种健康教育活动，扩大农村因病致贫老

① 谢宇，谢建社. 广州社会保障事业发展研究[M]. 北京：光明日报出版社，2007：126－129.

年人的社会交往范围；推动建立健康教育宣传平台；协调有关专业人士为农村因病致贫老年人提供健康咨询、医疗政策咨询等服务。

（三）老年心理辅导

社会工作者在农村因病致贫老年人工作中具有特殊的专业优势。[①] 传统的心理辅导主要针对老年人的心理问题进行分析和治疗，但这种服务模式较为单一，效果明显不足。社会工作者可以调动老年人身边的社会关系资源，挖掘老年人的潜力，构建社会支持网络，疏导老年人情绪等，从而为老年人提供更有效的心理辅导。老年心理辅导的主要内容包括：识别农村因病致贫老年人的心理困扰，为其提供心理辅导；协助农村因病致贫老年人构建社会支持网络，以获得家属、亲友、邻里的照顾和关怀；倡导建立农村因病致贫老年人心理咨询平台，给予其精神慰藉。

（四）老年照顾服务

社会工作者能够调动社区内的人力和物力，联合各种专业化机构所提供的服务与设施，向农村因病致贫老年人提供照顾和帮助的福利服务，让他们在家庭或社区中得到照顾，避免不必要的住院或隔离。[②] 照顾服务主要包括以下内容：建立正式与非正式的照顾资源网络；协助照顾者学习预防或治疗疾病的知识；组织开展农村因病致贫老年人健康评估，提高照顾质量；建立照顾健康档案，动态监测农村因病致贫老年人的健康照顾状况；协助有需要的农村因病致贫老年人申请专业机构提供照顾服务。

---

① 康红梅.农村贫困老年人的弱势处境及对策研究：基于社会工作增权理论的视角[J].三峡论坛，2017(2)：46－49.

② 张恒，黄梅：老年社会工作服务指南[M].北京：中国社会出版社，2017：29－40.

（五）助力老年反贫困

社会工作可以从能力建设领域、精神层面和医疗保障方面介入农村因病致贫老年人的贫困问题①，助力其打破“因病致贫、因贫致病”的循环圈。首先，在能力建设领域，评估农村因病致贫老年人病情的轻重缓急，以便社会工作者发展适合老年人能力范围的项目，让老年人在工作中创造经济收入或增加人际交往，激发自身潜能，实现人生价值，如创设老年乡村公益岗位、分享人生有益经验等。其次，在精神层面，社会工作者注重充分保护农村因病致贫老年人的自尊心，让部分农村因病致贫老年人做到先在思想上反贫困，再从物质上反贫困，改变其“以贫为荣”和“等靠要”的思想，充分激发他们摆脱贫困的内生动力，逐步树立反贫困的自信心，促使他们对扶贫干部所提供的帮助予以积极回应。最后，在医疗保障方面，社会工作者倡导政府完善医疗保障体制，促进农村医疗服务均等化，缓解因病致贫局面，减轻农村因病致贫老年人的经济负担。② 助力老年反贫困主要包括以下内容：协助农村因病致贫老年人申请建档立卡贫困户；链接企业资源，为农村因病致贫老年人的家庭成员寻找稳定的工作；建立反贫困互助小组，激发农村因病致贫老年人的反贫困意识，帮助其追求幸福生活。

（六）老年危机干预

老年危机干预需要具有专业知识和技巧的社会工作者参与。农村因病

① 2017 年 7 月，民政部、财政部和国务院扶贫办联合发布《关于支持社会工作专业力量参与脱贫攻坚的指导意见》，提出了一系列社会工作专业力量参与脱贫攻坚的政策措施。

② 杨立雄，郝玉玲. 农村老年人贫病交加问题研究[J]. 中国医疗保险，2016(11)：29-33.

致贫老年人在经历了生活困难、身患重病、突发灾难等重大生活事件之后，虽然有些人会采取积极有效的行为方式来应付危机，保持心理平衡，但是也有些人会有种心理失衡的感觉，采取消极的甚至是极端的态度应对危机。若一般人群没有掌握危机介入的专业知识和技巧直接进行干预，有可能导致当事人产生过激行为，造成严重后果。因此，在面对产生危机状况的农村因病致贫老年人时，社会工作者需要运用专业的知识和技巧，及时处理其情绪问题，限定干预目标，为农村因病致贫老年人输入新的希望，从而帮助其解决面临的问题。老年危机干预主要包括以下内容：识别农村因病致贫老年人所面临的危机问题；及时保障服务对象生命安全，提出应对危机的适当方式，缓解农村因病致贫老年人心理失衡状态；协助农村因病致贫老年人制订行动计划，解决其面临的现实问题；评估农村因病致贫老年人危机介入之后的效果。

（七）老年权益保障

为了维护农村因病致贫老年人的合法权益，社会工作者需要深入农村社区调查走访，收集相关资料，以明确农村因病致贫老年人易遭受他人侵犯的权益。此外，社会工作者可以动员社区居民参与法制宣传活动，重点加强对农村因病致贫老年人易遭受他人侵犯的权益进行法律知识教育，以此来达到预防侵害的目的，维护农村因病致贫老年人的合法权益。老年权益保障主要包括以下内容：评估农村因病致贫老年人合法权益被侵害的情况；开展传统美德宣传和法制教育工作，以便营造良好的社会风气；完善调解机制，积极协助农村因病致贫老年人开展调解工作；构建老年人法律咨询平台，便于农村因病致贫老年人维护自身权益；开展政策倡导，向有关职能部门提出政策完善建议。

（八）老年临终关怀

社会工作介入老年临终关怀领域不仅有利于农村因病致贫老年人减轻并控制病痛、缓解症状，帮助其接受死亡来临的现实①，维护人的尊严和提高生命质量，而且还能为其家属提供生理关怀和咨询服务，协助他们度过沮丧期。老年临终关怀主要包括以下内容：评估农村因病致贫的临终老年人的病情状况及需求，以便为后期介入做准备②；提供心理疏导，帮助农村因病致贫的临终老年人缓解濒死的恐惧心理；协助农村因病致贫的临终老年人完成离世之前的心愿，弥补心中的遗憾；协助亲属处理农村因病致贫老年人的身后事，并提供有关的咨询服务。

第二节　农村因病致贫老年人社会工作的流程

一、接案和预估

（一）接案

接案是专业助人服务的前提，是社会工作者与农村因病致贫老年人进行沟通并评估其需求问题，以便确定是否能够为其提供服务的过程。在接案的过程中，社会工作者能否与农村因病致贫老年人达成助人的共识是这一过程的关键。一般来说，我们把接案分为会谈前准备、初次会谈这两

① 仝利民. 老年社会工作[M]. 上海：华东理工大学出版社，2006：403－406.
② 李义庭. 临终关怀学[M]. 北京：中国科学技术出版社，2015：30－45.

部分。

1. 会谈前准备

针对农村因病致贫老年人群体开展服务活动，社会工作者需要提前了解这类群体的基本特征，以便有针对性地拟定会谈提纲。一般来说，农村因病致贫老年人有以下几点特征：

身体素质较差。随着农村因病致贫老年人的年龄增加，身体各方面机能大不如从前，再加上他们年轻时往往从事大量的体力劳动，造成身体器官损伤，容易患上疾病。

经济收入较少。农村因病致贫老年人年事已高，逐渐丧失劳动力，无法从事更多的体力劳动，导致家庭收入较少，而且经常被慢性病缠身，医疗费用支出较高，家庭生活水平较低。

心理问题严重。农村因病致贫老年人身患疾病，为家庭带来高昂的医疗费用支出，他们常常认为自己是家中的“罪人”而压抑自身情绪，从而产生抑郁等心理问题。

社会交往单一。受到家庭经济条件较差的影响，他们担心别人看不起自己，不愿意主动与他人打交道，平时交往对象较为单一，习惯于把自己封闭在家庭中，社会交往圈子逐渐缩小。

自身能力不足。农村因病致贫老年人的文化水平一般偏低、健康意识较差，导致他们自身能力不足，无法获取外界的资源，很少主动寻求社会工作机构的帮助。

与此同时，寻找可作为社会工作服务对象的农村因病致贫老年人是一项非常重要的工作。一般来说，农村因病致贫老年人很少主动寻求社会工作者的帮助，他们往往都是通过社会工作者主动外展的方式成为服务对象的。社会工作者需要在当地熟人的引荐下探访农村因病致贫老年人，了解其家庭基本情况，判断能否为其提供服务。

2. 初次会谈

会谈是为了了解农村因病致贫老年人的需求而进行的一种面对面交流。农村因病致贫老年人长期处于贫困状态，对信息的接收能力较弱，因而他们可能会对社会工作者产生一定的防备心理和抵触情绪。会谈时，社会工作者需要注意以下问题：使用通俗易懂的言语，向农村因病致贫老年人介绍自己的身份及社会工作机构的服务内容；耐心倾听农村因病致贫老年人的诉说，运用同感、尊重、接纳、共情等专业技巧，拉近彼此之间的心理距离；积极引导农村因病致贫老年人回答问题，以便更好地收集资料。社会工作者通过会谈收集的资料有：老年人的基本资料、疾病状况、贫困状况、公共服务享受情况等；老年人及其家属对疾病、贫困的认知和态度；老年人的家庭背景、家庭结构、社会支持系统；老年人及其家属最想解决的问题；老年人及其家属尝试过哪些方法，效果如何；老年人对社会工作者的期待。

（二）预估

预估是在收集与农村因病致贫老年人有关的详细资料的基础上，社会工作者对农村因病致贫老年人存在的问题，以及农村因病致贫老年人与环境的互动等方面进行综合的分析判断，形成暂时性结论的评估过程。①

1. 收集资料

收集资料是预估阶段的基础，决定着能否对农村因病致贫老年人的问

① 朱眉华．社会工作实务[M]．上海：上海社会科学院出版社，2003：34－66．

题进行正确认识和判断。收集资料可从个人、家庭、社区三个层面进行。一是个人资料，如农村因病致贫老年人的年龄、性别、疾病类型、健康状况、居住地及其与周围环境的关系等方面的信息。二是家庭资料，如家庭的经济状况、家庭成员结构、家庭成员之间的沟通方式等方面的信息。三是社区资料，如社区风俗习惯、社区文化氛围、社区邻里关系等。收集资料有以下三种途径。一是家庭访视。由于农村因病致贫老年人很少参与社会活动，无法给予社会工作者主动与他们接触的机会，社会工作者只能主动进行家庭访视来收集服务对象的有关信息。二是寻求村委会帮助。三是走访邻里。社会工作者不仅需要了解农村因病致贫老年人的基本信息，更需要了解他们所居住的周围环境的信息。

2. 分析和解释资料

社会工作者收集到农村因病致贫老年人的资料大多数都是支离破碎的，因而应该对资料进行系统性的整理，注意找出资料之间的逻辑性和时序性关系，分析农村因病致贫老年人问题的性质并解释其问题产生的原因，使资料具有实用意义。一般分析资料的具体过程为：排列顺序—发现问题—识别原因—解释服务对象的问题与需求。①

3. 问题认定

社会工作者在掌握了丰富的资料后，需要进一步确定农村因病致贫老年人最亟须解决的问题。这要从以下几个方面来理清思路：农村因病致贫老年人的问题是什么？问题是如何发生的以及发生的原因是什么？农村因病致贫老年人所处的环境如何？农村因病致贫老年人现有资源和潜在的资

① 方青，赵怀娟. 老年社会工作[M]. 芜湖：安徽师范大学出版社，2012：138－146.

源有哪些？探究农村因病致贫老年人的问题得不到解决的原因是什么？

二、计划与干预

（一）制订服务计划

服务计划是在预估的基础上，为帮助农村因病致贫老年人解决问题而进行理性思考和决策的过程，以便为开展实务工作做好准备。[①] 计划阶段的重点在于确定服务目标、设计介入策略。

1. 确定服务目标

目标是能够测量和观察的介入工作达到的具体结果。准确判断农村因病致贫老年人的需求是制订服务目标的关键。一般农村因病致贫老年人有以下四种需求：

医疗需求。农村因病致贫老年人身患各种疾病，经常需要看病吃药，给家庭带来巨大的医疗费用负担，甚至会陷入有病看不起的困境。再加上农村地区医疗保险报销比例较低，医疗设施落后，医疗服务质量有待加强，农村因病致贫老年人对医疗的需求是迫切的。

照护需求。农村因病致贫老年人体弱多病，身体行动不便，需要专人照顾。但是随着经济的快速发展，社会竞争日益激烈，子女疲于应对自身的生活压力，因而难以满足农村因病致贫老年人的照护需求。

精神需求。农村因病致贫老年人普遍会产生一定的“精神疲乏感，出现无用感和排斥感、内心空虚和厌烦感、孤独感和害怕”[②]。家庭和社会需要高

① 吕青. 社会工作实务[M]. 上海：华东理工大学出版社，2010：26－38.
② [美] 戴维 · L. 德克尔. 老年社会学[M]. 沈健，译. 天津：天津人民出版社，1986：47－49.

度重视这种不良的精神状态，帮助农村因病致贫老年人构建社会支持网络，满足他们的精神需求。

养老需求。农村因病致贫老年人因疾病缠身逐渐丧失劳动力，无法从事体力劳动，缺乏收入来源。虽然国家每月定期给予一定的养老金，但是对于缓解农村因病致贫老年人的经济压力只能是杯水车薪。农村因病致贫老年人的养老重担不得不落在子女的肩膀上。

2. 设计介入策略

社会工作者在设计介入策略时需要重点关注所扮演的角色和完成的任务。一般来说，社会工作者根据所要处理问题的类型不同而担当不同的角色，对于处理农村因病致贫老年人的问题，社会工作者经常担当以下角色：

服务提供者。社会工作者可以为农村因病致贫老年人提供心理咨询、物质帮助等服务。一方面，农村因病致贫老年人由于家庭贫困、身患疾病，经常会出现自闭、焦虑、孤独、压抑等心理状况，社会工作者可以运用理性情绪治疗方法，帮助农村因病致贫老年人纠正错误认知，疏导心理情绪，树立脱贫信心。另一方面，农村因病致贫老年人面临无固定收入来源、生活水平较低、医疗费用支出较高等局面，社会工作者可以查找相关的健康扶贫政策，帮助他们链接医疗资源，提供物质帮助，满足其基本生活保障和医疗保障需求。

使能者。农村因病致贫老年人疾病缠身，不善于跟其他亲属、邻里进行交流，也不善于主动求助于公益组织或政府机构的帮助。因此，培养农村因病致贫老年人的沟通能力、表达需要的能力以及人际交往的能力对其改变弱势处境就显得非常重要。① 社会工作者要与农村因病致贫老年人建立良好的专业关系，运用个案工作的专业技巧和方法，帮助他们挖掘自身潜力，提高沟通能力，扩大人际交往圈，树立反贫困信心。

倡导者。社会工作者不仅需要鼓励农村因病致贫老年人改变，还需要倡导社会公民关注农村因病致贫老年人的弱势处境。一方面，社会工作者经常深入基层与农村因病致贫老年人直接接触，通过优势视角挖掘农村因病致贫老年人自身的优势，鼓励他们追求健康幸福的生活。另一方面，社会工作者需要倡导全社会给予农村因病致贫老年人更多的关注，强调反贫困的社会责任，去除以往贴在农村因病致贫老年人身上的“标签”②，促使政府出台保障农村因病致贫老年人的有关制度和政策。

（二）介入

介入是服务计划的具体实施阶段，是社会工作者与农村因病致贫老年人共同执行工作方案，承担各自的角色和任务，帮助农村因病致贫老年人解决问题，实现服务目标的过程。社会工作介入方式有两种类型，分别为直接介入和间接介入。直接介入就是社会工作者直接为农村因病致贫老年人提供实际帮助。间接介入是社会工作者代表农村因病致贫老年人采取行动，通过介入其他社会系统，改善农村因病致贫老年人所处环境，为其争取必要的资源。③

---

① 康红梅. 农村贫困老年人的弱势处境及对策研究：基于社会工作增权理论的视角[J]. 三峡论坛，2017(2)：46－49.

② 刘延芳，范家绪. 农村老年人扶贫问题的社会工作介入研究[J]. 劳动保障世界，2018(17)：14－15.

③ 方青，赵怀娟. 老年社会工作[M]. 芜湖：安徽师范大学出版社，2012：144－145.

1. 直接介入

提供物资帮助。资源有限性是农村因病致贫老年人的特征之一，由于医疗费用支出较高，家庭收入较低且单一，农村因病致贫老年人的生活水平较低，日常生活物资缺乏，无法满足他们的营养与健康需求。整合社会资源为农村因病致贫老年人提供物质帮助具有紧迫性与重要性。① 社会工作者需要帮助农村因病致贫老年人充分利用好国家扶贫的各项政策，精准识别农村因病致贫老年人群体，让国家的救助帮扶政策真正惠及需要帮助的人。

给予心理辅导。农村因病致贫老年人的心理健康和精神生活往往被社会所忽视。② 随着年龄的增长，老年人的身体功能出现衰退现象，再加上慢性病，会给老年人带来不同程度的心理影响，使他们产生不安感和对死亡的恐惧感。社会工作者应该在利他主义原则的指导下运用心理治疗模式或理性情绪治疗模式等专业方法，帮助老年人进行自我心理调适，缓解压力，改变错误的认知，树立正确面对衰老、正确对待各种疾病、正确评价自身健康状况的意识。此外，要基于农村因病致贫老年人身心特点，鼓励他们寻找生活乐趣，丰富晚年生活。

构建关系网络。农村因病致贫老年人的社会交往单一，社会关系弱化，限制了其有效的社会融入，引发了心理与精神上的空虚。③社会工作者以农村因病致贫老年人既有的关系网络为切入口，运用专业的方法和技巧，为农村因病致贫老年人增权赋能，鼓励他们主动与他人交往，勇敢走出家庭，构

①③　李丹. 社会工作介入农村老年人扶贫的路径分析：基于社会互构理论的视角[J]. 经济研究导刊，2015(22)：60－61.

②　周绍斌. 论农村老年人的健康需求与健康服务[J]. 社会主义研究，2007(2)：70－72.

建与拓展属于自己的社会关系网络。

2. 间接介入

发掘并运用农村社区人力资源。社会工作者要善于引导农村社区中有影响力的人（如德高望重的老年人、退休村书记、老党员等）参与到帮助农村因病致贫老年人的服务中。他们能够协助社会工作者开展工作，帮助农村因病致贫老年人申请农村居民医疗保险和大病救助保障，同时也能够动员当地群众，关注农村因病致贫老年人的弱势处境，开展各种形式的扶贫帮困、捐资助困活动，从而缓解农村因病致贫老年人家庭的经济压力。

3. 协调和联结各种服务资源与系统

随着扶贫计划的推进，国家针对贫困群体出台了大量的帮扶政策。但农村因病致贫老年人由于自身能力的局限性，无法有效利用相关资源。社会工作者要善于发现农村因病致贫老年人的需求，了解有关帮扶政策，积极协助其链接扶贫资源，做好农村因病致贫老年人与有关政府部门之间的联络员，积极协调各方资源使其发挥最大功能，增强服务效果。

4. 营造良好的康复环境

环境对农村因病致贫老年人的社会功能恢复具有重要影响。一方面，农村因病致贫老年人时常需要家人照顾，有些家庭成员因整天照顾老年人而感到烦闷，无意间会爆发出不满的情绪，导致老年人心情压抑。另一方面，由于社会经济的快速发展，人与人之间攀比心理较严重，有些农村社区无意间会形成一种“看不起”农村因病致贫老年人的亚文化，导致其内心自闭并且不愿参与社会活动。针对以上两种可能发生的情况，社会工作者需要积极介入农村因病致贫老年人的家庭环境、社区环境之中，依托家庭治疗模式和社会支持理论，运用专业的方法和技巧，营造有利于农村因病致贫老年人社会功能恢复的环境，以促使他们追求美好的生活。

三、评估与结案

（一）评估

社会工作评估是用科学的研究方法对社会工作服务项目的设计、策划、实施和效果等方面进行的测度、诊断和评价的活动。[①] 评估的目的不仅是考察社会工作提供的服务是否有效、是否实现了计划的目标，而且要在评估的基础上总结工作经验和验证社会工作服务方法的可行性，以促进农村因病致贫老年人社会工作本土化的研究。一般来说，评估类型不同，所采用的具体评估方法也会有所差异。

一是过程评估，即对整个工作过程的监测和考察，涉及服务方法使用是否有效、服务方式是否合适以及服务对象改变的进展情况等内容，以便及时发现服务过程中的问题，适当调整介入的方法和技巧。通常可采取的方法有：个案工作记录、录像和电子记录、听取农村因病致贫老年人的评价，观察社会工作者介入的工作方法等。

二是结果评估，即一般在服务过程结束时对产出的服务结果做出最终判定，目的是检查介入行动是否按服务计划完成以及是否实现了预期目标。[②] 通常可采取的方法有：采用口头询问的方式听取农村因病致贫老年人对服务效果的评价，测量出农村因病致贫老年人的满意度；听取农村因病

① 顾东辉. 社会工作评估[M]. 北京：高等教育出版社，2009：1－5.

② 全国社会工作者职业水平考试教材编写组. 社会工作实务(中级)[M]. 北京：中国社会出版社，2017：58－67.

致贫老年人讲述接受服务后所带来的变化以及社会工作者对服务项目的反思和评价，并进行综合性的评估；评估农村因病致贫老年人接受社会工作服务后的生活状态，以便与社会工作者介入前的生活进行对比，从而衡量社会工作介入的效果。

（二）结案

结案意味着对农村因病致贫老年人的服务即将终止，是社会工作助人过程的最后一个环节。结案通常意味着社会工作者完成了服务计划，基本实现所设定的服务目标。就因病致贫老年人而言，判断服务目标是否完成，应主要核查以下内容：一是农村因病致贫老年人的家庭收入是否达到脱贫标准，二是农村因病致贫老年人是否享受到国家提供的扶贫资源，三是农村因病致贫老年人对社会工作者提供的服务是否满意。

在结案阶段，社会工作者要处理如下事务：(1) 巩固服务对象的改变效果，肯定农村因病致贫老年人的积极表现，巩固他们解决问题的能力，促使其有信心去追求美好的生活；(2) 结束工作关系，如果农村因病致贫老年人有其他的需求，社会工作者应该积极提供转介服务；(3) 做好结案记录，如农村因病致贫老年人的问题和需求，社会工作者提供的服务内容，农村因病致贫老年人发生的变化和结案的原因，社会工作者的建议和评价等。

第三节　农村因病致贫老年人社会工作的模式

社会工作实务需要理论模式的指导和应用，这不仅是对社会工作服务规范化和专业性的要求，同时也是提升服务质量的保障。[①] 尤其是在社会工作介入农村因病致贫老年人的实务过程中，由于该群体的特殊性，社会工作者在实务操作阶段会遇到各种各样的问题，在理论模式的指导下，社会工作者能更精确和快速地于繁杂的事务中抓住主线和要点，协助服务对象走出困境，恢复社会功能。根据服务对象的不同特点和类型，本节介绍危机介入模式、任务中心模式、健康个案管理、健康资源整合、社区健康环境建设和社区健康教育宣传等六种服务模式，从微观和宏观两个角度介入农村因病致贫老年人群体。

一、危机介入模式

危机介入模式是一种短期介入方法，强调运用心理分析与自我心理学的知识为危机状态中的个人及其家庭提供短暂的专业社会工作服务。[②] 步入老年阶段之后，人的生理老化速度加快，由生理老化导致的个体认知活动、情绪情感、个性心理特点等也都相继发生了重要的变化。[③] 在此阶段，老年人若无法适应这种变化，则会出现危机事件。农村因病致贫老年人所面临的问题更加复杂，除以上适应性问题之外，又存在贫病交加问题，个人、家庭以及社会关系等极易产生矛盾，并出现失衡状态。危机介入模式能够快速化解危机，短暂缓解危机状态下的心理失衡，为后期社会工作介入争取空间和时间，是开展农村因病致贫老年人社会工作需要掌握的技能。

① 李长洪，陈方圆．扶贫社会工作服务指南［M］．北京：中国社会出版社，2017：1－17．
② 顾东辉．社会工作概论［M］．上海：上海译文出版社，2005：103－111．
③ 韩晓燕，朱晨海．人类行为与社会环境［M］．上海：上海人民出版社，2009：155－156．

危机介入主要有三种理论模式：平衡模式、认知模式、心理社会转变模式。平衡模式认为，处于危机状态中的服务对象会出现心理情绪的失衡，且依据以往经验无法恢复平衡。所以，当危机发生时，社会工作者要重点疏导和稳定服务对象的情绪，协助其快速释放心理压力，进而摆脱危机状态。认知模式认为，危机产生的主要原因在于服务对象对危机事件以及围绕该事件境遇的错误认知，而不在于事件本身或与之相关的事实。① 根据认知模式，社会工作者在处理危机时，要协助服务对象重新确立理性的和自我肯定的认知，从而摆脱危机状态。心理社会转换模式对危机介入模式的贡献在于可以有效分析服务对象的危机状态。当服务对象身处危机状态时，应当考虑内外两个方面，既要分析服务对象的情绪、认知及其应对危机的能力，又要注重分析服务对象的社会性因素，如家庭、职业、社区等。在该模式的指导下，社会工作者要注重把服务对象的内部心理与外部支持和资源结合起来，为服务对象处理危机提供更多的解决路径。

社会工作者协助农村因病致贫老年人处理危机，可按以下七个步骤展开：

(1) 快速建立专业关系，缓解服务对象负面情绪。负面情绪是造成服务对象境遇可能走向恶化的重要原因。贫病交加的老年人，在外界困难情境的交织影响下，极易产生负面情绪。在危机介入开始阶段，缓解服务对象负面情绪是防止危机继续恶化的重要一环。缓解负面情绪，要求社会工作者要了解农村因病致贫老年人的特点与需求，把握“贫”和“病”两个关键字，以及由此引发的各种问题。

---

① 文军. 社会工作模式：理论与应用[M]. 北京：高等教育出版社，2010：79－90.

(2) 聚焦当前问题。根据农村因病致贫老年人的特点,危机产生的主要原因集中在疾病问题、经济问题、家庭关系问题以及心理健康问题等方面。需要注意的是,社会工作者处理危机时,并不是对老年人问题进行全面的评估,而是要在复杂多样的原因中聚焦到直接导致危机的原因,并尽快采取措施,缓解服务对象由此产生的失衡状态。

(3) 明确并处理核心问题。社会工作者要认识到只有解决导致危机的核心问题,才能真正化解整个危机。在第二阶段,社会工作者的重点是解决当前问题,而进入第三阶段之后,则是聚焦核心问题,从根本上解决危机。社会工作者首先要通过对服务对象的评估,明确导致危机的核心问题是什么,注意运用倾听和同理的技巧,在与其交流的过程中逐渐澄清问题的核心。在精准扶贫的背景下,针对农村因病致贫老年人的扶持政策有很多,社会工作者要注意链接这些正式资源。同时,社会工作者还要帮助老年人链接以家庭、亲戚和邻里等为主体的非正式资源,帮助其恢复或者建构解决问题的有效途径。

(4) 评估危机贯穿始终。社会工作者在介入过程中,要不断评估老年人所处的危机状况,特别关注其心理情绪状态,判断其受伤害的可能性,并采取必要的措施,预防伤害发生。要根据评估结果,及时调整服务方案,提升服务效率。

(5) 拟定干预计划。干预计划要分为当前问题和核心问题两个部分,这样更具有可操作性。

(6) 扮演积极角色,与服务对象共同解决危机。老年人在处于危机时,会充满消极情绪,社会工作者要始终扮演积极角色,灌输希望。在此过程中，社会工作者要特别注意服务对象的参与，使其能充分地表达和宣泄情绪，同时把握整个危机事件。

（7）注重链接资源，给予社会支持。一方面，社会工作者要注重链接正式资源，充分利用国家扶贫政策，给予老年人正式支持；另一方面，也要注意链接非正式资源，并把两个方面的资源有机注入危机当中。社会工作者在帮助农村因病致贫老年人建立社会支持网络时，要引导其学会利用身边的资源，以达到助人自助的目的。①

二、任务中心模式

任务中心模式是一种简要且有时限性的社会工作服务模式，它具有明确的方向和富有计划的处置方式。② 任务中心模式有明确的操作流程和操作步骤，具有简单、明确、快捷、有效的优点，深受广大社会工作者的喜爱。贫病交加的现实情况使农村因病致贫老年人面临着一系列的问题，如健康管理、医疗护理、生活照料、心理疏导、社会关系紧张、经济困难等。由于老年人的独特属性，其在面对问题时缺乏有效的应对能力，以致陷入苦闷无助的境地。如果不及时介入，他们就有可能对生活失去信心。作为“问题解决派”的重要处理方法，任务中心模式注重和服务对象合作，解决服务对象承认和理解的显性问题。同时，任务中心模式主张通过让服务对象体验成功、完成任务，达到介入过程中的目标来建立他们的自信和自

① 文军. 社会工作模式：理论与应用[M]. 北京：高等教育出版社，2010：79 - 90.
② 文军. 社会工作模式：理论与应用[M]. 北京：高等教育出版社，2010：202 - 213.

尊。[1] 任务中心模式在介入农村因病致贫老年人问题时具有得天独厚的优势。

任务中心模式认为，服务对象问题的产生是内在心理因素与外在环境因素相互作用的结果，强调在解决问题的过程中，要剖析服务对象自身和周围环境两个方面的问题。该模式认为，服务对象是解决问题的核心人物，社会工作者的作用在于协助其分析问题，链接有效资源。社会工作者相信服务对象有潜在的能力解决当前问题，只是能力暂时受到限制，在经过干预和训练后，服务对象是可以恢复能力的。任务中心模式认为，导致问题产生的重要原因是资源的缺失。因此，该模式强调社会工作者和服务对象应建立伙伴关系，并依托这种积极的关系，唤起服务对象的改变动机。该模式要求社会工作者在工作中要把握简要和时限两个原则，将问题具体化，并控制干预的时限，一般以 2～4 个月内进行 8～12 次服务为宜。

任务中心模式的介入过程有五个步骤：

(1) 准备或进入。在这一阶段，社会工作者的工作重点是与老年人建立专业关系，使老年人明白社会工作者为服务对象提供服务的原因。社会工作者应该明确并告知老年人社会工作者与他一同处理问题的理由，建立共同工作的基础。

(2) 探索问题。在这个阶段，社会工作者要发挥服务对象的核心作用，引导或协助他寻找到自己的问题，列出问题清单，和老年人一同探讨每个问

① ［英］蒂特(Teater,B.).社会工作理论与方法[M].余潇，等译.上海：华东理工大学出版社，2013：211－219.

题的原委，并对问题进行排序，最终选择前 1～3 个问题作为介入重点。

（3）确立目标和时限。在这一阶段，社会工作者要协助老年人确立对问题解决的预期目标。在探讨目标的过程中，要引导服务对象考虑目标的实际性以及可能的障碍，并明确时限要求。

（4）制订和实施计划。在这个阶段，社会工作者要强调与服务对象的合作，明确哪些是老年人可以做到的，哪些是社会工作者需要做的，然后围绕计划分工合作实施，共同解决问题。在实施的过程中，社会工作者要注重对服务对象解决问题能力的培养，并通过过程目标树立起解决问题的信心。①

（5）结案和评估。社会工作者要与服务对象一起回顾和评估整个介入过程。此时会出现三种情况：目标完成和问题解决，部分目标完成和部分问题解决，目标未完成和问题未解决。针对第一种情况，社会工作者要引导老年人总结成功经验，肯定他在工作过程中的能力提升和成果，鼓励其运用成功经验面对未来的挑战。针对后两种情况，社会工作者要与服务对象一起找出原因，吸取教训。

需要指出的是，任务中心模式并不适合所有服务对象。在农村因病致贫老年人中，有很多老年人由于生理或心理的特殊情况，不能完成介入过程中的目标任务，有时甚至不能清楚地表达自己的意愿，这种服务对象是不适合任务中心模式的。因此在运用此模式时，社会工作者要选择有一定的行动能力，并且有一定逻辑思维和表达能力的老年人，否则该模式的介入将会失去意义。

① ［英］蒂特（Teater，B.）．社会工作理论与方法［M］．余潇，等译．上海：华东理工大学出版社，2013：221－216．

三、健康个案管理

个案管理是为有多种需要的个人或家庭提供服务的一种方法。该方法强调社会工作者是服务过程中的“关键人”，扮演组织者和协调者的角色，负责评估服务对象的需要，进行多种资源、多重专业之间的安排、协调、监督、评估以及倡导，目的是满足服务对象多元和复杂的需要。[①] 农村因病致贫老年人因其现实状况的特殊性，具有一系列多元和复杂的需要，如医疗保障、医疗护理、经济援助、生活照料、心理疏导等。随着我国各项扶贫工程的推进，农村因病致贫老年人的身边聚集了大量的资源。但现实情况是，许多老年人并不知晓或者不会使用这些资源，而且各种资源之间缺乏协调和管理，在一定程度上也造成了资源的重叠和浪费。在农村因病致贫老年人社会工作介入中引入个案管理方法，是对服务对象需求的精准把握，也是对资源的有效管理和运用。

个案管理遵循效率原则和整合原则。个案管理的首要任务是引导服务对象学会使用身边的社会支持和资源系统，并且建立社会支持网络，避免各方资源在提供服务时的重叠或缺失，提升服务的效率。同时，个案管理是一种整合性的服务。个案管理的服务对象需求往往是多样的和复杂的，所需要的服务也是多样的。个案管理的目标就是通过提供服务，把优势资源整合起来，形成合力，以更好地为服务对象服务。

个案管理介入农村因病致贫老年人社会工作的实务要点包括：

（1）在接案阶段，要格外重视赢得服务对象的信任，这是个案管理的关

① 王思斌，马凤芝. 社会工作导论[M]. 2 版. 北京：北京大学出版社，2011：215－217.

系基础。

（2）在预估中，要充分与服务对象交流，深入了解服务对象存在哪些问题，并与其讨论解决每个问题的详细过程，由此明确服务对象的需求。部分服务对象可能没有足够的能力与社会工作者交流，因而社会工作者还要向服务对象身边的人或社区组织了解情况。预估中要重点了解老年人可利用的正式及非正式资源状况，以便于后期运用。

（3）个案管理的服务计划要体现效率和整合的特点。社会工作者要制订一个综合性的服务计划，做好各种正式和非正式资源的相互配合和互补，以回应老年人的需求。在执行计划时，社会工作者要发挥统筹和协调作用，协助老年人建立社会支持网络。

（4）评估应当贯穿整个介入过程的始终。在计划执行过程中，社会工作者要评估计划是否适用，并视情况及时做出调整；在计划完成时，要注重对服务整体效果的评估，如老年人在服务前后的变化、资源整合利用的效率等。

在运用个案管理方法时，社会工作者要注意使用联结、协商、倡导和协调整合等技巧。社会工作者在服务过程中要充当连接者的角色，将服务资源与服务对象通过社会工作者服务连接起来。个案管理的过程也是链接资源的过程，社会工作者要善于链接多方资源，重点是做好与各方资源的协商工作。在服务对象特别是农村因病致贫老年人的权益得不到保障，或者是在某方面缺少保障政策时，社会工作者要充当倡导者的角色，代表服务对象与有关部门或者组织进行沟通，在政策层面使服务对象的权利得到保障。最后，社会工作者要做好各方资源的协调工作，避免资源的浪费和流失，提高资源利用效率。

四、健康资源整合

资源链接是社会工作专业基本素养之一，社会工作者在社会工作服务中往往充当资源链接者的角色。资源链接是为服务对象提供支持的重要手段，特别是对于农村因病致贫老年人来说，更需要健康资源的链接和支持。农村因病致贫老年人有三个独特属性。第一，生活环境是在农村。由于我国长期的城乡二元发展结构，农村的发展水平距城市有较大差距，健康资源匮乏，医疗卫生条件较差。第二，贫病交加。疾病和贫困意味着缺乏大量的资源投入到医疗和生存当中。第三，步入老年。老年人的劳动能力较弱，再加上身患疾病和贫困，所以收入较少。

可以看出，农村因病致贫老年人的资源匮乏和对健康资源的需求呈现出多样性，因此，要想解决或者缓解该群体的困难，必须加强资源链接和整合工作，建立一个资源支持网络。建立健康资源支持网络可以从以下三个层面入手：

(1) 微观层面的资源链接主要从家庭和邻里入手。农村因病致贫老年人需要赡养和照顾，而家庭和邻里是最直接的赡养和照顾资源。社会工作者的工作重点是通过社会工作服务使服务对象的家人学会科学有效的照顾技巧，并疏导照顾者的情绪。此外，社会工作者还可以促进服务对象和邻居之间的邻里关系，发动邻居关注老年人的健康状况，提供力所能及的帮助。

(2) 中观层面的资源链接可以从社会组织和社区两个方面来分析。社会工作者可以积极联系对口帮扶医院，链接医院的优势健康资源，邀请医生定期来社区坐诊，定期为服务对象体检，关注病情发展。近年来，社会福利组织和慈善团体发展迅速，已成为中国福利事业的重要力量。社会工作者可以积极与这些福利组织和慈善团体对接，为服务对象争取社会福利资源的支持。社区是服务对象生活的场域，是距离服务对象最近的资源。对于农村因病致贫老年人来说，村卫生室是最直接的健康资源。社会工作者要积极与村卫生室合作，做好服务对象与村卫生室的中间人。此外，社会工作者还可以在社区内开辟健身场地并配备健身器材，积极组织社区健身类活动，设计服务对象喜闻乐见的活动内容，吸引广大居民参与健康活动。

(3) 宏观层面的资源链接主要是从政府和市场两个主体来开展。政府是农村因病致贫老年人社会工作服务健康资源的主要来源。近年来，党和政府十分关注这一群体，出台了很多脱贫政策和针对贫困人口的医疗保障政策，建立了贫困人口的医疗保障体系和脱贫政策体系，对于农村贫困问题给予了极大的支持。社会工作者要善于整合政策资源，为服务对象提供政策宣传服务，并且指导服务对象学会使用政策资源，推动政策落实。同时，农村因病致贫老年人也需要市场资源的支持。由于服务对象生活在农村地区，相应的医疗器械较为缺乏，社会工作者链接市场资源，可以增加医疗资源供给，提升供给的质量和效率。

健康资源链接的三个层面是相互促进、互为补充的，缺一不可。社会工作者在推动健康资源支持网络建设过程中，要注重发掘宏观、中观和微观三个层面的资源，使服务对象能够得到充足的资源支持。

五、社区健康环境建设

健康环境建设与健康促进密不可分。党的十九大报告和《“健康中国

2030”规划纲要》都指出，建设健康环境，主要包括深入开展爱国卫生运动和加强影响健康的环境问题治理等。在农村开展健康环境建设也是乡村振兴战略的重要内容。社会工作者在环境建设中应当充当倡导者、资源链接者和组织者的角色。当扮演倡导者的角色时，社会工作者要在发现需求和问题的基础上，与村干部和乡镇干部积极沟通，提出建议，积极推动健康环境建设。当扮演资源链接者的角色时，社会工作者要寻找社区内部和外部资源，链接一切可以利用的资源。例如，在链接社区外部资源时，社会工作者可以联系环保组织以及其他的公益组织，通过这些公益组织来为社区健康环境建设提供资源支持；在链接社区内部资源时，社会工作者的主要任务是发现并调动社区内部的资源，如建设材料、专项资金、爱心人士等。当扮演组织者的角色时，社会工作者的主要任务是参与环境建设的整个过程，如前期策划、工程预算、工程进度、人员安排、质量验收等。

从社会工作的角度来看，社区健康环境建设主要从两个方面开展：

(1) 环境治理。联系环保部门对社区开展大气、水、土壤等污染监测，定期公布监测数据。社会工作者要联合村镇干部，结合《“健康中国 2030”规划纲要》等有关政策要求，积极推动农村环境基础设施建设。开展与环保相关的小组和社区活动，提高村民环保意识和环境危机感，发动全体村民，使他们积极投身健康环境建设。社会工作者在促进健康环境建设时，要重点发动村民关注饮用水、厕所、下水道、秸秆焚烧、粪便处置、垃圾处置、食品安全以及村容村貌等方面，全面提升社区健康环境水平。

(2) 便民设施建设。社会工作者要善于链接政策资源，利用政策文件精神，寻求政策支持，并联合乡镇干部，积极推动便民设施建设。在选择便民设施时，社会工作者要重点考虑社区的特点和需求以及可用资源，在做建设策划时，要考虑到实际情况，不可超出社区的能力范围。在便民设施的建设中，社会工作者要重点考虑弱势群体如因病致贫老年人的需求，如扶手、缘石坡道、紧急呼叫系统等。此外，社会工作者还要注重便民活动广场的建设以及健身器材的设置。

六、社区健康教育宣传

健康教育是促进人们健康素养提升的重要手段。健康教育可以使人们学会健康的生活方式、常见病预防和治疗的小常识、紧急疾病的处置方法等，能有效提高人们的健康素养。2018 年下半年，国家卫生健康委办公厅和国务院扶贫办综合司联合印发了《贫困地区健康促进三年攻坚行动方案》，明确指出加强健康促进与教育，提升人民健康素养，是提高全民健康水平最根本、最经济、最有效的措施之一。特别是对于贫困地区来说，提升自身健康素养是脱贫的重要方面和手段。在农村社区健康教育方面引入社会工作，一方面可以发挥社会工作的专业特长，提升农村贫困群体的健康素养；另一方面可以拓展社会工作的专业领域，推动社会工作在农村的发展。社会工作在介入农村社区健康教育时可以运用小组工作和社区工作的方法。

（一）小组工作方法介入

健康观念的缺失和生活方式的不合理是导致农村因病致贫老年人患病的重要原因。[①] 使用小组工作方法促进健康教育，重点是通过小组过程及小

① 马宏伟. 中部六省农村老年群体健康状况与体育需求研究[J]. 山东体育学院学报，2011,27(9)：30－33.

组工作者的引导，使服务对象获得和分享健康经验以及改变不良生活方式等，并提高个人、小组及社区的健康水平。[①]

在运用小组工作方法时一般注意以下几点：

（1）小组成员的招募。在农村特别是贫困村开展小组活动是有一定阻力的，最大的阻力就在于小组成员的招募。社会工作者要招募足够的组员也要挑选合适的组员。由于社会工作在农村的认知度和影响力有限，村民参与的积极性普遍不高，这就要求小组工作者要善于“入场”。第一，前期走访。工作者要做好准备工作，选定目标组员，逐户走访，表明身份和来意，明确小组工作介入的重要性、必要性和作用。在与村民交流时要注意方式方法，做到接纳和有同理心，获得村民的认可。第二，行政力量介绍。社会工作者可以通过乡镇或者村委会工作人员的介绍，与拟招募的小组成员接触，增强服务对象对社会工作者的身份认同。

（2）小组目标的确定。小组目标的确定一方面要结合健康教育的主题，促进村民健康；另一方面也要考虑到村民的综合素养，在设定小组目标的时候要循序渐进，层层推进。

（3）小组活动的开展。社会工作者在选择小组活动时要考虑到当地的风土民情，尽量选择服务对象喜闻乐见的小组活动，然后将健康主题穿插其中。

（二）社区工作方法介入

除小组工作之外，社会工作者也可以通过开展社区活动来促进健康教育。社区活动相对于小组活动具有影响范围广、居民参与多、知识普及快等优势。社会工作者在社区活动中充当资源链接者和活动组织者的角色。

---

① 王思斌，马凤芝. 社会工作导论[M]. 2 版. 北京：北京大学出版社，2011：218－224.

在开展社区健康活动时，社会工作者要注意以下几个方面：

（1）链接健康资源。社会工作者可以与村医联合，也可以邀请其他医院或者健康组织等专业健康团队或者健康人士来为村民做健康知识讲座。讲座的内容可以涉及常见病防治、营养健康知识普及、紧急疾病自救和救援、健康生活方式普及以及环保知识宣传等。

（2）注重居民参与。社会工作者要做好社区活动的前期工作，与村民建立专业关系，获得村民的信任与接纳。发挥村干部和在社区中有声望的村民的作用，注重发现和培育社区骨干，由社区骨干带动广大村民积极参与健康教育。社会工作者要转换思路，由社会工作者提供服务转变为居民自我服务，注重培育社区内生动力。

第四节　农村因病致贫老年人社会工作实务案例

一、因病致贫老年人的主要问题与服务需求

（一）认知需求：医疗保障政策知晓与利用问题

一方面，农村因病致贫老年人医保政策认知需求较高。认知需求是人格特征之一，指人们在处理信息的过程中愿意付出努力进行深入思考，同时在这一过程中享受努力。认知需求反映的是人们愿意思考和探索真实情境的一种倾向，"在很大程度上影响个体组织、提炼、评价信息的广度和深度"①。农村因

① 邝怡，施俊琦，蔡雅琦，等. 大学生认知需求量表的修订[J]. 中国心理卫生杂志，2005(1)：57－60.

病致贫老年人的认知需求意味着他们想要深入了解医保政策并做出努力的一种倾向。他们能够认识到医保政策对于患病群体的重要性，也希望自己能够准确把握医保政策，以便利用医保政策实现最大化的利益。

另一方面，虽然农村因病致贫老年人对医保政策有较高的认知需求，但是他们对医保政策的了解程度实则很低，充分利用医保政策保障权益的能力也不足。人们对于医保制度的认知需求较高的出发点其实是更好地利用医保政策，实现自己核心利益的最大化。但是，要充分了解与报销比例、药品目录、支付限额、起付线等核心利益密切相关的医保政策，对于农村老年人来说难度较高。如何利用医保政策充分保障自己权益对于这些农村因病致贫老年人来说是一个很难解决的问题。

究其原因，主要存在以下三个方面的问题：第一，农村老年人文化水平相对较低，尤其是高龄老年人大多不识字；第二，医疗保险制度是一个相对复杂的制度安排，涉及诸多方面，条目复杂，内容较为琐碎；第三，医保政策的宣传还不够深入，尤其是没有为这些特殊的弱势群体进行细致的讲解，他们对于医保政策只有一个模糊的了解。

（二）诊治需求：疾病医疗诊治合理与科学问题

农村因病致贫老年人比其他人更加渴望得到合理的诊治，因为这意味着身体能够尽快恢复健康，自己能够最大限度地节省医疗费用，尤其对于患有慢性病等需要长期治疗的贫困户来说。同时，对于农村因病致贫老年人来说，大医院更能得到他们的信任。大医院的医疗专家较多，医疗设备器材先进，能够更好、更快地治疗他们的疾病。与之相反，基层医疗机构的诊治水平不高，这意味着他们的诊治时间更长，治不好病，也浪费钱。

事实上，基层医疗机构在诊治方面确实存在问题：基层医疗诊治水平还不能完全满足农村因病致贫老年人的需求，基层缺医少药情况目前虽有缓解但仍然存在，基层医疗团队水平需要进一步提升。我国有80%的医疗资源分布在城市，仅有20%的医疗资源分布在农村，城乡医疗资源分布差距较大。① 由此可见，基层医疗诊治方面存在问题不可避免。要解决长期存在的问题，建立合理科学的基层疾病医疗诊治体系面临诸多难题：第一，基层医疗设备缺乏，医疗团队缺乏专业权威的学习交流机会，医务工作人员很难通过实践和学习获得更多经验，进而提升疾病诊治水平；第二，基层医疗的诊治流程还不够规范，需要进一步提升。

（三）预防需求：疾病预防意识与预防方法问题

不可否认的是，农村因病致贫老年人确实希望学习一些预防疾病的方法。因病致贫老年人中大多都受慢性病困扰，慢性病的救治不仅需要医疗手段，而且需要患者有一定的健康知识和疾病预防意识。农村因病致贫老年人希望能学习到一定的缓解自己目前疾病的知识和方法，他们相对于健康群体来说更不希望患其他疾病，因为更严重的疾病会带来更加沉重的负担。

但是，农村因病致贫老年人对于疾病预防的重视程度仍不够，而且他们也很少能采取科学合理的预防方法。对于农村因病致贫老年人来说，基本温饱和恢复健康是最重要的，疾病已经让他们心力交瘁，预防对他们来说似乎可有可无。没有良好的生活习惯，也没有形成定期体检的良好意识，缺乏

① 杨立雄，郝玉玲. 农村老年人贫病交加问题研究[J]. 中国医疗保险，2016(11)：29-33.

获取健康知识的渠道，他们不了解疾病预防的科学方式，农村环境和文化水平决定了他们可能会选择不科学的疾病预防方法，即所谓的“土方子”，这些都会对他们的健康造成不良影响，导致“小病变大病”。针对因病致贫问题，贯彻预防思想发挥着重要作用。增强农村因病致贫老年人的疾病预防意识，对于他们养成良好的生活习惯、掌握科学合理的方法非常重要。

（四）医疗服务需求：基层医疗机构服务能力提升问题

农村因病致贫老年人除了希望通过医疗机构恢复身体健康之外，同时也希望在就诊医疗机构得到热情周到的服务。医疗服务需求是指居民在一定时间内，在一定的价格水平下购买的医疗服务的数量，是居民愿意且有支付能力的医疗服务，取决于医疗服务的价格、居民的收入水平、医疗服务的绩效和消费者偏好。医疗服务需求由功能需求、形式需求、外延需求和价格需求四个方面组成。功能需求是对于医疗服务的最基本需求，希望通过服务能够治好病、恢复健康。形式需求是指医疗机构提供的技术、物质支持等。外延需求是指以上两种需求外附加利益的需求，例如服务人员的热情服务等。价格需求是指医疗服务需求者在对医疗服务的质量同价值进行对比之后形成的对价格的要求。

农村因病致贫老年人的医疗服务需求，直接影响了他们对于医疗机构的选择。实际上，目前基层医疗机构的服务很少能够满足农村因病致贫老年人的医疗服务需求。即使是依靠基层医疗服务机构就可以诊治的小病，大多数人也倾向于去大医院治疗。综合来看，大医院在技术、基本服务等方面更能满足患者的需要。上述状况的形成有以下几点原因。第一，基层医疗卫生机构服务能力不足，利用效率不高。国务院办公厅的数据显示，截至

2015 年，中国基层医疗卫生机构共有 91.54 万个。事实上，有研究表明，中国基层医疗机构约有 50％的医生的受教育程度在本科以下。[①] 第二，基层医疗服务机构存在领导的管理意识不够强，也不能严格执行管理规定的情况。很多基层医疗机构的服务人员服务态度不够端正，素质偏低，这都直接导致了服务水平的下降。

二、因病致贫老年人社会工作服务策略

（一）提高认知程度

社会工作介入农村因病致贫老年人的目标在于提升老年人对于医保政策和健康知识的了解，同时提高他们对于医保政策的利用能力。社会工作可以在农村社区驻点，通过与政府、基层医疗机构的合作，利用个案、小组、社区等专业方法介入，满足农村因病致贫老年人对医保政策的认知需求，帮助他们正确利用有关政策。首先，社会工作者可以联合家庭服务医生，定期上门走访，与贫困户一对一交谈，了解更全面的信息，有针对性地为其提供政策宣传及学习服务，帮助服务对象与恰当的医疗服务机构对接，以个案工作的专业方法提供个性化服务。其次，社会工作者可以将农村因病致贫老年人聚集在一起开展教育性的小组工作，通过让相同境遇、相同年龄段、相同目标的老年人共同学习，提升他们对医疗政策等的认知水平，同时还能丰富农村老年人的业余生活。最后，社会工作者链接专家资源定期组织政策宣传人员或者是学习能力较强的老年人参与培训，了解更详细、更精准的政策信息，并将这些信息有效传达给其他老年人。

---

① 王宁.分级诊疗体系构建求索[J].中国医院院长，2014(6)：39－41.

案例 1

谭某,男,65 岁,安徽省某县 2016 年因病致贫贫困户。2017 年,谭某的妻子因心脏病突发在各大医院辗转治疗,由于无法支付昂贵的治疗费,他感到无能为力,而后听信他人,认为通过祷告可以让妻子好转。谭某天天做祷告,但妻子依旧没有康复。

分析:在这个案例中,谭某不了解基本的医保政策,没有尝试通过政策报销途径解决困难,想要治疗妻子疾病却误入歧途。社会工作者可以通过上门走访了解更多详细信息,链接社区资源帮助他争取相应的医疗报销额度,选择恰当的医疗机构,制订合适的就诊方案和流程,同时联合家庭签约医生为其提供一对一的政策宣传和学习服务。通过多次个案服务,谭某正确认识了自己的能力,学习了有关的医疗知识和医疗政策,树立了正确的观念。

(二) 指导科学合理就诊

社会工作者在诊治需求层次上帮助农村因病致贫老年人的目标是指帮助他们科学合理就诊,节省医疗费用,同时节省人力和时间成本。基层医疗机构的诊治水平的提升主要依靠医疗机构的合作和努力,选择最合适的就诊机构和就诊方案是可以由社会工作者介入的。社会工作者一方面通过社区工作、个案工作等手段进行宣传,改变服务对象对于基层医疗机构不合理的认知,防止服务对象不考虑患病情况只选择大医院就诊;另一方面,社会工作者可以根据服务对象情况制订合理的就诊方案,为服务对象提供恰当的就诊建议,这样不仅能够充分利用资源,防止盲目就医,同时可以节省各种成本。例如,在案例1中，针对谭某的妻子到各大医院治疗的情况，社会工作者可以及时了解情况，帮助其选择最恰当的医疗机构和最合适的就诊方案，这样就可以防止其浪费时间、精力、金钱。

(三) 增强疾病预防能力

阻击“因病致贫”，不仅需要从制度政策入手，还需要做好预防性服务。在此方面，社会工作介入的目标是帮助服务对象了解疾病预防的重要性，树立疾病预防意识，最终提升疾病预防能力。社会工作者要根据农村老年人的特殊性，帮助链接专家和有关部门资源，以定期走访、个案服务、小组工作、社区活动等多样化形式，帮助服务对象及其家属了解疾病预防知识，掌握与农村老年人的生活习惯、生活环境相关的疾病预防技巧。

案例2

崔某，女，72岁，患有高血压和糖尿病，需要长期吃药。但崔某时常忘记吃药，平时感冒、发烧也很少去医务室诊治。一方面是她感觉自己身体还行，不是很严重；另一方面，她觉得村里医务室水平不行。崔某有时会忍不住吃一些本应忌口的食物，导致血压和血糖不稳定。

分析：案例中崔某的问题在于不能做好自身的健康管理工作，也没有意识到小疾病的严重性。对此，社会工作者应当从两个方面入手：一方面，帮助崔某了解做好身体管理的重要性；另一方面，帮助崔某树立疾病预防的健康意识。在这个过程中，社会工作者利用签约医生资源和家属支持，从个人层面和环境层面共同为崔某营造疾病预防的良好氛围。

(四) 提升基层医疗机构服务水平

在此方面,社会工作要努力嵌入基层医疗服务体系,帮助提升基层医疗服务水平。社会工作者加入基层医疗服务队伍,化身为医务人员和患者之间的桥梁,发挥重要作用。面对就诊患者,社会工作者可以提供导诊服务,以真诚的态度为患者提供咨询等服务。针对患者对诊治不满意的情况,社会工作者可以作为调解者在其中发挥作用。此外,社会工作者具有更强的发掘服务对象详细资料、精准识别信息、规范整理档案的能力,能够针对就诊的农村因病致贫老年人建立详细的健康管理和服务档案,方便基层医疗机构提供精确诊治、跟踪服务。这些服务可以在一定程度上帮助基层医疗服务机构提升服务形象,增加患者对机构的信任。如案例 2 中,社会工作者可以联合村医务室为崔某提供个性化服务和定期跟踪服务,加强沟通交流,进而增强服务对象对村医务室的信任,在患病时及时到村医务室就诊。

三、社会工作介入因病致贫老年人服务的案例分析

(一) 案例介绍

邹某,安徽某国家级贫困县人,65 岁,小学学历,患有慢性活动性肝炎,需要长期治疗。妻子汪某,62 岁,脚骨折,恢复情况不佳,不能进行较重的体力劳动。邹某为 2016 年建档立卡户,患有慢性病,需要长期治疗而导致贫困。邹某夫妻俩相依为命,他们的子女在外只能维持自己的生计,常年不回家,夫妻俩也没有其他关系较为密切的亲属。邹某种植了 5.48 亩水稻,养殖了 40 只鸡鸭,经常为水稻喷洒农药,不做任何防护措施。夫妻俩身体都不硬朗,因此也很少在村里到处走动,与村里人关系一般。

（二）案例分析

1. 服务对象主要问题

（1）邹某及其妻子经济来源单一，对于医疗费用的承担能力较弱；

（2）劳作时缺乏安全防护意识，健康意识较为淡薄；

（3）两人缺乏正常的社会交往，社会支持网络单一。

2. 社会工作介入模式依据

首先，任务中心模式将社会工作介入的焦点放在为服务对象提供简单有效的服务，帮助服务对象在有限的时间内实现服务对象选定的目标。简单、明确、快捷、有效的特点决定了这一模式更加适用于解决农村因病致贫老年人的困难，通过界定和解决核心问题，能够帮助服务对象提升解决自身问题的能力，树立对生活的信心。其次，任务中心模式认为问题的产生原因除了自身，也包含环境因素，社会工作者应当相信服务对象的潜能，更多的任务是帮助服务对象链接资源。

在这一案例中，邹某与其妻子在经济、社交、自我意识等方面都存在诸多困难，生活对于他们来说是灰暗的。社会工作者选择这一模式可以更多地以资源链接者的角色帮助服务对象树立解决问题的目标，在短时间内帮助他们解决关键问题，增加对生活的希望，发挥他们自身的潜能，提高他们的能动性，使他们更好地融入社区和社会。

3. 社会工作介入流程

（1）准备。在这一过程中，社会工作者需要通过走访村委会、邻居等了解关于邹某及其妻子更多的信息，收集更完整的材料。同时，社会工作者要与邹某及其妻子建立良好的专业服务关系，取得他们的信任，告知他们服务的内容和目的。

(2) 界定问题。社会工作者在这一环节中需要通过前期收集的资料和服务对象对自身状况的描述，与服务对象共同探讨当前存在的问题及需求。根据问题的紧急性、不解决的后果、成功的可能性、解决问题的能力、解决问题的动机以及问题的特殊性等原则对问题进行排序，最终选择最为关键的几个问题作为本次介入重点要解决的问题，分别是：服务对象经济来源单薄，对于医疗费的承担能力较弱；服务对象缺乏安全防护意识，健康意识较为淡薄；服务对象及其妻子缺乏正常的社交，社会支持网络单一。

(3) 确立目标和时限。社会工作者与邹某和妻子共同探讨他们当前的能力和不足之处，确立 3 个较为适当的目标，并计划在 3～4 个月内实现：诊治疾病，进行合理的医疗费用报销；树立正确的健康意识；与其他村民建立更加紧密的联系。

(4) 服务计划制订与实施。社会工作者通过每周上门走访进行心理辅导、健康教育、医疗政策宣传讲解。首先，运用叙事治疗等手段引导服务对象进行自我表达，挖掘其潜藏的能力，帮助服务对象提升自信心，提高其与人交流的能力。其次，向服务对象宣传安徽省出台的“180”健康脱贫政策①，帮助其充分利用这一政策进行报销，减少负担。再次，帮助服务对象正确认

① 安徽省健康扶贫实施时间是通过追溯补偿确定的。追溯补偿时间是从 2017 年 1 月 1 日起落实贫困人口慢性病门诊“180”补充医保政策，从 2016 年 10 月 1 日起实行“351”健康脱贫大病救助政策。“351”是指 2015 年年底未脱贫的贫困患者，在省内定点医疗机构就医的合规费用，在县级、市级、省级自己分别只需承担 3 000 元、5 000 元、10 000 元，剩余部分由政府兜底解决。“180”是指 2015 年未脱贫的贫困慢性病患者，1 个年度内合规医疗费用在新农合基本补偿后，再报销 80%。在脱贫攻坚战胜利之后，各地政府对健康扶贫政策也做了相应调整，主要是将其纳入基本医疗保险制度覆盖的范围，并且提高了对于之前被认定的贫困户的报销比例。

识慢性活动性肝炎，制订符合服务对象需求的治疗方案，帮助妻子了解一些关于骨折康复的知识，定期进行合适的康复训练。最后，帮助服务对象了解农药危害以及疾病预防的重要性，帮助服务对象树立正确的健康意识。社会工作者要充分发挥资源链接者的能力。首先，通过村委会积极了解服务对象情况，帮助服务对象充分报销其医疗费用。其次，积极对接家庭签约医生，帮助服务对象与村医务室及其他基层医疗机构建立紧密联系，帮助他们及时了解健康状况，及时就医。再次，呼吁社会爱心力量的捐助，帮助服务对象负担报销后仍然较高的医疗费用。最后，与村委会沟通，联系村内爱心人士定期帮助服务对象，协助他们与村里人相互走动。社会工作者同时也定期组织村里人与服务对象共同参与预防疾病宣传的团体活动，提升服务对象的交流能力，培养村民间互帮互助的意识，营造村内预防疾病的良好氛围。

4. 社会工作介入成效评估

(1) 脱贫成效。邹某通过社会工作者充分了解并能够利用“180”健康脱贫政策，独立对接村委会及医疗机构进行医疗费用的报销。邹某在 2017 年度的门诊治疗总费用为 1 144.50 元，新农合补偿 858 元，“180”政策补偿 229.20 元，个人自付 57.30 元，实际补偿比例为 95%。邹某与李某在 2017 年度通过种植水稻和养殖鸡鸭获得的收入加上各项扶贫补贴共计 7 836 元，除去医疗费用 57.3 元，他们 2017 年度的人均收入为 3 889.35 元，符合脱贫标准。此外，通过疾病预防知识的学习、医保政策的保障及签约医生的照顾，邹某在今后会逐渐减少对于疾病的担忧，劳动能力也会有所提升，重新落入贫困陷阱①的可

① “贫困陷阱”指的是，处在贫困状态的人因为贫困而再生贫困，始终陷在恶性循环中不能自拔。——编者注

能性较小，生活前景更加美好。

（2）专业服务成效。首先从个人层面来看。其一，通过专业服务和团体活动，两人树立了较好的健康管理和疾病预防意识，在日常生活和劳动中渐渐形成较好的生活习惯。其二，两人对于慢性病等疾病的医保报销政策有了较为深入的了解，缓解了沉重的经济压力。其三，通过社会工作者组织的团体活动和爱心活动，两人与村里人开始建立联系，树立了沟通自信，他们的社会功能有所恢复。其次从环境层面来看。一是签约医生与他们建立了更紧密的联系，村医务室建立了更为系统详细的健康管理档案，方便跟踪服务。二是部分村里人开始关注弱势群体，更多地与他们沟通交流，并时常提供爱心服务，村中形成了重视健康管理和疾病预防的氛围。三是社会工作者对于社会力量的呼吁促使社会更加关注农村因病致贫老年群体。

第五章　农村女性贫困老年人的社会工作服务

在中国传统社会中，由于受到性别制度的影响，女性问题更多地表现在家庭和私人领域，没有引起足够的社会关注。随着现代经济社会的发展，女性问题日益复杂，且更多地体现为公共问题，如女性就业问题、教育问题、贫困问题等。1995 年，第四次世界妇女大会第一次将“妇女与贫困”纳入 12 个重大关切领域之中，中国制定了第一部在国家层面促进女性发展的纲领性文件——《中国妇女发展纲要(1995—2000 年)》。这一纲要主要关注女性整体素质的提高，包括女性的政治参与率、教育文化水平、卫生健康状况和脱贫问题等。① 农村女性老年人兼具农村、女性和老年人三重弱势身份，容易陷入经济贫困，也更加可能会产生生活困难、健康问题、心理困扰和特殊伤害等一系列问题，进一步影响家庭和社会的稳定。因此，重视开展女性老年人反贫困工作迫在眉睫。社会工作的专业优势在于能够整合所有可以利用的资源为服务对象提供服务，因而有助于解决农村女性贫困老年人所面临的主要困难，

---

① 张霞，刘福华. 中国女性减贫研究：理论、实践与机制(1921—2021 年)[J]. 改革与战略，2022，38(5)：126 - 140.

提高农村女性贫困老年人的能力,帮助她们完善自我、提高社会地位,从而推动社会公平公正。

第一节　农村女性贫困老年人社会工作的特征与工作原则

社会工作者在开展服务之前,应对农村女性贫困老年人有基本的认识。深入分析"贫困女性化"的历史由来与特点,从专业视角界定农村女性贫困老年人,掌握农村女性贫困老年人的多重贫困类型和多重贫困特征,开展全面而有针对性的专业服务。社会工作者应尊重农村女性贫困老年人的特殊性,遵循专业服务原则,开展专业服务。

一、老年贫困问题的"女性化"

农村老年人是一个脆弱性较强的群体,他们的生理机能逐渐下降,社会地位较低,且在生活、经济、医疗、照护等方面缺乏保障。农村老年人贫困问题始终是精准扶贫工作的重点,具有明显的地域特征和年龄特征,同时也有一张"女性的面孔"。多年来,中国实施形式多样、种类繁多的精准扶贫措施,贫困人口极大地减少,贫困率大幅度下降,扶贫效果引人注目。然而,在总体贫困不断减缓的趋势背后,"贫困女性化"的问题仍不容忽视。

"贫困女性化"一词,最早由美国经济学家戴安娜·皮尔思(Diane Pearce)提出。她的研究发现,20 世纪 70 年代,美国 16 岁以上的贫困人口中女性占 2/3，女户主家庭的福利状况日益恶化。① 女性在家庭中担任着重要的角色，限制了其外出就业，这可能是女性贫困发生率比较高的一个重要原因。中国女性大多在家从事家务劳动，特别是在结婚生子以后，从事不付酬家务劳动的女性居多，加上土地分配、招工等制度中的性别歧视，导致农村妇女就业困难和收入贫困。此外，社会习俗、传统思想观念对女性性别角色的文化形塑，造成了女性的文化贫困，进而导致其受教育程度较男性而言处于较低水平，而女性在年老后的收入来源更具有不稳定性和单一性。②

根据皮尔思的研究，女性贫困的加剧有两层含义：一是贫困人口中女性越来越多，二是贫困家庭中女户主家庭逐渐增多。在不同的年龄段，随着年龄增高，女性人口所占的比例逐渐增加并且增速明显。在 60～64 岁年龄段，男女比例大体平衡；在 85～89 岁年龄段，女性老年人口超过 60%；在 95 岁以上年龄段，女性老年人口高达 76.68%。我国老年人口结构也呈现出显著的“高龄人口女性化”的特点。女性老年人相对贫困发生率也很高，平均 2 个女性老年人中就有 1 人处于相对贫困状态。③ 农村女性老年人具有农民、女性和老年人三重弱势身份，更易陷入经济贫困。

二、女性贫困老年人的类型与特征

贫困“女性化”的特征将农村女性反贫困带进公众视野，有关女性贫困

① 吴海涛，丁士军. 贫困动态性：理论与实证[M]. 武汉：武汉大学出版社，2013：165.

② 刘二鹏，张奇林. 农村老年贫困：一个分析框架及解释[J]. 当代经济管理，2018，40(6)：41 - 45.

③ 朱晓，范文婷. 中国老年人收入贫困状况及其影响因素研究：基于 2014 年中国老年社会追踪调查[J]. 北京社会科学，2017(1)：90 - 99.

的研究较多，在农村女性贫困的分类、原因、对策等多个方面都有详细分析。其中，也有部分研究针对某一类型的贫困妇女展开，如单亲贫困群体。为了更好地了解农村女性贫困老年人，为其提供专业的社会工作服务，本小节将分析农村女性贫困老年人的多重贫困类型和多重贫困特征。

（一）农村女性老年人的贫困类型

农村女性老年人的贫困类型主要包括物质贫困、能力贫困、精神贫困和健康贫困。

第一，物质贫困女性老年人指的是缺乏足够的满足基本生活的物质生产资料、没有稳定的收入来源和收入低下的女性老年人。由于受地域、年龄、生活、家庭等方面的限制，女性老年人的经济收入无法满足基本生活，缺乏物质生产资料。农村女性缺少土地权利保障，已经婚嫁迁移的妇女及其子女不享受土地再分配的机会，容易陷入物质贫困。

第二，能力贫困女性老年人指缺乏基本生存能力、健康保障能力、接受教育与获得知识的能力和经济发展能力的女性老人。农村贫困妇女一般年龄较大，从事体力劳动有困难。她们受教育程度低，改善生计的能力有限，以致基本生存状况不佳。在传统观念和生活观念的影响下，她们对健康问题不够重视，加之受经济条件的限制，维持健康的能力也明显不足。

第三，精神贫困女性老年人指的是精神方面匮乏，如精神空虚、生活态度消极、存在“等靠要”思想的女性老人。受传统社会性别分工的影响，农村女性长期操持家务，较少参与社会，她们的生活方式单一、生活内容单调，导致精神生活较为空虚。加上农村交通不便捷、信息不发达、经济较落后等原因，使得农村妇女常常困于生计，承受着多重压力。对于贫困，很多女性老年人存在宿命思想，缺乏脱贫的志气，寄希望于社会救助。

第四，健康贫困女性老年人指的是缺乏营养、健康水平低下或不重视自身健康状况的女性老人。受农村传统文化的影响，女性老年人患贫血和其他妇科疾病的现象较为普遍。一些地方曾经存在早婚、早育等习俗，这些习俗对女性健康有不利影响，导致部分老年人身体持续处于亚健康或不健康状态。农村地区缺乏正规的医疗机构和训练有素的医务人员，农村老年妇女的健康保障需求难以得到有效满足。

（二）农村女性老年人的贫困特性

第一，农村女性老年人的贫困交叉性。交叉性主要体现在分布区域和身份上：分布区域主要分为东、中、西部地区和连片贫困地区、少数民族地区等，身份主要分为老年留守女性、老年独居女性、老年残疾女性等。交叉性使女性老年人的贫困更加复杂，如西部留守女性老年人和少数民族地区女性存在贫困现象，而她们中的残疾女性、患病女性等特殊人群则更容易陷入贫困。

第二，农村女性老年人的贫困问题具有隐蔽性，既表现为个体主观上的隐瞒，也表现为社会客观上的忽视。受传统文化观念的影响，农村女性老年人的家庭和生活情况常常处于隐蔽状态[①]，加之部分女性主观上对家庭贫困持隐瞒态度，导致贫困问题存在隐蔽性。农村女性老年人文化水平较低，缺少参与机会和表达权利，精神贫困和能力贫困并存，导致该群体较易被社会忽视。虽然在脱贫攻坚中，有越来越多的女性贫困老年人被精准识别，得到了帮扶，但扶贫措施大都集中在经济贫困层面，对女性健康贫困、文化贫困、精神贫困等方面的忽视依然存在。

---

① 赵群，王云仙．社会性别与妇女反贫困［M］．北京：社会科学文献出版社，2011：85.

第三，贫困对女性老年人的影响是长期的、深远的。贫困对女性个人或其家庭的影响，主要不是贫困发生率更高的问题，而在于贫困女性所受到的严重剥夺以及她们摆脱贫困所面临的极大困难。[①] 女性摆脱贫困的机会相对男性更小，贫困对女性的影响相对更长期、深远，而这种影响在女性老年人身上表现得更加明显。女性老年人无法参加社会劳动，经济困难突出，且长期受到传统性别角色分工的影响，思想观念落后，缺乏改善自身生活处境的能力和信心，因而她们的脱贫困难更大。

综上可以看出，农村女性老年人的贫困具有复杂性和特殊性。她们的反贫困工作不应一概以经济指标而论，应综合考虑女性老年人的贫困类型和贫困特征，精准识别和实施有针对性的反贫困措施。农村反贫困工作任务繁重，难以精细分类开展服务。社会工作具有专业理论视角、价值观和方法，能够在一定程度上成为农村女性老年人反贫困工作的补充力量，有效回应她们的需求。

三、农村女性贫困老年人社会工作的基本原则

鉴于农村女性老年人贫困的多样性和特殊性，社会工作者在工作中要遵循一定的原则，保证服务对象能够更好地接受服务。开展农村女性贫困老年人社会工作的基本原则如下：

（1）关注与承认农村女性贫困老年人的多样性、提供服务视角的多样性；

（2）了解、理解和接纳农村女性贫困老年人的现实处境，了解她们的个人处境与社会改革变迁、社会性别歧视和社会资源缺乏等社会现象之间的

① 向德平，程玲，等. 巾帼脱贫：农村贫困妇女扶持政策评估及建议[M]. 北京：社会科学文献出版社，2015：29.

内在联系；

（3）尊重农村女性贫困老年人的个人选择，尊重她们的生存和生活方式；

（4）农村女性贫困老年人是发展的主体，应认识到她们本身也是一种资源，有能力参与处理自己的问题；

（5）注重西方社会工作方法和本土农村社会工作经验的结合，注重社会工作专业方法与本土精准脱贫实践经验的结合，总结凝练具有推广性的服务模式。

（6）社会工作者与女性贫困老年人之间的关系是平等的。

第二节　农村女性贫困老年人社会工作的程序与内容

农村女性贫困老年人社会工作的程序可借鉴通用过程模式展开。根据农村女性贫困老年人的现实处境和女性社会工作的内容和程序，女性老年人的反贫困社会工作服务可从生活救助、能力提升、健康服务、权益保护等方面展开。同时，社会工作者还应考虑农村女性贫困老年人的特殊处境，开展特殊伤害人群的社会工作服务，全面综合地解决农村女性老年人的问题，推动有关法律法规和政策的落实，保护受伤害的女性老年人的权益。

一、社会工作服务的程序

根据接案、预估、计划、介入和评估的社会工作通用流程[①]，本章将农村

① 全国社会工作者职业水平考试教材编写组．社会工作实务（中级）[M]．北京：中国社会出版社，2021：15.

女性贫困老年人的社会工作程序分为预估需求、制订计划、开展专业服务和评估服务成效四个步骤。社会工作者应在服务前期开展资料收集工作，综合了解农村女性贫困老年人的问题与需求，分析问题成因，制订具体的介入方案和策略，并在服务结束后开展成效评估工作。

（一）预估问题与需求

1. 全面收集资料

社会工作者在开展服务之前应进行农村女性贫困老年人的资料收集。第一，收集老年人的个人资料，包括女性贫困老年人的基本资料，主观经验和看法，生理、心理和经济方面的状况，以及是否有求助动机等。第二，收集老年人所处的环境资料，包括女性贫困老年人的家庭状况，农村的社会环境和社会支持情况等。社会工作者可以向农村女性贫困老年人自身、家庭、邻居或村委会等询问情况、收集资料，还可以通过自己的观察和使用量表来对资料进行补充。

2. 预估的方法

社会工作者可以通过查阅村委会资料、询问有关负责人、访谈和问卷等方法预估服务对象的问题。农村女性贫困老年人都曾是建档立卡的贫困户，村委会和驻村工作队应妥善保存她们的详细资料，可以通过资料查阅和询问村扶贫干部的方法来预估她们的问题。社会工作者也可借助需求评估量表、家庭结构图、生态系统图等工具，预估女性贫困老年人的家庭和社会支持情况，明确她们的问题。最重要的是，社会工作者应对女性贫困老年人本人进行访谈，邀请她们一起确定其问题与需求。

3. 确定问题与需求

第一，农村女性贫困老年人的健康状况差，有改善健康状况和提高健康意识的需求。老年人身体器官逐渐老化，生理机能和免疫力也在逐渐退化，因而会出现各种身体疾病，很多老年人可能同时患多种疾病和慢性病，需要长期服药。再加上家庭经济方面的限制，她们在生病时无法及时就医，而农村的医疗卫生条件和医疗卫生设施也无法满足老年人就医的需求，女性老年人的健康状况逐渐变差。另外，受长期以来的经济文化因素和健康知识不足的影响，多数女性老年人存在着“生病怕花钱”“小病不用看医生”“有病自己买点药就行”等陈旧观念，健康保健意识有待提高。

第二，农村女性贫困老年人的经济条件差，有改善生活质量的需求。农村女性贫困老年人无稳定收入来源，经济条件较差，主要依靠政府救助。女性贫困老年人的家庭经济压力较大，老年人的生活照料未能得到足够的重视，有时甚至处于无人照料生活起居的困境。部分女性贫困老年人的子女外出务工，她们可能还需要承担起照顾孙辈的责任，更无暇无力顾及自身生活质量。另外，农村中还有部分独居和行动不便的女性贫困老年人，她们身边无法定赡养人和日常生活照料者，经济条件差，生活质量更差。

第三，农村女性贫困老年人的交流平台少，有加强社会交往的需求。农村女性贫困老年人文化娱乐生活单一，交往范围和空间单一，很少外出。针对女性老年人的反贫困工作的重点集中在改变经济和生计方面，在一定程度上忽视了女性贫困老年人的文娱和社会交往需求，更不会特意组织有关文化娱乐活动。由于受到场地和条件限制，农村也无法为女性贫困老年人提供专门的交流空间和文娱机会，女性贫困老年人的社会交往需求无法得到满足。

第四，农村女性贫困老年人的文化素质低，有提升社会地位的需求。社会地位低主要表现在三个方面。其一,贫困女性的文化程度和认知程度较低、个人意识不强,很难在家庭和社会中表达自己的意见,有时也无法明确表达自己的需求。其二,女性贫困老年人家庭地位较低,她们辛苦操持家务,在晚年仍处在家中的从属地位,部分女性老年人可能还会遭受家人、子女的长期忽视与虐待。当遇到这些问题时,她们没有意识也没有能力去解决问题,而是习惯性地忍气吞声。其三,女性贫困老年人的社会参与度低,她们几乎不参与农村社区公共事务,她们的意见也很少被纳入考虑范围。女性贫困老年人的社会地位低,还可能使其合法权益受到侵害,因而她们的合法权益也应得到相应的保障。

4. 明确问题的成因

农村女性老年人的贫困并不仅仅是由个人因素造成的,还应将个人放在更宏观的社会背景中来寻找成因。在“人在情境中”的理念指导下,反贫困的社会工作服务应综合考虑女性老年人致贫的个人因素与社会因素。

第一,个人层面的能力和资产不足。人们为了实现生计目标需要一定量的资产,从广义的角度来说是指人力资产、自然资产、物质资产、社会资产和金融资产构成的“五边形”结构。女性尤其是农村女性老年人在获取资产时一直处于不利地位。[①] 她们年龄较大、身体状况差、能力不足,基本无法从事体力劳动,也无稳定收入来源,健康贫困和精神贫困并重。这些都给女性老年人带来了获取个人资产的生理和能力限制。

第二,环境层面的贫困风险加剧。受到传统文化和习俗的影响,女性老年人难以获得土地、房产等资源,更无固定财产收入。农村社会资源也较

① 吴海涛,丁士军.贫困动态性:理论与实证[M].武汉:武汉大学出版社,2013:190.

少，相应的社会支持网络也较弱，能够依靠的主要是家庭，而无家庭可依靠的独居、孤寡女性贫困老年人的社会支持则更弱。农村女性贫困老年人资源不足、家庭和社区的支持力度较低，也更容易受到外部风险的冲击，如农村生态环境恶劣，资源匮乏、人口结构不平衡、性别歧视、平等意识缺失、突发公共卫生事件的冲击等，都会导致女性贫困。① 因此，女性老年人在自然环境恶化和社会资源不足的双重风险下，更加容易陷入贫困。

第三，社会层面的结构限制。李小云将因结构性因素导致的贫困称为结构性贫困。老年人在社会结构上整体处于底层，失去了经济基础、就业机会、社会资本等多方面的初始竞争条件，容易陷入结构性贫困陷阱。② 农村女性老年人的贫困绕不开结构性贫困陷阱。另外，中国传统的社会性别制度对农村家庭的内外部都会产生影响。农村女性老年人长期受男尊女卑观念的影响，认为自己在家庭中属于从属地位。她们往往较少参加社会活动，精神生活相对贫乏，自我意识较弱，处于经济边缘化和社会依附化的地位，更容易陷入贫困中。

（二）制订服务计划

社会工作者根据农村女性贫困老年人的问题与需求，明确理论框架，制订服务计划。服务计划应包括目标、服务对象、具体的介入策略、评估方法、社会工作者的角色和工作时间表等。社会工作者在确定农村女性贫困老年人社会工作服务时，应注意需求、目标与计划一一对应，从多维度回应老年人的需求，保证计划可行、可测量。社会工作者可以利用程序逻辑模式制订

① 马东平.社会性别视角下的少数民族妇女贫困问题研究[J].甘肃理论学刊，2011(5)：79－84，106.

② 李小云.贫困人口陷入“结构性贫困陷阱”了吗[N].农民日报，2015－05－27(3).

服务计划。

程序逻辑模式是一种协助活动推行者以逻辑分析其活动资源投放及其成效要求是否平衡的模式，可用简单图表来表达服务或计划的不同环节的关系。该模式包括资源投放、活动和服务、服务成效、理论基础、处境分析和外在环境因素六个方面（如图 5－1）。① 社会工作者在使用该模式制订服务计划时，应注意协调各部分之间的逻辑关系。

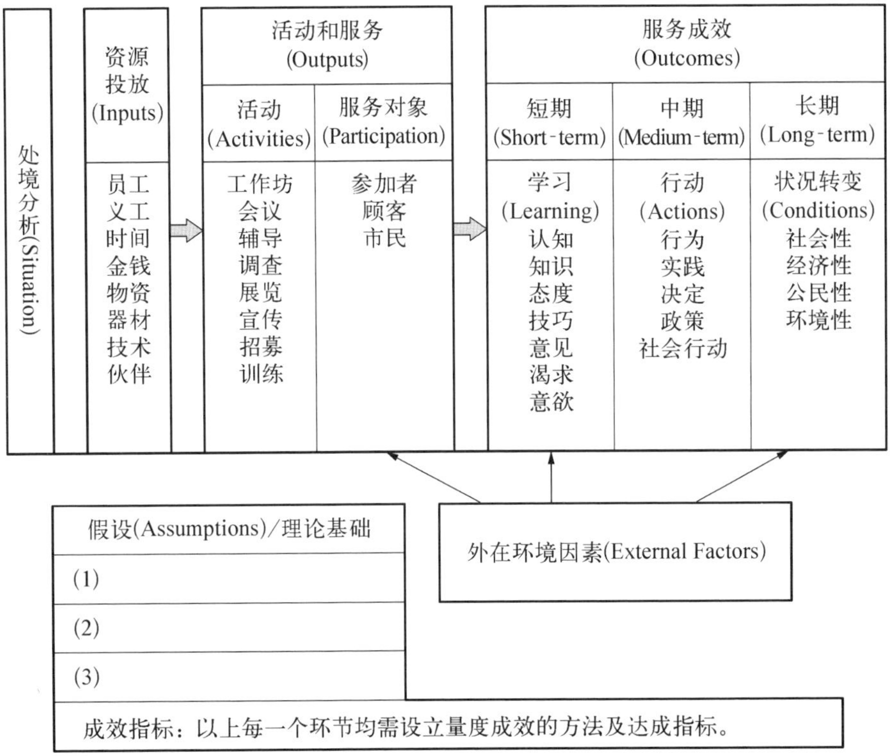

图 5－1　程序逻辑模式

① 陈锦堂. 香港社会服务评估与审核[M]. 北京：北京大学出版社，2008：77.

第一步,事先分析女性贫困老年人的社会处境。分析老年人的经济、健康、社会交往、社会地位等方面的处境,结合所在地区的经济、生活状况等,选择合适的理论基础作为计划的指导,如社会性别理论、优势视角理论等。

第二步,确定希望达到的成效。服务计划的成效可分为:短期知识技巧的学习或技巧的习得,如健康知识的学习、生活态度的改变或简单手工技巧的习得等;中期行为的改变,如女性贫困老年人养成有规律的健康锻炼习惯或积极参与农村公共事务等;长期状况的改善,如改变农村女性老年人的贫困状态等。社会工作者应根据已经掌握的资源情况和服务的期限等条件,决定期望达到的成效,从而确定具体的工作目标和计划。

第三步,制订服务计划。社会工作者通过个案服务、小组活动、社区服务、讲座或工作坊形式开展工作,设计与女性贫困老年人能力发展相适应的服务,如创设乡村公益岗位、举办老年人公益健康讲座、开展小组活动分享人生经验等,但应注意活动的形式应与期望达到的成效匹配。

第四步,根据服务内容和形式确定所需要的资源,如社会工作者、志愿者、资金、物资、场地等。明确开展农村女性贫困老年人服务所需要链接的有关部门和资源,如妇联、扶贫办或其他有关机构等,为服务做好准备,适当运用个案管理等服务形式。

第五步,制定评估机制。评估方向与计划方向相反。社会工作者应评估资源投放与活动内容和服务成效是否达成一致,即投入、产出、成效是否匹配。可以评估农村女性贫困老年人的状况是否得到改善,服务目标是否达到,服务过程中是否出现问题等。

基于程序逻辑模式制订农村女性老年人反贫困社会工作服务计划,包括对农村政策和老年人处境的考虑、对女性老年人的综合情况考量以及社会工作者对资源的事先预判，把农村女性贫困老年人的服务目标、过程、结果、资源与评估等有效整合在一起，既有利于计划执行，也能为服务提供一套有效的评估体系。

（三）开展专业社会工作服务

社会工作者可以通过直接方式和间接方式开展专业服务，来实现预期目标。社会工作者可直接开展专业服务活动，完成服务计划，也可以通过间接的资源链接的方式，维系政府、社会与贫困老年人之间的有效沟通，拓宽并保证反贫困社会工作服务机构的资金来源，打通多元资金帮扶渠道来保证服务的有效运行。

（四）评估服务成效

社会工作者将程序逻辑模式方法引入农村女性贫困老年人社会工作服务绩效评估中，可以将“服务成效”转变为“满意度”，形成服务投入、服务过程、服务产出、服务满意度四个维度的社会工作服务绩效评估指标，进行科学动态的评估。社会工作者可根据服务投入、服务过程、服务产出和服务满意度四个指标设计服务问卷，要求服务参与者填答评估服务成效。

二、社会工作服务的内容

（一）生活救助

农村的低保制度、五保供养制度、特困户救助制度、临时救济制度、灾害救助制度等在解决农村人口的生活困难方面发挥着积极作用。社会工作者应协助基层农村组织做好社会保障制度的普及与落实工作。对于未能及时获得生活救助的女性老年人，社会工作者应链接资源协助其获得相应的保障；对于长期无人照顾的女性老年人，社会工作者可以组织村委会、子女、志愿者等协同行动，由村委会负责，子女部分出资，志愿者提供生活照料，尝试将老年人集中赡养，建立老年人的疾病照料、生活统一管理和相互照顾制度。

（二）能力提升

1. 个人的增能赋权

重视农村女性贫困老年人的能力建设，帮助贫困者提升个人能力是社会工作参与反贫困的重要任务。在增能理论指导下，社会工作者应注重开发女性贫困老年人的潜能和优势。她们中除了因病致贫或残疾致贫外，有劳动能力和学习能力的不在少数，因此，社会工作者应根据扶贫地区的地理环境和老年人特点，发掘帮助老年人脱贫致富的能力，变“输血”为“造血”。同时，社会工作者还应通过专业的社会服务推进女性贫困老年人的“扶志”和“扶智”工作。鼓励并协助其申请农村“小额信贷”，从事力所能及的农业或手工项目，以改变农村女性老年贫困者被动接受政府帮助的思想，提升其自主脱贫的能力；通过教育或培训帮助农村女性老年人掌握一定的劳动技能，定期组织她们参加各种技术培训，协助她们习得相应的工作技术，如农村服装产品的加工、养殖、种植技术等。

2. 家庭的能力提升

女性老年人在物质、精神、能力、健康等方面的贫困导致她们无法维持基本生活，她们的脱贫离不开家庭的支持。女性老年人面临的问题可能是整个家庭同时面临的问题，如果没有妥善得到解决，贫困将会传递到下一代。因此，社会工作者要关注家庭成员能力的提升，做好家庭的反贫困社会工作服务。“家庭为本”的服务理念强调协助服务对象最好的方法是提高家庭的自主能力。社会工作者在提供服务时应以家庭为中心，了解家庭成员动态，使家庭成为女性贫困老年人的有力支持。

具体来说，家庭能力的提升可以从宏观、中观、微观三个层面进行。从宏观方面来看，家庭能力的提升离不开社会政策、社会保障制度、精准扶贫措施的倾斜，当家庭有足够的资源开展经济活动时，就具备了一定的经济能力。社会工作应努力协助基层政府组织将贫困家庭扶持政策落到实处，改善贫困家庭面对困境的能力。当政策未能普及或政策未能从根本上满足贫困家庭的能力提升需求时，可以倡导政策的完善和改变。从中观层面来看，社会工作者可以在农村社区开展家庭能力提升活动。积极配合基层农村组织开展宣传活动，关注、帮助农村贫困家庭，并总结、学习基层工作者的经验，结合社会工作专业方法，在社区层面开展家庭互助小组，组建家庭互助交流平台，搭建农村家庭的社会支持网络。从微观层面来看，家庭成员的自我能力应有所觉醒，社会工作者应设计家庭成员可以共同参与的活动，开展家计改善计划、家庭能力提升小组、家庭关系咨询、家庭矛盾调解服务等，增强家庭的“抗逆力”。

（三）健康服务

1. 农村健康宣讲

社会工作者应针对农村老年人健康意识薄弱、健康状况差的现实，开展广泛的健康宣讲。第一，在农村中开展广泛的健康知识宣讲，通过宣传栏、派发传单、村广播等方式宣传健康安全知识和疾病防控知识，向农村女性尤其是女性贫困老年人普及健康知识。第二，设计系列健康安全知识讲座和健康社区活动，引导农村妇女关注健康，从认知层面改变妇女的传统观念，提高她们的自我健康意识。第三,社会工作者在农村宣讲贫困人群的健康扶贫政策,如贫困人群的医疗费用报销政策等,确保女性贫困老年人了解有关健康政策并在生病后能够及时享受相应的政策。

2. 综合健康服务

综合健康服务包括从筛查到治疗的综合"一条龙"服务。首先,社会工作者可链接医疗资源在农村中广泛开展健康筛查工作。了解农村女性贫困老年人的健康状况,并根据健康状况进行不同等级的分类,以备后续健康服务工作的开展。其次,依托农村社区工作站的建设,开通村级"健康咨询平台"。当女性贫困老年人有健康方面的问题和困难时,可以为她们提供健康咨询便利服务。再次,开展健康管理服务。建立女性贫困老年人的"健康档案",列明每个人的健康状况及其所患疾病名称,以备后续工作开展。对患有重病的人群进行资源链接并帮助其及时入院治疗,对患有长期慢性疾病的人群定期跟进并提供治疗信息;对患有轻微疾病和亚健康的人开展疾病预防工作。最后,落实健康脱贫政策。向居民宣讲健康脱贫政策,并及时为有需要的女性贫困老年人申请和落实有关政策,对于部分满足条件而未能及时享受的女性贫困老年人,应及时关注。社会工作者在开展综合健康服务时,还应注意保护女性贫困老年人的隐私,避免出现伦理问题。

(四)权益维护服务

尊重妇女发展的主体地位是反贫困工作的关键,也是提高瞄准度和减贫有效性的关键,这一点已被国际社会反贫困实践证明。① 社会工作者应秉

① 李卓,左停.深度贫困地区妇女反贫困的逻辑路径探析:基于社会性别视角的分析[J].山西农业大学学报(社会科学版),2018,17(9):1-5.

承社会性别主流化的理念，积极在农村中宣传男女平等基本国策，倡导农村基层根据男性和女性不同的发展需求，制定具有社会性别意识的农村发展规划，以提升农村女性贫困老年人的社会地位，减少她们常常受到违法侵害的现象。女性贫困老年人容易在婚姻家庭方面受到侵害，受到家人的忽视、虐待等家庭暴力。社会工作者应积极关注此类老年人，保护受到侵害的老年人的人身安全，与妇联、基层组织等多部门合作，维护其合法权益。当农村女性贫困老年人受到经济侵害时，社会工作者应及时帮助其申请法律援助。社会工作者还应该关注陷入特殊困难的女性贫困老年人，如残疾、独居或突遇重大危机事件等，预防她们出现自残、自杀等行为，第一时间介入处理突发危机。

第三节　女性贫困老年人社会工作的模式

一、女性主义治疗模式

女性主义治疗起源于20世纪60年代的妇女运动，早期主要应用于女性团体，后来主要应用在女性治疗师与当事人的工作中。女性主义治疗的方法是社会工作者通过采取多种措施为服务对象赋权，帮助她解除在性别角色社会化过程中受到的局限，并向现实的压迫提出挑战。[①] 社会工作者在运用女性主义治疗模式开展服务时，可协助服务对象建立社会支持、提高服务对象的能力与抗逆力，帮助女性重新思考自我与社会的关系。通过打破不现实的社会期望，帮助女性将注意力集中在自身，而非其他人。女性主义传

① ［美］科里(Corey,G.).心理咨询与治疗的理论与实践[M].石林，等译.7版.北京：中国轻工业出版社，2004：246－248.

统的治疗方法包括增能与赋权、性别角色分析和干预、重新定义和贴标签等。社会工作者可以采取女性主义治疗模式对农村女性贫困老年人进行干预,从以下三个方面开展社会工作服务。

第一,性别角色分析和干预。社会工作者应带领女性贫困老年人探索社会性别角色的期待对其生理、心理和社会方面造成的损害,了解是否由于家庭或子女的不合理期待造成了女性老年人更加贫困的状态;引导女性老年人避免将贫困问题简单归因,而是要放到更大的社会环境背景中去看,让其了解造成贫困状态不仅仅是个人原因,也有社会原因;利用性别角色制度和干预,引导女性贫困老年人树立正确的婆媳观念,协助其处理好婆媳关系,促进家庭和谐,强化女性贫困老年人的社会支持。

第二,重新定义和贴标签。女性贫困老年人往往被认为或自认为一无是处,被贴上"无用"的标签,从而导致自我意识较低,缺乏面对未来生活的勇气。社会工作者应引导女性老年人及其家庭思考社会环境因素对自身观念带来的不利影响,避免女性贫困老年人长期处于低自尊状态。

第三,女性老年人的增能与赋权。为了帮助女性贫困老年人获得权力和能力解决问题,社会工作者可以从个人层面提高女性贫困老年人的自信心和自我形象,使之重新掌握自己的生命和生活;从人际层面和家庭层面帮助女性贫困老年人重建平等的关系,避免子女对老年人的打骂和不尊重;从社会层面为女性贫困老年人争取更多权益,并保证其对所有福利服务项目和措施的知情权,保证享有权利。社会工作者还可以通过教授农村女性贫困老年人简单的生活技巧或是基本的手工训练,使她们认识到自己的价值,从而帮助其改变消极信念,提高生活自信心。

二、优势视角模式

优势视角是以优势为本、以案主为中心的社会工作理念，其最基本的假设是相信案主有不少内在和外在的资源可供利用。① 优势视角反对将服务对象问题化，认为问题的标签对服务对象“具有蚕食效应，重复的次数多了之后，就改变了案主对自己的看法和周围人对他们的看法”。优势视角强调每个个人、团体、家庭和社区都有优势，强调创伤、疾病和抗争具有两面性，可能是伤害，也可能是机遇，环境也都充满资源。② 社会工作者应与农村女性老年人一起评估其内在和外在的优势，改变周围人和她们对自己的看法，增强服务对象对自己的认识和信心。

1. 评估优势与资产

社会工作者应注重挖掘女性贫困老年人的境遇和个人特征，并将其转化为她们的个人优势，同时注重发掘农村社区的独特资产，利用这些优势和资产促进自我增能。第一，农村女性贫困老年人的个人优势。社会工作者应关注老年人的个人生活、经济条件是否可以作为个人的优势，也应评估个人的性格方面的优势，如积极的心态、开朗的性格等；还可以评估老年人自我生存的策略和方法，了解她是如何长期维持自己的生活和适应环境的。第二，农村女性贫困老年人的资产优势。社会工作者应关注老年人是否拥有固定的资产，该资产可以作为老年人的重要经济优势。第三，农村社区的资产优势。社会工作者应挖掘女性贫困老年人所处社区的资产状况，如人

① ［美］塞尔贝(Saleebey，D.)．优势视角：社会工作实践的新模式［M］．李亚文，杜立婕，译．上海：华东理工大学出版社，2004：267.

② 李长洪，陈方圆．扶贫社会工作服务指南［M］．北京：中国社会出版，2017：26.

力资产、生态环境、公共空间、传统建筑、传统文化等，这些资产将为农村女性贫困老年人的生计改善提供重要助力。

2. 评估个人与环境缺失

社会工作者评估优势与资产的同时，也不能忽略个人和环境的缺失。个人的缺失，即评估个人的不足，在解决女性老年人的贫困问题时，个人内生动力缺乏、自我意识不足、自信心和能力不足等问题也应受到关注。环境的缺失，即评估女性贫困老年人社会环境中缺失的部分，是目前亟待解决但尚未达到的环境条件，如农村自然环境的限制、社会支持不足等。

3. 优势视角下的资产重塑

首先，社会工作者应将农村社区的资产都看作女性贫困老年人改善生活的优势，通过农村社区资产的组织和建设，将农村的自然生态环境、公共空间和传统文化等利用起来，推动开展农村社区营造、开设农家乐、发展乡村旅游等，打造乡村建设的新面貌。其次，社会工作者可组织成立女性贫困老年人小组，分享人生经验和生活技巧，合力开展农村建设和发展服务等。利用社区资产优势，引导女性贫困老年人小组参与农村的农副产品的包装、加工和乡村旅游等服务。最后，社会工作者通过发展农村经济带动农村女性贫困老年人生活的改善，并最终实现脱贫。

三、危机干预模式

危机干预是一种短期干预的方法，旨在通过运用现有的和新发现的优势、资源和应对机制应对挑战、压力和危险事件，帮助个体、家庭和社区返回到平衡状态。在实施计划阶段，尤其要注重四个方面的内容。第一，稳定案主情绪，输入希望。提供精神支持与宣泄渠道，让迷茫、无助的服务对象重燃对生活的渴望和对人生的希望。第二，提供支持，加强资源链接。积极联络亲属，充分利用其自身拥有的资源，协助解决当前问题，共同努力克服危机。第三，恢复自尊，了解服务对象对自己的看法，协助其重塑自信，并在其改变的过程中给予适度激励，以乐观的精神感染服务对象，传递正能量。第四，培养自主能力，帮助服务对象恢复和发展功能、减少依赖、增强自主、克服危机。① 在任何情况下，服务对象一旦面临生命危险，需要及时处理免受伤害或就医的，社会工作者应本着生命至上的原则，确保其第一时间接受救治。

危机干预模式主要适用于遭遇特殊伤害的农村女性贫困老年人，包括家庭暴力、虐待和忽视、自杀等。农村女性贫困老年人存在经济、心理、行动等方面的困难，陷入特殊伤害的可能性会更大。当她们处在特殊伤害处境中时，简单的社会救助、心理辅导等方法可能并不适用，无法解决问题。此时，社会工作者需要采取及时、有效的危机干预。

（一）ACT 危机干预模式

ACT 危机干预模式是美国哈佛大学学者罗伯茨（Roberts）在整合了当前一些危机干预策略后提出的一种综合性危机干预模式，是一种专门针对突发性危机和创伤性危机进行心理干预的危机干预模式。②

A（Assessment）代表评估。社会工作者在危机干预之前应全面评估造

① 全国社会工作者职业水平考试教材编写组. 社会工作实务（中级）[M]. 北京：中国社会出版社，2019：248.

② ROBERTS A R. Assessment, crisis intervention, and trauma treatment: the integrative ACT intervention model [J]. Brief Treatment and Crisis Intervention, 2002, 2(1): 1 - 21.

成农村女性贫困老年人危机的生理、心理和社会因素，关注她们的现状，了解其可以获取的优势和资源，重点开展问题评估。社会工作者展开评估的清单包括：

危机的情况有多危急，多严重？

女性贫困老年人的反应是否适当？

女性贫困老年人认知上、行为上的功能如何？

女性贫困老年人目前拥有哪些方面的资源？

女性贫困老年人需要什么，有多迫切？

女性贫困老年人有没有患心理疾病的可能？

女性贫困老年人受到暴力的可能有多少？

建议的后续计划是什么？

自杀的可能性有多少？

C(Crisis Intervention & Connecting)代表介入和连接。首先是危机介入，社会工作者应在及时预估特殊伤害的女性贫困老年人的问题的基础上，及时处理老年人被伤害的问题，采取措施与施暴者隔离或就医，防止其再次遭受暴力等危机事件的伤害。其次是连接，社会工作者应为正处于危机中的农村女性贫困老年人重建个人系统、个人与他人系统、个人与社区系统等，重建其社会支持网络。社会工作者帮助农村女性贫困老年人与重要的家人、邻居、朋友、社区等建立联系，帮助其解决个人危机事件，重建生活信心。再次是举办关键事件压力解说会，社会工作者将面临同样或类似问题的农村女性贫困老年人组织起来，通过压力解说会的方式，缓解危机事件对她们个人造成的伤害，培养互助、自助精神。最后是开展哀伤辅导，社会工作者应为丧亲的女性贫困老年人提供哀伤辅导的服务，处理她们的哀伤情绪和提供心理慰藉，引导她们正确看待死亡，避免出现极端事件。

T(Treatment)代表治疗。治疗内容包括创伤后的压力反应、创伤后应激障碍、紧急创伤与压力管理等。此阶段社会工作的重点是治疗农村女性贫困老年人及其家属的创伤后症状，及时做好心理干预以及妥善的善后工作。如必要，应采取个案管理的服务方法，邀请心理咨询师、医生等共同为老年人开展服务。

（二）受特殊伤害人群的危机处理

受特殊伤害的人群指的是，受家暴、被虐待或忽视的以及遭遇突发重大危机事件的女性贫困老年人。女性贫困老年人是遭受家庭暴力的“重灾区”，一部分人会将家庭暴力当成“家务事”或者“私事”，在遭受到家庭暴力后选择忍气吞声。长期遭受到家庭暴力的女性老年人会出现“受暴妇女综合征”并处于低自尊、有严重的罪恶感和将暴力正常化的状态中。另外，突发的重大公共危机无法避免，如地震、灾害、泥石流、传染性病毒等，女性贫困老年人在遭遇危机之后，无法保证正常生活，需要及时开展危机服务。社会工作者可以从以下几个方面开展受特殊伤害人群的危机服务。

1. 首要关注受害者的生命安全，尊重她们的人格独立

社会工作者应遵循生命至上的原则，首先帮助女性老年人离开存在危机的环境，尽量协助女性老年人免受危机的伤害。社会工作者充分理解与掌握专业价值观，避免过度责怪受害者，应该做到尊重受害者的人格独立，采取措施提升她们的自信心。

2. 为受害者提供多种形式的社会工作服务

社会工作者在女性贫困老年人中开展心理咨询和法律咨询服务，对受到家庭暴力、虐待和忽视和遭遇突发公共危机的老年人进行个案辅导；通过放松练习、内外圈对话、支持小组等重建受暴妇女个人、他人和社会系统；构建受害者的社会支持网络，加强她们与社会的联系，减轻心理痛苦；为受家暴、被虐待和忽视的贫困妇女开展压力解说会，分享感受、缓解压力；还应在危机结束之后，协助其重新回归家庭与社区，或为遭遇突发公共危机的女性老年人开展社区重建服务。

3. 联合多部门开展综合干预服务，建立长效合作机制

女性贫困老年人在危机面前受到的伤害是多方面的。社会工作者个人或团队无法从根本上解决她们的受伤害问题，需要多个部门协同开展服务。社会工作者应主动链接公检法、农村社区、医院、妇联等资源，建立多部门联合行动机制，对受到伤害的人群进行综合干预，建立综合反对家庭暴力、反虐待和反忽视的预防和干预机制、建立突发公共危机事件的预防和干预机制等。

（三）自杀的预防与干预

当前农村老年人自杀问题是中国自杀预防与干预工作所要面对的主要工作。生存困难、疾病痛苦、精神寂寞等是导致农村女性贫困老年人自杀的最主要的原因。社会工作者应从以下三个方面做好农村存在自杀念头的女性贫困老年人的服务。

第一，针对有自杀倾向的老年人。部分农村女性贫困老年人在生理、心理或社会方面忍受多重压力，社会工作者应全面评估农村女性贫困老年人面临的问题和困难，识别致贫原因，解决困难，及时上门开展情绪疏导服务，

以做好自杀预防工作。

第二，针对自杀未遂的老年人。社会工作者应该遵循危机干预的原则。从个人层面来看，要保证自杀未遂的老年人能够得到及时的救治并为她们输入生活希望，了解老年人自杀的原因并提供相应的解决贫困问题的措施和服务。从社区和社会层面看，要完善落实农村贫困老年人的帮扶措施，组织帮扶干部定期上门探访，重新建立老年人与家庭的联系等。

第三，针对已经自杀的老年人。社会工作者应该做好自杀老年人家庭的安抚工作，安排好老年人的身后事；对自杀老年人的家属和社区中面临相似情况的老年人做好哀伤辅导工作。

第四节　农村女性贫困老年人社会工作实务案例[①]

一、案例背景

（一）项目背景

杨寨坐落于云南省，村落四周山丘环绕，喀斯特地貌群山之下的平原呈现出云南广西一带特有的地貌：粮田满地，稻花飘香，一派诗情画意的乡村景象。村民居住在河谷两岸的平地和邻近的山坡之上，世世代代种植水稻。杨寨由于地处偏僻，村民往来不便，经济较为落后，村里青壮年多外出打工，

① 本案例来自绿耕社会工作发展中心的农村社会工作服务项目，根据该项目中的女性贫困老年人的服务整合改编，案例中地名、姓名等均为化名。来源：张和清，杨锡聪．社区为本的整合社会工作实践：理论实务与绿耕经验[M]．北京：社会科学文献出版社，2016：141－150．

留守在村子里的多是妇女、老年人与小孩。此地居民仍保留着传统的风土民俗，妇女们仍穿着传统蓝黑两色的壮族服饰，头包彩色印花毛巾，腰间系着围裙。在社会工作者进驻以前，该地经济落后。社会工作者开展了一系列的培育发展服务，积极推动村民组织关心社区公共议题，开设公平贸易商店发展农村经济。本案例主要介绍该村 7 位女性贫困老年人的花米饭互助小组，社会工作者通过女性贫困老年人的个人赋权，推动女性老年人的社区教育，培养互助合作意识，提升参与能力。

（二）案例缘起

社会工作者进驻杨寨后，在开展社区活动时发现村里一位 80 岁的陈阿婆酿醋水平特别高，她酿制的醋清澈见底，并能保持长达20 年不浑浊。大家都啧啧称奇，并向陈阿婆表示，希望向她学习酿醋技术。于是，社会工作者便组织开展社区学堂，邀请社区中的女性参与社区学堂“学习做醋”。社会工作者开展社区学堂过程中发现，杨寨的女性老年人还有很多其他技艺，便将学习和交流的内容持续拓展，最后成立了花米饭互助小组。随着杨寨可持续生计服务的不断推进，花米饭互助小组从原来单纯的“技艺学习”到开始参与农村生态农作物的加工与包装，从小组内部的相互合作到农村社区范围内的相互合作，最大限度发挥女性贫困老年人的作用，提升了她们的自尊与自信。

二、理论视角

（一）赋权与增能

赋权不是赋予个人权力，而是激发和增强人的能力。赋权可以通过个体、人际和社会三个层面进行，这三个层面不是相互分割的，而是相互关联并相互作用的。[①] 本案例中，社会工作者就是利用这三个层面的增能，推动杨寨贫困女性生活的改善。

（二）优势视角

优势视角关注人的内在力量和优势资源。优势视角相信人是有能力的，相信人是可以改变的，每个人都有尊严和价值，都应该得到尊重。即便是处在困境中备受压迫和折磨的个体，也具有他们自己从来都不曾知道的与生俱来的潜在优势。服务对象得以改变的重要资源来自她们自身的优势，个人的经验也是一种优势资源。本案例在优势视角理论指导下，关注农村女性贫困老年人的个人优势，关注服务对象的人生经验和技能组建社区学堂，又积极挖掘社区自然环境资源和资产，为解决杨寨居民的生计问题提供重要资源。

三、案例分析

（一）杨寨女性贫困老年人的生活现状

（1）个人层面：经济匮乏，缺乏利用资源的能力。杨寨由于地理位置限制，留守的女性贫困老年人除了种地外无其他收入来源，经济匮乏是她们的首要困难。即使她们本身具有一定的资源，如少量的有形资产和掌握一定的技术等无形资产，但是个人尚未明确发现这些优势。

（2）人际层面：相对孤僻，缺乏相互交流的平台。在社会工作者进驻开

① 程玲，向德平. 能力视角下贫困人口内生动力的激发[J]. 中国社会工作研究，2018(2)：115－139.

展活动以前，女性贫困老年人很少与其他人交流，生活常常处于相对孤僻的状态，人际关系疏远。

（3）社会层面：被动排斥，缺乏参与社区事务的机会。女性很少有机会在农村集体公共事务中发表看法，也较少参与社区事务。农村社区居民也未形成对社区的全面认识，尚未了解社区资产和优势。

（二）杨寨女性贫困老年人的优势

（1）掌握一定的技能，如陈阿婆的酿醋技术，部分老年人会唱传统小调、做土布等。

（2）有分享意愿，老年人希望把自己所掌握的传统技艺分享出去。

（3）老年人有较为丰富的人生经历。

（三）杨寨社区资产分析

（1）保留着传统文化习俗。壮族人在三月三有系列庆祝活动，女性老年人会做五彩花米饭庆祝。居民仍保留着传统的风土民俗，妇女们仍穿着传统蓝黑两色的壮族服饰，头包彩色印花毛巾，腰间系着围裙。

（2）美丽的社区自然环境。此地是云南、广西一带特有的地貌，粮田满地，稻花飘香，一派诗情画意的乡村景象。

（3）良好的生态环境。种植生态作物的产量高。

（4）有专业社会工作者协助。

四、制订服务计划

根据杨寨贫困老年人的现状和拥有的优势与资源，社会工作者设计了由个案、社区活动、小组服务到互助合作逐渐递进的社会工作服务，体现了从个体增能到社会层面的增能。

服务对象：杨寨村7名女性贫困老年人，年龄为60～80岁。

服务目标：利用杨寨村的优势与资产，促进女性贫困老年人的个人赋权、人际赋权和社会赋权。

服务内容（如表5-1）包括陈阿婆“醋”进讲堂、花米饭小组、生态互助合作小组与农家乐互助合作小组。

服务评估：结果评估和过程评估。

表5-1　服务计划

服务内容	目　标	具　体　方　案	预计成效
陈阿婆“醋”进讲堂	个体增能	成立社区公益学堂； 邀请陈阿婆开设“酿醋”讲堂； 上门探访、鼓励陈阿婆	陈阿婆个人能力提升，自信心提升
花米饭小组	个人增能、人际增能	邀请7位女性贫困老年人参加； 设计不同主题的小组活动：“醋”进讲堂，五彩花米饭制作与分享，传统小调教唱，传统花布设计等； 小组成员设计花布与花米饭的样式，参与售卖； 向社区年轻人开设不同主题的学堂	小组成员的个人与人际交往能力得到提升
生态互助合作小组	社会增能	社会工作者带领组员在农村开展生态种植； 7名小组成员参与互助合作； 参与生态种植作物的包装与加工； 联系售卖团队	小组成员逐渐参与社区事务
农家乐互助合作小组	社会增能	社会工作者带领居民有效利用社区资产，利用乡村风光和传统发展旅游，吸引游客； 培养贫困老年人负责简单的经营活动； 培养女性贫困老年人负责讲解服务； 为社区事务建言献策	有效利用社区资源，参与社区事务

五、服务介入策略

（一）个人层面的增能

社会工作者通过社区活动发现社区中具有优势和积极性的服务对象，并通过开展相应服务活动增强她们的自信心和能力。个人层面的增能要求社会工作者具备一定的专业能力，并能够运用专业技巧鼓励老年人。在开展社区课堂的过程中，社会工作者积极联系参与人员，为个人寻找“伙伴”，于是有了陈阿婆、李阿婆、王阿婆的参加。个人层面的增能，社会工作者应注意服务对象的特殊性，考虑到活动场地的便捷性。在这个社区讲堂中，所有讲课者有了充分表达自我的机会，听讲者也在她们的鼓励下积极分享自己的故事，为小组的开展奠定了良好的基础。

（二）人际层面的增能

(1) 成立花米饭小组，为女性贫困老年人搭建沟通交流的平台。

(2) 社会工作者相信小组成员的能力，让小组成员自己思考与讨论每节小组活动的主题，制订小组计划；在每节小组活动结束后，要求组员设计不同形式的花米饭用于售卖。

(3) 女性贫困老年人在小组活动中逐渐打破孤立的状态，相互之间的交流变多。

(4) 人际层面的增能在后期的生态互助合作小组和农家乐互助合作小组中得到进一步推进。

（三）社区层面的增能

(1) 发现社区的优势。社会工作者带领女性贫困老年人进行简单的生态种植，成立互助合作小组共同销售产品。后期的农家乐互助小组也是在社区优势的基础上组建的，推动女性贫困老年人参与社区事务。

（2）利用社区资产，推动农村社区增能。通过女性老年人的小组平台，参与讲堂的村民、种植生态作物的村民、经营农家乐的村民等都参与到社区事务中来，推动了农村社区的增能。

六、案例总结

第一，社会工作者在开展农村女性贫困老年人社会工作服务时应注重挖掘服务对象个人的优势和社区的资产，利用这些优势与资产，激活她们的能力，提升她们的自信心。第二，社会工作者应在服务中为女性老年人创造更多交流的机会，帮助她们排解压力、舒缓情绪。第三，社会工作者提供的服务应该以相信和尊重女性老年人的能力为基本的前提，相信她们有能力改变现状。事实证明，她们也的确在社会工作者的帮助下变得越来越好。第四，社会工作者应引导女性贫困老年人从个人走向更加宽广的社区，实现从帮助自己到帮助他人的改变。第五，社会工作者应始终与女性贫困老年人一起解决问题。

第六章　农村残疾贫困老年人的社会工作服务

残疾老年人在生理、心理上具有特殊性，由于受到身体有障碍、劳动能力弱、受教育程度低等因素的影响，在一定程度上无法保证正常生活。贫困残疾人一直是贫困人口中贫困程度最深、脱贫难度最大、返贫率最高的特殊困难群体。《中国农村扶贫开发纲要（2011—2020年）》提出了对少数民族贫困人口、妇女、儿童、老年人及残疾人等重点人群在同等条件下优先安排、重点支持的意见。该纲要在“十二五”时期之后得到有效落实，截至2020年年底，700多万建档立卡贫困残疾人如期脱贫；963.4万残疾人被纳入最低生活保障范围①，国家扶贫开发工作取得良好成效。但是，由于人口老龄化加快等因素，残疾仍会多发、高发。残疾人人数众多、特性突出，特别需要关心和帮助。残疾人返贫风险高，相当数量的低收入残疾人家庭生活还比较困难，残疾老年人的反贫困工作仍然不容忽视。社会工作具备专业价值观和专业方法，能够利用专业优势充分发挥挖掘潜

① 李昌禹.脱贫路上不掉队：中国残联助力残疾人脱贫攻坚综述[N].人民日报，2021-4-30(11).

能、链接资源、提升能力，在助力农村残疾老年人反贫困工作中发挥重要作用。

第一节　农村残疾贫困老年人的识别与评估

我国农村残疾人口数量多，是农村反贫困工作的难点。“残疾贫困”主要是指因治疗家庭成员重大残疾造成花费超过家庭支付能力或因家庭主要劳动力致残导致家庭实际生活水平低于国家扶贫标准。残疾贫困老年人生活负担重、文化水平低、脱贫难度大、返贫率高，其贫困不仅是低收入问题，更体现在发展机会、社会地位、政治参与等不同的方面。[①] 社会工作者应重点关注、精准识别这一弱势群体，做好综合需求评估工作。

一、残疾贫困老年人的类型

根据不同标准，残疾人分为多种不同的类型。由于致残原因、残疾形态和残疾等级的差异，每一类型和等级的残疾人的特点、实际困难和需求都不尽相同，加上城乡、区域、年龄、性别差异以及受教育程度、健康状况、家庭结构等社会因素的影响[②]，残疾老年人的反贫困工作是一个十分庞杂、需要精

① 魏后凯，邬晓霞. 中国的反贫困政策：评价与展望[J]. 上海行政学院学报，2009，10(2)：56－68.

② 程凯. 坚持精准扶贫精准脱贫基本方略着力解决因残致贫问题[J]. 行政管理，2018(7)：18－23.

准识别的复杂过程。因此,对农村残疾贫困老年人的社会工作服务应结合残疾人类型与贫困的实际情况,再针对不同类型开展相应的救助与扶持。

(一)根据残疾类型划分

按国家标准,残疾可分为视力残疾、听力残疾、言语残疾、肢体残疾、智力残疾、精神残疾、多重残疾和其他残疾。[①] 农村残疾贫困老年人的分类可参照此国家标准进行,分为7种不同的类型。社会工作者应考虑贫困老年人群体本身的特殊性和不同类型残疾人的特点,做好残疾贫困老年人的分类工作,重点解决精神、智力和重度肢体等类型的残疾老年人的需求,根据每一种类型的特点、需求和实际困难,有针对性地开展服务。

(二)根据残疾程度划分

1. 一般残疾贫困老年人

一般残疾贫困老年人是指家庭实际生活水平低于国家扶贫标准,持有《中华人民共和国残疾人证》且残疾等级被评定为三级、四级的残疾老年人。一般残疾贫困老年人,包括轻度残疾和中度残疾的贫困老年人,他们除应享有普通贫困老年人享有的基本扶贫措施外,还应享受特殊的生活救助。社会工作者提供服务时,可为一般残疾贫困老年人提供生活照料、经济援助、保健康复、资源链接等方面的服务。

2. 重度残疾贫困老年人

重度残疾贫困老年人是指家庭实际生活水平低于国家扶贫标准,持有

---

① 孙喜斌,刘志敏.残疾人残疾分类和分级《听力残疾标准》解读[J].听力学及言语疾病杂志,2015(2):105-108.

《中华人民共和国残疾人证》且残疾等级被评定为一级、二级且需要长期照护的重度残疾老年人。大多数重度残疾人基本无法进行康复治疗，也缺乏独立的生活能力。重度残疾贫困老年人面临健康状况差、生活问题多、服务需求广等问题，这对社会工作者的服务提出了更高的要求。

二、残疾贫困老年人的评估

农村残疾老年人的类型复杂，反贫困的服务需求多样，个性化特征明显，因而不能笼统概括残疾人的需求，而应该从整体角度综合评估。社会工作者不仅需要评估残疾贫困老年人的基本生活状况，还应善用多种工具评估其生理、心理和社会交往等方面的功能状况，以寻求稳定、改善或解决问题的途径。

（一）评估工具

农村残疾贫困老年人的识别标准与方法是在综合考虑全国的贫困情况下制定的，同时各省市根据自己的实际情况进行贫困人口的识别，具体的贫困测量方法，本书第一章已做详细说明，在此不再赘述。在完成贫困识别程序后，社会工作者还应综合评估残疾老年人的身理、心理和社会交往等方面的状况，借鉴多种量表开展需求评估工作。

1. 日常生活活动能力量表

日常生活活动能力量表是由美国佛罗里达老年病研究中心于1969年编制的，主要功能是评估服务对象的日常生活能力。[①] 该量表由两部分组成，

① 冯荣芳，王建华，吕佩源．老年性痴呆诊疗学[M]．河北：河北科学技术出版社，2010：121.

包括躯体自理量表和工具性日常生活活动能力量表，这 2 个量表各项条目的完成情况均分为 4 级，总分为 14～56 分。当测量者得分高于 20 分时，表示有不同程度的生活活动能力下降，生活自理能力下降，得分越高表示功能受限程度越大。① 残疾贫困老年人的日常生活活动能力受到个人年龄、疾病、精神和情绪等因素的影响，社会工作者可使用量表进行评估，并确定受限等级。如因贫困导致活动能力下降，将会影响残疾贫困老年人基本生活需要的满足，从而影响其生活质量。因此，该量表有助于社会工作者评估残疾贫困老年人的基本生活需求。

2. 简易精神状态检查量表

简易精神状态检查量表是由美国学者弗洛施泰因（Flostein）设计的②。它是当前国内外最具影响力的老年人认知功能评价和筛查工具，可辅助评估残疾贫困老年人的认知需求。该量表可用于测量农村残疾贫困老年人的基本认知状况，量表中包含了信息的记录、注意力、回忆、理解力、书写能力等多个方面的内容，总分为 30 分，得分越高，说明认知功能越好。如必要，社会工作者可使用已进行文化调适的版本③对残疾贫困老年人的认知功能进行评估，了解其认知情况。

① 郑佳映，陈雪萍. 抑郁及日常生活活动能力对社区老年人认知功能的影响[J]. 护理研究，2017(3)：285.

② FOLSTEIN M F, FOLSTEIN S E, MCHUGH P R. "Mini-mental state": a practical method for grading the cognitive state of patients for the clinician[J]. Journal of Psychiatric Research, 1975, 12(3): 189 - 198.

③ 周小炫，等. 简易智能精神状态检查量表的研究和应用. 中国康复医学杂志，2016(6)：694 - 696，706.

3. 老年抑郁量表

老年抑郁量表是由布林克(Brink)专为老年人编制的[①]，测试人员可以按问题询问残疾贫困老年人过去一周的感受，选择“是”或“否”。得分越高，表示抑郁程度越严重，0～10分为正常，11～20分为轻度抑郁，21～30分为中重度抑郁。[②] 该量表表现出良好的信度和效度，具有合理的结构，基本可在中国城乡老年人中使用。[③] 社会工作者可以利用此量表评估残疾贫困老年人的精神需求。

4. 社会支持评定量表

社会支持评定量表[④]由肖水源等人设计，可以有效测量服务对象的社会支持情况。主观支持与一个人的主观感受有密切关系，它代表的是残疾贫困老年人在生活中能够体验到的支持，如情感支持。客观支持指的是残疾贫困老年人在生活中能够获得的实际支持，如物质帮助或者团体参与等。社会支持评定量表(表6-1)可从客观支持、主观支持和个人对社会支持的利用度三个维度综合测量农村残疾贫困老年人的社会支持状况，能够协助社会工作者较好地了解老年人的社会支持水平。社会工作者可以有效利用这些社会支持，提升农村残疾贫困老年人的生活质量。值得注意的是，在使用此量表时，社会工作者需根据残疾贫困老年人的实际情况进行修改和调整。

---

① CHENG S T, CHAN A C M. Comparative performance of long and short forms if the geriatric depression scale in mildly demented Chinese[J]. International Journal of Geriatric Psychiatry, 2005, 20(12): 1131-1137.

② 王刚. 痴呆及认知障碍神经心理测评量表手册[M]. 北京: 科学出版社, 2014: 196.

③ 唐丹. 简版老年抑郁量表(GDS-15)在中国老年人中的使用[J]. 中国临床心理学杂志, 2013, 21(3): 402-405.

④ 肖水源. 社会支持评定量表的理论基础与研究应用[J]. 临床精神医学杂志, 1994(2): 98-100.

表 6-1 社会支持评定量表①

1. 您有多少关系密切的可以支持和帮助您的朋友？（ ）

① 一个也没有　　② 1～2

③ 3～5 个　　④ 6 个或 6 个以上

2. 近一年来，您的状态是（ ）。（只选一项）

① 远离家人，且独居一室

② 住处经常变动，多数时间和陌生人住在一起

③ 和同学、同事或朋友住在一起

④ 和家人住在一起

3. 您与邻居的关系是（ ）。（只选一项）

① 相互之间从不关心，只是点头之交　　② 遇到困难可能稍微关心

③ 有些邻居很关心您　　④ 大多数邻居都很关心您

4. 您与同事的关系是（ ）。（只选一项）

① 相互之间从不关心，只是点头之交　　② 遇到困难可能稍微关心

③ 有些同事很关心您　　④ 大多数同事都很关心您

5. 您从家庭成员得到的支持和帮助情况如何？请在合适的框内画“√”。（只选一项）

	① 无	② 极少	③ 一般	④ 全力支持
A. 配偶（恋人）				
B. 父母				
C. 儿女				
D. 兄弟姐妹				
E. 其他成员（如嫂子）				

6. 过去，您在遇到急难情况时得到的经济支持或解决实际问题的帮助的来源有（ ）。

① 无任何来源

② 有下列来源：（可选多项）

A. 配偶　　B. 其他家人　　C. 朋友　　D. 亲戚

E. 同事　　F. 工作单位　　G. 党团工会等官方或半官方组织

H. 宗教、社会团体等非官方组织　　I. 其他

① 肖水源. 社会支持评定量表的理论基础与研究应用[J]. 临床精神医学杂志，1994(2)：98-100.

续　表

7. 过去，您在遇到困难或急难情况时得到安慰和关心的来源有（　　）。 ① 无任何来源 ② 有下列来源（可选多项） A. 配偶　B. 其他家人　C. 朋友　D. 亲戚 E. 同事　F. 工作单位　G. 党团工会等官方或半官方组织 H. 宗教、社会团体等非官方组织　I. 其他
8. 您遇到烦恼时的倾诉方式是（　　）。（只选一项） ① 从不向任何人诉说　② 只向关系极为密切的 1～2 人诉说 ③ 在朋友主动询问时说出来　④ 主动诉说自己的烦恼，以获得支持和理解
9. 您遇到烦恼时的求助方式是（　　）。（可选多项） ① 只靠自己，不接受别人帮助　② 很少请求别人帮助 ③ 有时请求别人帮助　④ 有困难时经常向家人、亲人、组织求援
10. 对于团体（如党团组织、宗教组织、工会、学生会等）组织活动，您的参与情况是（　　）。 ① 从不参加　② 偶尔参加　③ 经常参加

（二）农村残疾贫困老年人的需求

1. 基本需求

农村残疾贫困老年人的基本需求主要表现在三个方面。第一，生活照料需求。贫困者的衡量标准及脱贫的必要条件都是收入要达到一定的水平，能够满足基本的生活需求。残疾老年人行动不便，基本生活无法得到满足，若病情较为严重且行动能力被限制的老年人则必然需要专人照顾，照护需求明显。另外，残疾贫困老年人基本无稳定收入，经济方面存在困难，维持基本生活的物质资料无法得到满足，需要得到特殊的关注。第二，心理慰藉需求。残疾人、老人、贫困等词语的“污名化”由来已久，它给残疾贫困老年人及其家庭带来巨大的精神压力和严重的心理负担，容易使他们陷入孤独、焦虑的精神状态中，自卑情绪比较严重，家属也存在着类似的问题。他们不愿意外出与人交往，生活相对封闭，甚至由于外界关注带来困扰。家属在亲人残疾之前、残疾中提供照料服务，陷入贫困后由于经济压力、康复知识不足、照料压力等问题而引发心理问题。因此，不管是贫困残疾老年人本人还是他们的家属，心理承受能力都比较脆弱，需要专业的心理援助，提供心理支持。第三，社会福利保障需求。农村残疾贫困老年人应享有基本的残疾人救助、老年人供养和公共服务等保障，对“三无”老年人、空巢老年人等特殊困难老年人还需要提供社会供养的服务。第四，社会支持的需求。残疾贫困老年人的家庭、邻里、社区等支持力度较低，缺乏有力的社会支持，社会支持需求明显。

2. 特殊需求

农村残疾贫困老年人由于身体、心理的特殊性，也有着特殊的需求。第一，康复需求。残疾贫困老年人的康复服务是其能够继续生活的重要保证，康复水平也决定了其生活质量，因而需要得到足够的康复照顾。他们既有老年人生理机能退化方面的困扰，也存在不同类型的残疾，这些都需要康复训练。因而，残疾贫困老年人对康复的需求是综合性的，需要社会工作者链接相关资源提供全面、优质的康复服务。第二，社会融入需求。由于物质或精神层面的弱势，残疾贫困老年人容易陷入社会融入困境，社会参与机会少，尤其是精神残疾的老年人及其家庭成员，社会世俗偏见导致他们的生活更加封闭，社会支持网络系统也难以建立，一旦遇到突发情况，容易出现极端行为，因而，残疾贫困老年人的社会融入需求十分迫切。

3. 全面、动态精准评估的需求

与一般健全的贫困人群相比，残疾贫困老年人不仅需要物质帮助、就业机会或是提高收入来简单快速脱贫，还需要包括心理、精神、康复、融入等较为专业性的服务，这样才能使残疾人的反贫困工作做到“精准全面”。残疾老年人的动态需求评估应贯穿贫困识别、提供服务与贫困退出整个流程。贫困人口的评估主要以其家庭人均收入作为衡量标准，而忽略了残疾人的差异性，更忽略了残疾老年人的差异性。单一的贫困识别标准没有考虑到残疾老年人的特殊需求。他们的身体状况决定了他们必须经常服用特定的药物和需要一些基本的日常护理服务，有的残疾人还有对于康复训练和医疗辅助器械的需求。针对这些特定的身体状况和实际需求，对于残疾老年人的识别标准应该根据实际情况制定，避免使用同一条标准来进行贫困的识别。社会工作者应在了解每一位残疾贫困老年人特殊性的基础上，协助做好精准识别工作，并权衡利弊，制定个性化的精准服务。同样，社会工作者应该注意残疾老年人贫困退出工作，仅收入达到标准并不足以保证残疾人的日后生活，部分群体由于内生动力缺乏或者能力不足而存在返贫的风险。因此，社会工作者应该在综合考虑收入、身心状况、家庭照护等多方面的基础上做好精准退出工作。

第二节　农村残疾贫困老年人社会工作的内容

农村残疾老年人的困难多、问题复杂，单纯从某一个维度很难得到有效解决。残疾人反贫困工作主要是由政府单向推动的，即使政府通过购买服务的方式，其背后依然是政府主导，如各地的残疾人托养中心、康复中心等服务机构。这些服务机构不仅服务的贫困残疾人有限，不同部门之间协同合作的特征也不明显。① 社会工作应致力于解决农村残疾老年人的贫困问题，以专业的工作方法提供有效服务，综合考虑残疾人的需求与现实困境，协调各方资源，提供全方位的服务。

一、农村残疾老年人的贫困处境

农村残疾老年人在维持基本生活能力、经济能力和社会融入等方面都存在困难，这些困难并不完全是由其个人的生理、心理等方面的缺陷直接导致的，有些是由他们与生活环境的“不良互动”所导致的。农村残疾老年人在面临经济、精神和社会排斥等方面的困难时，无法保证基本生活，也无法利用其所处的社会系统改善生活困境，容易陷入长期的贫困之中。

（一）经济贫困引发多重困境

农村残疾老年人面临的经济贫困容易引发多重困境。第一，家庭经济状况每况愈下。残疾老年人及其家庭极少或没有稳定收入来源，收入少但开支大，且需要长期进行残疾医治与康复，如未能得到及时的经济支持，家庭经济状况会越来越差。第二，住房困难。为了方便照顾，大多数残疾老年人需要与照顾者住在一起，他们一般居住空间狭小，居住环境较差。农村中部分无人照顾的独居残疾老年人甚至面临住房方面的危险。第三，康复困难。残疾人本身就医就存在着许多特殊的困难，或体弱多病，或面临残障风险，对医疗需求极为迫切。在医疗资源不充足和医疗费用较高的情况下，他

① 周沛.“十康复”残疾人精准扶贫模式及其运作路径研究：基于协同治理视角[J].社会科学研究，2017(3)：97－103.

们会陷入“看病难”的困境，随之而产生的焦虑和无奈感强烈。第四，照护困难。残疾老年人家庭经济困难，家属在从事劳动之余无暇照顾残疾老年人。部分家人由于长期照护而身心俱疲，容易陷入消极的生活状态，也存在虐待老年人的风险。

（二）精神贫困长期存在

绝大多数农村残疾老年人的受教育程度低、知识能力严重不足，这是他们面临的主要困难，也是导致他们精神贫困的根本原因。由于知识能力的欠缺，很多农村老年人往往难以适应晚年生活，尤其是残疾贫困老年人可能会因身体、经济等方面的因素影响，存在“悲观厌世”“自我否定”等负面思想，对未来生活缺乏信心，也无力解决生活中的多重困境，从而导致精神贫困长期存在。如果这种精神贫困无法得到及时解决，就会引发老年人身心问题，甚至是自杀或者其他社会问题。

（三）社会环境排斥

残疾贫困老年人是社会弱势群体，作为既是残疾又处在贫困状态的老年人，面临着社会环境主动和被动的排斥。残疾贫困老年人在与人交往或参与社会劳动过程中，由于身体和精神的缺陷受到歧视，从而导致社会环境的主动排斥。农村残疾人友好环境设施建设也尚未普及，多数残疾老年人出行、生活都十分困难，因而会出现社会环境被动排斥的现象。社会环境排斥导致残疾贫困老年人无法融入社会，农村残疾人社会融入问题的解决任重而道远。[①]

---

① 罗洋，赵康，刘林，等. 农村残疾人社会融合现状调查及思考：以四川省越西县为例[J]. 农村经济，2008(12)：121－125.

二、残疾贫困老年人社会工作的内容

（一）最低生活保障服务

2018年，国家出台《着力解决残疾贫困家庭突出困难的实施方案》，要求各级单位集中力量解决残疾贫困家庭的主要困难，对于符合条件的残疾贫困的家庭应全部纳入农村最低生活保障范围。文件要求加大对残疾贫困的个人及其家庭的救助力度，严格落实残疾贫困家庭的生活补贴制度和重度残疾人护理补贴制度。农村残疾贫困老年人贫困程度更深、返贫率更高，应该根据实际情况将符合条件的残疾贫困老年人全部纳入城乡最低生活保障范围，实现应保尽保。社会工作者应监督与协助政府确保全面落实残疾贫困老年人的优惠和扶持政策，协助政府根据残疾贫困老年人的困难，积极探索拓宽养老保险、医疗保险的覆盖范围，提高残疾程度救助金额和医疗报销比例，保障其基本生活。

（二）残疾预防与康复服务

1. 致残致贫的预防服务

第一，残疾预防。残疾预防是指农村老年人在发生残疾的伤病之前，应积极采取措施，预防残疾发生或减轻老年人残疾发生后造成伤害的程度。社会工作者应充分发挥宣传者的角色，与农村基层工作者一起做好残疾预防和宣传服务，并积极建立农村老年人的三级预防体系[①]。第一级，积极预防致残性伤害和残疾的发生。关注农村老年人的身体健康，为老年人及时

① 全国社会工作者职业水平考试教材编写组.社会工作实务(中级)[M].北京：中国社会出版社，2022：219.

开展相关的保健预防工作，预防多种老年疾病同时出现。第二级，防止伤害后出现残疾。老年人的生理特点决定，无法完全避免疾病发生。因此，二级预防对于农村老年人来说十分重要，当疾病发生后，社会工作者应协助老年人避免因未能及时就医治疗而产生的残疾。当然，社会工作者最好能够做到未雨绸缪，了解老年人不能就医的原因，并及时处理。第三级，防止残疾后出现残障。当残疾发生后，及时做好老年人的康复训练和咨询服务，链接相关资源提供支持，避免出现老年人的残障。

第二，返贫预防。重点关注残疾贫困老年人的生活情况，整合资源，落实相关政策措施，提供及时的救助服务，避免产生贫困状况。对于无稳定收入的农村老年人来说，残疾发生后极易陷入贫困，脱贫后返贫风险大。社会工作服务应关注残疾贫困老年人的扶贫保障措施是否到位、权益是否遭到侵害，脱贫后是否有稳定的收入来源保障他们的基本生活，应确保残疾贫困老年人不会出现返贫的情况。

2. 康复服务

残疾人康复是指综合地和协调地应用医学、社会学、教育学等方面的措施对残疾人进行训练或再训练，减轻致残因素造成的后果，以尽量帮助他们提高行动能力、改善生活自理能力，以便重新参加社会活动。[①] 康复服务是农村残疾贫困老年人服务的重要内容，主要包括医疗康复、心理康复、社会康复、教育康复、职业康复等不同方面。社会工作者应积极在农村开展残疾贫困老年人的康复服务，开发残疾贫困老年人的康复服务项目，开展个案、小组、社区等不同形式的服务活动，积极链接医疗、康复等资源，改善残疾贫

① 李迎生. 社会工作概论[M]. 2 版. 北京：中国人民大学出版社，2010：318.

困老年人的生活。

（三）劳动与就业服务

农村残疾贫困老年人应享有平等的劳动与就业权利。但是受到身体条件限制，许多老年人无法从事体力劳动。因此，社会工作者应有针对性地开展劳动与就业服务。对于仍有就业能力的，有关方面应为残疾贫困老年人提供相应的就业机会，如提供庇护工场工作或社会企业的工作等；对于无就业能力的，应为其家人提供就业机会。社会工作者可倡导将残疾贫困老年人及其家属纳入就业扶持和就业援助政策范围，对企业吸纳、灵活就业和公益性岗位安置的残疾老年人及其家属，按规定给予社会保险补贴，制定适合他们参加的各类社会保险的优惠政策。

（四）权益保护服务

对农村残疾贫困老年人的权益维护，社会工作者应能够做到以下两点。第一，了解并掌握有关残疾人、老年人和贫困户的法律法规和政策。国家宪法规定，国家和社会有义务帮助安排有残疾的公民开展社会劳动和生活，保证他们享有基本生活。残疾人的公民权利和人格尊严都受法律保护，禁止歧视、侮辱和侵害残疾人。《老年人权益保障法》是保障老年人合法权益，发展老龄事业，弘扬中华民族敬老、养老、助老的美德而制定的法律。国家有关反贫困的法律法规和政策等也都对贫困户脱贫做出了重要指示。适用于残疾贫困老年人的有关法律法规，社会工作者应有所了解。第二，知悉残疾贫困老年人的权益侵害类型，掌握权益维护的途径和方法。农村残疾贫困老年人可能面临无人照料、财产被侵占、被虐待、被歧视等伤害，社会工作者应善用专业方法、链接法律资源，做好老年人的权益保护工作。

（五）专业社会组织培育服务

在社会工作专业价值理念、理论的指导下，加大对农村残疾贫困老年人的生活现状、社会需求的实地调查研究力度，发展培育农村基层残疾贫困老年人社会组织，探索适合本土的残疾贫困老年人的社会工作模式，以提供更优质的服务。具体来说，我们可以从两个方面展开。第一，政府发放项目时应考虑向残疾老年人领域的社会组织倾斜，社会组织也应有针对性地设计服务项目。农村残疾贫困老年人专项服务项目的开发和设计将有利于服务对象的困难解决，最终完成残疾老年人的反贫困工作。第二，注重在农村培育当地的社会组织。这些社会组织由有服务经验的基层工作人员组成，了解残疾贫困老年人的需求与问题，能够有针对性地提供适切性的服务。社会工作者应注重培育组织成员的专业思维与能力，强调以专业价值观对待服务对象，为他们提供专业、有效的培训。

（六）社会环境建设服务

社会工作者应积极推进各项社会保障体系的建构与有关政策的落实，维护农村残疾贫困老年人的合法权益，动员一切社会力量开展残疾贫困老年人的服务，积极在农村中营造“亲和友善”的社会氛围。第一，倡导反贫困工作机制。社会工作者协助地方制定残疾贫困老年人的精准识别标准，将残疾老年人的类别、性别和贫困成因等都作为评估标准，分类开展残疾贫困老年人的扶贫工作，并允许不同地方根据自身经济条件和老年人的实际情况做出相应的措施调整。第二，积极开展农村的宣传教育。宣传教育的重点不应该仅仅面向广大农村贫困残疾老年人，更应该在整个社区层面进行宣传，唤起农村社区对残疾贫困老年人的社会关注。社会工作者应开展残疾贫困老年人的宣传教育，弘扬中华优秀传统文化，营造互助、友爱的和谐氛围，为残疾贫困老年人创造优质的社会生活环境。

三、农村残疾贫困老年人社会工作的任务

专业的社会工作服务是对残疾老年人反贫困措施的有效补充和完善，社会工作者在运用专业价值观、方法、技巧时，应注意残疾贫困老年人的特点，制订有针对性的服务计划，稳步推进服务。

（一）明确农村残疾贫困老年人社会工作的服务方向

社会工作者应在“助人自助”理念下，兼顾生理、心理、社会三个综合维度，开展有效的反贫困措施。通过专业方法识别导致贫困的主要原因，并采取相应的对策。如果残疾贫困老年人主要致贫原因来自身体方面，社会工作者可以从残疾老年人的康复入手；如果长期处于贫困中的残疾老年人信心不足、情绪低落，社会工作者则可以从扶志角度入手。社会工作者还应综合考虑并解决残疾老年人在生理、心理和社会等方面存在的问题与困难。

（二）制定有针对性的残疾贫困老年人社会工作的服务目标

社会工作者利用专业知识、技巧和方法，评估残疾贫困老年人的多样化需求，有针对性地为不同需求的老年人制定服务目标，并依据需求产生的身体、心理、经济等不同的可控原因，分别制定具体目标。社会工作者应注意将总体目标操作化为单个可完成、可实现的分目标，将农村残疾贫困老年人的社会工作服务细化为不同维度的工作，逐步有序地开展残疾贫困老年人的社会工作服务。

（三）主动链接与残疾贫困老年人有关的服务资源

社会工作者在开展残疾贫困老年人专业服务时，应积极主动与多部门

合作，动员和整合各类服务资源，并按照相应的资助要求和农村残疾贫困老年人的需求和实际情况，进行相应的资源分配和落实工作，为残疾贫困老年人提供全面而综合性的服务。为了更加有效地链接有关资源，社会工作者可以从以下几个方面入手。第一，建立残疾贫困老年人服务资源库。残疾贫困老年人在医疗、康复、脱贫、心理等方面皆有需求，社会工作者应积极主动链接各方资源，建立政府、残联、地区医院、康复机构、心理健康中心、农村扶贫工作队、乡村振兴工作队等联动机制。第二，主动链接正式资源。正式资源包括政府和有关服务机构提供的服务以及非政府部门等提供的服务。社会工作者应积极主动掌握政府部门、社会服务机构、社区等提供的服务内容、种类、数量等，以便残疾贫困老年人需要时能够及时提供。第三，拓展非正式资源。社会工作者应协助农村残疾贫困老年人建立非正式支持网络，与家人、邻里等保持密切关系，还可设计开展残疾贫困老年人自助小组、残疾贫困老年人家属互助小组。残疾贫困老年人拥有相似的生活经历，小组活动可以为他们提供支持，让他们相互帮助。

（四）逐步制订与实施残疾贫困老年人社会工作服务方案

社会工作者应重点关注残疾贫困老年人的个人意愿与实际需求，根据农村当时当地的反贫困工作开展情况，与老年人协商与制订行动方案。在服务方案制订过程中，社会工作者可以选择生态系统模式、优势视角模式、“反贫困＋康复”模式等作为行动指导，形成针对每个服务目标的行动细项，做好任务分工、链接相关资源、把握工作进度、预先准备突发情况的应对机制以及其他方面细节，完成书面计划书。社会工作者应把握服务方案的实际性、整体性、具体性、可行性、机动性。在开展服务的过程中，社会工作者应做好过程评估，及时根据农村残疾贫困老年人的情况和实时需求调整服务方案。

第三节　农村残疾贫困老年人社会工作的模式

社会工作不仅需要强有力的理论支撑，还应该将基本的工作理念真正贯彻到具体的服务对象身上，使工作具有实践性和操作性。所谓模式，主要是指从经验中提升出来的一种相对固定并且具有普适性的工作方法。社会工作实务模式则是在实务过程中逐渐形成的普遍性的工作方法。① 农村残疾贫困老年人社会工作的模式是在运用社会工作的方法服务中国本土残疾贫困老年人这一特殊群体的过程中总结出来的，具有鲜明的实操性和本土性，将有利于农村残疾贫困老年人社会工作服务的开展与深化。

一、"反贫困＋康复"模式

周沛提出的"社区康复矩阵图"由健康、教育、生计、社会、赋权五个部分构成，是残疾人生存与发展的所有需求，涵盖了残疾人社区康复的全部内容。把残疾人社区康复之五个康复项目纳入反贫困的过程之中，把残疾人的自身发展与社会融合看成一个有机整体，使其能变被动为主动，变消极为积极，变外在为内在，最终可达到残疾人精准扶贫、残疾人社会融入、残疾人同步小康、残疾人增能赋权的目的。② 本书借鉴"＋康复"模式，提出农村残

① 朱眉华，文军. 社会工作实务手册[M]. 北京：社会科学文献出版社，2006：139.
② 周沛. "＋康复"残疾人精准扶贫模式及其运作路径研究：基于协同治理视角[J]. 社会科学研究，2017(3)：97－103.

疾老年人的“反贫困＋康复”模式。

（一）健康康复

农村残疾贫困老年人的健康康复包括残疾预防、医疗与康复、康复辅助用品器具的提供与使用等，主要目的是帮助他们克服部分身心功能障碍，奠定摆脱贫困的身心基础并提供相应的条件。首先，社会工作者应关注农村老年人的残疾预防服务，及时评估老年人的情况，防止其因疾病陷入残疾。对于残疾贫困的老年人，应避免其残疾的进一步恶化。其次，社会工作者应及时为残疾贫困老年人链接医疗资源，提供医疗咨询与康复辅导服务，解决残疾人的医疗康复困难。最后，社会工作者应主动与残联部门联动，申请购买残疾人康复设施，使农村残疾贫困老年人有机会使用康复辅助用品。对于部分无条件购买康复设施的农村地区，社会工作者可以就近联系康复机构，为农村残疾贫困老年人提供康复机会。

（二）教育康复

教育康复是残疾人全面康复的一个组成部分，是教育与医学康复的产物，主要对象是机构中和城乡社区的各类残疾人。教育康复的开展有利于培养、发展和提高残疾人的社会适应能力和生存能力，减轻家庭、社会的压力。[①] 社会工作的宗旨是挖掘人的潜能，尽可能保证其恢复正常生活。因此，在残疾老年人的反贫困社会工作服务中，教育康复的内容不仅应面向残疾贫困老年人本人展开，对于其照顾者和服务者，也应开展专业知识教育，以尽可能帮助其恢复正常生活。残疾贫困老年人的情况较普通残疾人更为复杂，社会工作者应运用专业知识与方法，为残疾贫困老年人、家属和照顾者以

① 周沛，曲绍旭，张春娟. 残疾人社会工作[M]. 社科文献出版社，2006：218.

及相关服务群体提供教育和训练服务，以帮助残疾贫困老年人重新适应社会。

1. 残疾贫困老年人群体的教育

针对不同类型的残疾贫困老年人提供差异化服务。社会工作者应为残疾贫困老年人提供基本的生活知识、康复知识、医疗保健知识及相关生活技能训练。社会工作者应始终秉持相信服务对象的理念，在提供服务的过程中，应邀请残疾贫困老年人参与，发挥他们的主体作用，增强他们积极面对生活的勇气和信心，以实现康复的目的。社会工作者还应开展残疾贫困老年人的环境教育，协助残疾贫困老年人清楚地认识自己的残疾状况，认识其生活的环境，认识自己的心理状态和精神状况以及自己正处在贫困中的现实，并善用个案、小组和社区等方法提供专业服务，帮助农村残疾贫困老年人积极应对残疾、残疾生活状态和贫困生活状态。

2. 残疾贫困老年人的家属和照顾者的教育

残疾老年人由于身体障碍无法自己单独完成康复任务，因而照顾者在教育康复中扮演重要角色。社会工作者应给照顾者以及家庭成员提供心理支持，缓解照护压力和精神压力，避免照顾者和家庭成员出现歧视和忽视残疾贫困老年人的现象。同时，社会工作者也应注意避免过度保护，帮助残疾老年人在正常的家庭生活中得到关爱。其次，社会工作者可以通过讲座、支持小组等方式向家属普及残疾人教育康复的有关知识，为家庭照顾者提供相应的康复技巧训练，提升照顾者的照护能力。

3. 基层服务部门、基层工作者及志愿服务人士的教育

农村残疾贫困老年人的社会服务主要由基层组织、基层工作者、有关社会组织和部分爱心人士和志愿者提供。这些组织和个人大多采取传统的经济救

济方式，而对残疾贫困老年人的理解不够，也容易在服务中忽略老年人的精神和心理需求。因此，社会工作者在开展教育康复时，应对农村基层组织、村干部、有关组织和人士开展如何与残疾贫困老年人相处、如何开展心理慰藉等技巧的培训，以及相应的康复知识培训，以便更好地回应残疾贫困老年人的需求。

（三）生计康复

生计问题是农村残疾贫困老年人面临的主要困难之一。社会工作者做好残疾贫困老年人的生计康复，也就是从源头上堵住贫困问题，对反贫困工作有显著作用。然而，残疾贫困老年人缺乏劳动能力，大部分无法从事职业劳动，社会工作者应考虑到这一现实问题，并考虑相应的解决对策。首先，对于轻度残疾且可以进行简单劳动的，应注重提高他们的生计能力，为其提供基本的劳动技能训练。其次，对于无劳动能力的，应为其家庭或赡养人开展劳动技能培训，帮助他们积极寻求就业机会；为其家庭提供小额信贷，帮助其家庭从事相应的产业或参与扶贫项目，落实社会保障政策等措施，提高残疾贫困老年人的自信心与自尊。最后，对于部分既无劳动能力又无法定赡养人的，应该帮助其享受最低生活保障服务，保障其基本生活得到满足。对于未被纳入最低生活保障范围的老年人，社会工作者应协助基层部门将其纳入；对于已经被纳入最低生活保障范围的老年人，社会工作者应协助基层工作者做好相应扶贫措施的落实和做好老年人的心理调适工作。

（四）社会康复

社会康复是指社会对残疾人的关怀与接纳，是残疾人对社会的回归与融入。通过对残疾人的个人发展、家庭生活、文化艺术、休闲娱乐等方面的人文关怀与专业服务，促进残疾人的社会参与，体现出社会对残疾人的公平与公正，以真正营造残疾人“平等、参与、共享”的社会氛围，达到残疾人社会康复的目的。农村残疾贫困老年人的社会康复，可以从老年人的人际关系、社会参与、基础设施建设等方面进行。第一，搭建农村残疾贫困老年人交流平台，为残疾贫困老年人提供沟通交流的机会，满足他们的人际交往需要。社会工作者可将村里的残疾贫困老年人组织起来开展团体活动，为他们提供交流的平台。第二，设计适合残疾贫困老年人的休闲娱乐活动。社会工作者可以开展茶话会、生活经验分享会等丰富多彩的活动，吸引残疾贫困老年人参与，以缓解生活压力。第三，提高残疾贫困老年人的生活质量。政府通过购买服务、设置专门的岗位和设置专项补贴等形式支持农村养老机构、医疗康复机构的建设和完善，提高公共服务的水平，确保残疾贫困老年人能够享受基本的照料和看护服务，改善他们的生活质量。

（五）赋权康复

弱势群体缺乏条件或能力来改变自我生活状况和维护自身利益，需要外界的帮助。农村残疾贫困老年人缺乏自我发展的能力，需要社会工作者提供赋权康复服务。被赋权后的农村残疾贫困老年人的内生动力有所提升，能够通过自身的内在力量来预防贫困、消除贫困，因而赋权康复对于残疾老年人的反贫困工作具有重要作用。首先，社会工作者可以通过专业的倡导与交流、动员参与社区生活与政治互动、培养农村自治组织等方式，对农村残疾贫困老年人采取赋权式康复，使他们能在社会资源、经济资源、心理调适等多方面得到激发与提升。其次，社会工作者应注意鼓励农村残疾贫困老年人参与自身问题的解决，双方一起努力，思考和解决问题。再次，社会工作应鼓励农村残疾贫困老年人摆脱“老了无用论”“自己是个累赘”等思想观念，提高老年人的信心，建设没有压迫性的生活环境。最后，社会工作者可向农村残疾贫困老年人教授简单的生存技能，并积极做好正向引导，以增强他们解决问题的能力，提高老年人的自尊，减少自责。

二、社会生态系统模式

社会生态系统理论是社会工作的重要基础理论之一。该理论认为个人的生存环境是一个完整的生态系统，即由一系列相互联系的因素构成的一种功能性整体。个人与社会系统中的各要素在环境中相互作用，并对人类社会行为具有重大影响。[①] 不同人群所处的生态系统不同，社会工作服务的路径与策略也不同。[②] 社会工作者运用社会生态理论的框架为农村残疾贫困老年人提供服务时，不仅要考虑他们的个人情况，还要将他们的问题放到生活场景和社会情境中去认识，据此分析出对残疾贫困老年人造成影响的多种因素，以及各因素间的交互作用。同时，社会工作者也致力于改变残疾贫困老年人的生活环境，引导老年人从更宏观的角度看待自己的问题，避免将问题归于个人，走出认识上的误区。

（一）收集资料

社会工作者在开展农村残疾贫困老年人服务时，应事先收集资料和对老年人有正确的认识和判断，以此有效预估老年人的问题。运用生态系统

① 师海玲，范燕宁．社会生态系统理论阐释下的人类行为与社会环境：2004 年查尔斯·扎斯特罗关于人类行为与社会环境的新探讨[J]．首都师范大学学报(社会科学版)，2005(4)：94－97.

② 卓彩琴．生态系统理论在社会工作领域的发展脉络及展望[J]．江海学刊，2013(3)：113－119.

视角，我们可以从以下四个方面收集老年人的资料。第一，从与残疾贫困老年人有关的四个生态系统收集数据资料，如微观系统的老年人和老年人的家庭，中观系统的农村社区、提供服务的基层部门，以及宏观系统的提供福利的部门等。第二，可以通过询问、会谈、观察、问卷等方式向农村残疾贫困老年人、老年人生活中的重要他人和社会工作者等群体获取资料。第三，收集的资料应包括农村残疾贫困老年人生活的各个方面，既包括个人的性格特质如人格、行为、身体状况，也包括老年人生活的社会环境因素。第四，社会工作者在整个服务过程中，应及时跟进残疾贫困老年人的情况，动态收集老年人及其生活环境变化的资料。

（二）绘制社会生态系统图

社会生态系统图可以展示服务对象生活的环境，呈现出个人、家庭及社会系统之间的相互作用和影响，有效地将服务对象与外在环境系统的关系通过图形的形式呈现出来，说明了系统之间能量的流动和各系统间的关系本质，及其与服务对象需要和满足需要的资源系统、服务对象问题之间的关系。① 社会工作者可利用社会生态系统图画出与农村残疾贫困老年人有关系的各个系统，并根据社会生态系统图有效判断老年人与各系统关系的亲疏远近，以便有效开展残疾贫困老年人的社会支持服务。社会生态系统图的绘制方法，是把农村残疾贫困老年人放在中间的家庭系统之中，把与之有关的社会系统中包含的个人、社会组织、服务机构等用圆圈在周围画出来。各个系统用线段连接起来，其中实线代表关系紧密，虚线代表关系疏远或关系紧张，箭头表

① 全国社会工作者职业水平考试教材编写组. 社会工作实务(中级)[M]. 北京：中国社会出版社，2019：37.

示关系的方向性。此处以农村残疾贫困老年人A为例绘制社会生态系统图(见图6-1),社会工作者可根据社会生态系统图描述A与系统之间的关系、与系统之间的交流以及可用资源信息。

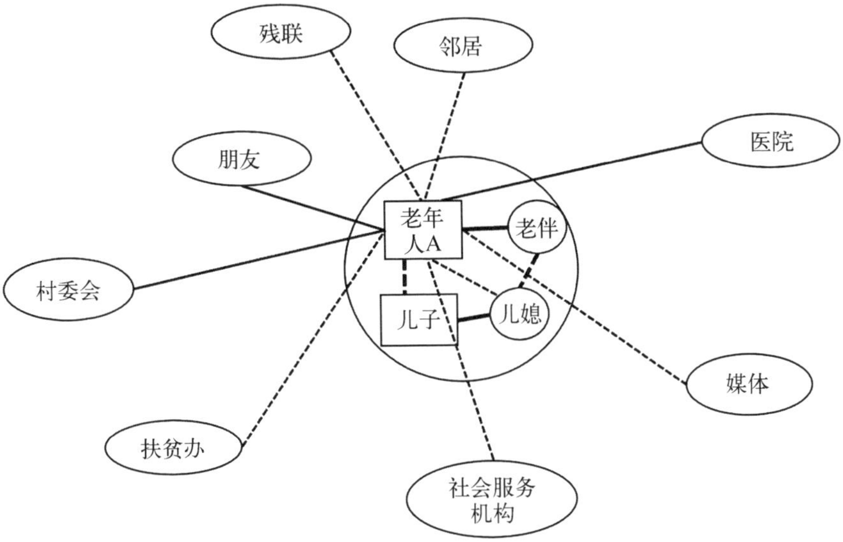

图6-1 农村残疾贫困老年人A的社会生态系统图

(三)预估问题

社会工作者根据收集的资料和残疾贫困老年人的社会生态系统图分析其与其他社会系统的互动、系统之间的关系以及系统界限等,从以下几个方面来考虑和分析老年人的需要和问题:

残疾贫困老年人的家庭关系如何?

残疾贫困老年人的经济状况如何,收入是否能够满足基本需求?

残疾贫困老年人的基本生活需要是否能够满足?

残疾贫困老年人与邻里、村委会、社会组织等关系如何?

残疾贫困老年人是否能获得足够的康复资源和医疗资源？

残疾贫困老年人是否能获得足够的反贫困资源？

残疾贫困老年人是否因地理、经济、交通、身体等限制而未能获得相应的资源？

残疾贫困老年人是否有其他可利用资源？

（四）厘清系统层次

查尔斯·扎斯特罗(Charles H. Zastrow)认为，个人的社会生态系统包括三种类型，即微观、中观和宏观系统。每个人的生活都受到微观系统、中观系统和宏观系统的共同影响，个人所处的社会环境是这三个系统相互作用的结果。社会工作者应注意厘清农村残疾贫困老年人的各系统以及系统之间的层次性。首先，残疾贫困老年人的微观系统和其所处的中观系统是相互作用的。老年人的生活状况和心理状况都会受到其家庭成员和家庭环境的影响，也会受到其所处的邻里环境和村委会的影响。同时，残疾贫困老年人的服务和服务成效也会影响到农村社区的发展。其次，残疾贫困老年人的个人微观系统也会受到社会宏观系统的影响，社会文化、习俗、政策、法规和态度等都会对其生活产生重大影响。最后，社会宏观系统中的公共价值观、相关的社会制度和社会政策等也会对中观的农村社区和残疾老年人的各类服务机构产生影响，这些也会影响到残疾贫困老年人所能获得的资源和服务。

（五）介入影响系统

社会工作者运用社会生态系统模式解决农村残疾贫困老年人的问题时，必须认识到老年人社会生活环境的差异以及这些差异会对老年人的生活造成不同的影响，应善于从老年人与不同环境系统之间的互动去寻找原因与解决办法。第一，社会工作者的服务对象是残疾贫困老年人及其家庭，应将他们作为主要的案主系统。第二，社会工作者应主动与残疾贫困老年人联系，并建立专业关系，以便后续工作的开展。第三，社会工作者不仅需要评估残疾贫困老年人的情况，还需要评估与案主有关的生活系统，并积极利用这些系统来为残疾贫困老年人提供服务。第四，社会工作者的工作范围不仅是为微观系统的残疾贫困老年人及其家庭提供服务，也应该在农村社区的中观系统与残联、村委会等开展协同服务，改变或改进他们的服务及资源的分配方式，并改善服务的条件和质量；更应该发挥倡导作用，研究残疾贫困老年人的实际需求，向宏观的社会系统争取更多政策支持。

三、个案管理模式

个案管理是一种专业社会工作的模式和方法，以个案管理者和案主系统之间的关系为基础，共同发展照顾计划，以增进需要长期协助的案主的能力，并强化其支持网络。《社会工作百科全书》提到社会工作个案管理采取界限扩张法来提供服务，希望具有复杂问题或残疾的案主，能够得到及时与适当的服务。残疾贫困老年人面临的问题复杂多样，个案管理模式能够有效链接多方资源，提供及时与适当的服务，强化残疾人的支持网络。

但是，个案管理模式的运用也对社会工作者提出了更高的要求。它要求工作者必须具备广泛的知识和技能，如正确预估案主及其家庭的问题和需求，熟知社区中的各种服务机构及其所开展的服务项目，熟练掌握与人沟通和协调的方法和技巧等，整合社区资源，使案主利益最大化。① 农村残疾贫困老年人的社会工作服务应兼顾医疗康复、身心健康、社会参与等多个方面的服务内容，需要社会工作者、康复师、医护人员、社区工作人员等方面的配合，单一机构和工作者提供服务，极有可能造成服务不到位或者服务资源浪费的情况。因此，社会工作者需要进行个案管理，以协调整合的方式为残疾贫困老年人提供服务。

（一）善于与残疾贫困老年人建立专业关系

残疾贫困老年人与普通老年人不同，他们困难更多、心理更加敏感，且可能存在被动、不配合的情况。社会工作者应掌握专业知识、善于采取措施，以更加主动的姿态与服务对象建立专业关系。很多工作者不注重与服务对象关系的建立，导致后期工作出现困难，无法进行下去。工作者应该以尊重、接纳的姿态来处理与老年人的关系，不要过于同情或者批评他们。

（二）共同参与制订服务计划

残疾贫困老年人社会工作是一个长期的过程，社会工作者面临的是需要多方配合的许多复杂和难以解决的问题，如残疾老年人的康复、心理慰藉、经济援助、精准扶贫等多方面的问题，所有这些问题都不是短时间内能够解决的，所以工作者必须引导老年人共同参与，由他们决定服务需求以及工作目标，并与之一起制订工作计划。工作者应始终保持对残疾贫困老年人的积极关注，及时发现老年人的身体、情绪等变化，设计有针对性、有计划性的服务项目，逐步实现残疾贫困老年人的脱贫工作目标。

---

① 仝利民. 个案管理：基于社区照顾的专业社会工作方法[J]. 华东理工大学学报(社会科学版)，2005，20(2)：29－33，44.

（三）主动协调多专业、多部门提供整合性服务

个案管理本质上是问题解决取向的，以确保服务的连续性，并克服僵化、破碎的系统服务，解决资源的不当使用和管道不通的问题。因此，链接资源、整合服务是个案管理工作中最重要的一环。社会工作者在评估残疾贫困老年人的身体、医疗、心理等多个方面的需求后，应思考老年人所需的社会资源和需要哪些部门提供服务，积极主动为他们链接资源，并提供整合性的社会服务。服务会涉及许多部门和机构人员、物资和财力的配合，社会工作者应扮演好联系者的角色，必要时还应召集所有有关人员进行协商，保证能够为老年人提供充足的服务，避免产生资源浪费的情况。

（四）督促与推动整合性服务的输送

社会工作者应该注意服务系统的传输，即协调好各部门、机构人员的角色和任务，保证所提供服务能够准确、高效地传输到服务对象手中，如康复服务应定时定期进行，社区福利服务应覆盖到每个残疾贫困老年人等。社会工作者还应动态评估残疾贫困老年人的需求，根据需求变化及时调整服务策略，并邀请老年人参与到整个服务与评估过程中。

第四节　农村残疾贫困老年人社会工作实务案例

一、案例简介

王某，男，65岁，居住在安徽省某山村。该村由于地理环境限制，集体移民搬迁，是当地扶贫工作的重点村。全村共有13个贫困户，王某便是其中之

一。他无儿无女，孤身一人，在12岁时生了一场大病造成终身驼背，身高只有1.1米，属四级残疾，一直依靠低保金和半亩山岭薄地勉强维持生活。王某居住在父母留下的宅子中，房屋破旧不堪，一旦遇上阴雨天，外面下大雨，屋内下小雨，住房安全得不到保障。在安装自来水以前，他只能去挑水吃，由于身小力亏，扁担长了担不起来，水挑太多了自己担不动，来回还要走坡路，所以经常摔倒受伤。原本身体就不太好的他，常常旧伤加新伤，需要去医院买药。因此，王某平时几乎待在家里不出门，从来不与邻居交流，也从来没有朋友。

二、界定问题与目标

（一）案主问题

社会工作者采取四个步骤界定案主的问题。第一步，了解王某未被满足的需要，社会工作者与王某讨论并罗列目前面临的主要问题；第二步，与王某沟通确定亟待解决的问题及产生问题的原因；第三步，辨识解决问题的障碍有哪些，分析王某及其生活环境中有哪些因素阻碍了他需要的满足；第四步，社会工作者不以问题视角来陈述，而使用“消除需要满足的障碍”的术语来陈述问题。

根据以上界定问题的方法，本案例中王某的主要问题表现在以下几个方面：

(1) 王某的基本生活需求无法得到满足；

(2) 王某的康复需求亟待解决；

(3) 王某的心理需求需要重点关注；

(4) 王某有社会融入方面的需要。

(二) 服务目标

1. 总目标

解决残疾贫困老年人面临的问题,促进其全面综合发展。

2. 分目标

生活:满足王某的基本生活需要,帮助其摆脱贫困状态;

康复:加强王某与医疗康复机构的联系,保证其定期进行康复训练;

心理:增强王某的自信心和能力;

社会:挖掘王某的潜能,鼓励其参与社区事务。

三、设计服务计划

社会工作者可以在"反贫困+康复"模式的指导下,采取"分析问题与需求—制定目标—设置指标—设计策略—匹配资源—预估困难与解决方案—结案"的工作流程,解决王某面临的困境,满足其需要。上文已经讨论了分析问题和制定目标、指标的部分,以下主要讨论具体的服务计划,即服务内容和服务安排。

(一) 服务内容

服务内容包括针对问题而设计的相应的解决对策,积极开展健康、心理、生活、社会参与等四个方面的综合服务,为其提供全面而有效的康复扶贫措施。

(二) 服务安排

根据王某的情况,我们确定了为期二年的社会工作服务方案。主要包括四个模块：模块一主要是与王某建立信任关系；模块二是提供基础的帮扶措施，解决生活困难；模块三是开展心理慰藉服务，提供专业心理疏导服务，增强王某的自信心和能力；模块四是开展“反贫困＋康复”服务。四个模块时有交叉，相辅相成（如表 6－2）。

表 6－2　服务安排

服务模块	目　标	具　体　方　案	预计成效
模块一	与王某建立信任关系	关怀、真诚的价值观指导； 邀请基层干部带领与介绍； 社会工作者定期走访，及时与案主沟通以了解情况； 提供简单的帮扶； 澄清社会工作者职责	王某接受社会工作者，并对社会工作者的职责有基本认识
模块二	解决王某的基本生活问题	配合有关部门做好扶贫措施的落实与完善； 社会工作者开展基本生活照料服务； 链接资源，做好王某的康复服务	王某基本生活问题得到解决，生活能力提升
模块三	为王某提供心理慰藉和增能服务	开展个案辅导，为王某提供心理疏导服务； 在优势视角指导下，开展针对王某的“抗逆力”训练； 开展“生活分享会”，树立王某脱贫信心； 建立贫困群体生活互助小组； 为王某提供增能服务： 提升王某的生计能力	为王某建立社会支持网络，树立生活信心
模块四	满足王某的康复需求，加强王某的社会融入	定期为王某开展康复教育，邀请专家讲授康复知识； 链接医疗机构资源，为王某提供康复训练； 实施职业康复：“互联网＋庇护工场”； 开展社会康复服务，邀请王某参与社区事务	王某享受到健康、职业、社会等方面的康复服务，具备脱贫条件

四、实施服务方案

（一）健康康复：个案管理服务

社会工作者在为王某提供康复服务时，主要做了以下几个方面的工作。第一，建立王某个人的综合服务档案，包括医疗、心理、精神等综合需求和服务提供指南。第二，协助医疗康复人员，及时关注王某的身体状况以及出现的困难，并积极协助王某去医院做诊疗和康复治疗。第三，关注王某的心理和精神健康，及时链接资源提供心理咨询服务。第四，结合王某的能力与身体状况，积极开展健康训练，并协助其在空闲时间能够完成简单的健康保健。

（二）教育康复：身心健康教育

社会工作者开展个案辅导服务，积极鼓励王某，帮助王某正确看待自己的残疾，并鼓励王某与周围的邻居交流，增强其自信心。社会工作者运用优势视角理念，挖掘王某的优势，即他仍能够从事简单的体力劳动，能够维持基本生活。社会工作者在该村开展了贫困户的“生活经验分享会”，邀请王某分享生活经验，为他提供与人沟通交流的平台。

（三）生计康复：“互联网＋庇护工场”

庇护工场是专门为残疾人提供的特殊服务。该县 36 岁的残疾人李某在外务工受到歧视后，决定自己回乡创业。在政府的扶持下，他的工厂运转良好。厂内有 40 多个工人，其中有 20 多个是残疾人。李某在社会工作者的辅导和县政府的扶持下，建立了山货加工销售工场，在让残疾人充分发挥自身特长的同时，教授部分残疾人进行山货的加工工作。同时，他利用电商平台开网店，销售当地粉皮、粉条、山药等土特产，政府则为其提供办公设施，并且在各方面为其提供技术与政策性帮助。社会工作者介绍王某到该庇护工场工作，主要从事简单的卫生维护工作，每月能够挣到 1 000 元左右，基本生活得到保障。他也在自己就业的过程中提升了自信心，解决了生计问题。

（四）社会康复：赋权参与社区事务

社会工作者鼓励王某积极参与社区事务，在社会工作者的帮助下，王某的生活态度发生了转变，不再只是待在家里，而是积极与外界交流。后来他还在村里被选为贫困户代表，列席村里党员大会和村民代表会，经常踊跃发言，为村里建言献策。

五、服务评估与总结

社会工作者应重视服务成效评估，了解服务对象变化情况，及时采取跟进措施。社会工作者可以从三个方面进行服务成效评估。第一，结果评估，包括短期效果评估和长期效果评估。本案例服务效果较好，王某在社会工作者帮助下不仅顺利脱贫，还能够积极参与社区事务，发挥余热。第二，过程评估，指社会工作者应在整个服务过程中进行实时评估，及时评估各阶段服务是否符合王某的实际情况，对不适当的情况进行适时调整，保证最终的服务效果。社会工作者先为王某制订基本生活和健康服务计划，在王某信心提高、有余力的情况下协助其参加庇护工场工作，并取得一定的成效。第三，合适性评估，社会工作者查验服务的完成效果与原目标一致，并未偏离，投入产出基本持平，完成预期目标。

第七章 农村能力贫困老年人的社会工作服务

贫困研究存在经济视角、能力视角和社会视角等，它们分别关注经济贫困、能力贫困与社会排斥。与此相适应，贫困治理也经历了一个范式转变的过程：在治理主体上，从民间慈善为主到以政府救助为主，进而到政府、企业、社会组织共同治理贫困；在治理方式上，从救助式扶贫到开发式扶贫，进而到参与式扶贫；在治理目标上，从强调改善经济贫困，到强调克服能力贫困，进而到强调缓解社会排斥。[①] 本章从能力视角出发，探讨能力贫困老年人及其社会工作服务问题。

第一节 能力贫困与农村老年人

一、能力贫困的内涵

人类社会对贫困的认识经历了漫长的过程。早期，贫困曾被贴上道德

① 刘敏.贫困治理范式的转变：兼论其政策意义[J].甘肃社会科学，2009(5)：213-215.

标签,“以穷为恶”曾导致欧洲国家普遍以驱逐、禁闭、强制劳动等方式处理贫困问题。近代对贫困问题的研究始于布思(C. Booth)和朗特里(B. S. Rowntree)在英国开展的实证调查。他们对生存贫困的测量与讨论使得贫困成为社会科学研究的重要议题。不过,在此后的几十年里,学界对贫困的探究都基于收入或消费视角,贫困的社会性、历史性和文化特征则被藏匿起来。[①] 20 世纪后半叶,相对贫困、文化贫困、权利贫困等概念的提出,表明贫困研究进入新时期。学术界和政策制定者逐渐认识到收入贫困概念在应用研究中虽然有用,但是具有较大的局限性。贫困是政治、经济、文化、社会等各方面因素相互作用的结果,遂成为基本共识。

在解读贫困的多个视角中,能力贫困的视角影响巨大。以印度经济学家阿马蒂亚·森为代表的学者关注能力不足对人们发展的制约和对生活状况的影响,主张将贫困定义为“对人们可行能力的剥夺”。[②] 阿马蒂亚·森认为可行能力是指一个人有可能实现的、各种可能的功能性活动。可行能力是一种自由,是人们有能力实现自己想要的生活方式的自由,包括获得良好的营养摄入、居住条件、卫生服务等。如果缺乏可行能力,就可能导致营养不良、流行病泛滥,甚至是过早死亡及其他方面的失败。阿马蒂亚·森关于自由与可行能力的观点被联合国开发计划署采纳,其构建的人文发展指数(Human Development Index,HDI)从经济、教育、健康等多个维度评估各国发展状况。1996 年,联合国开发计划署在当年发布的《人类发展

---

① 宁亚芳. 从道德化贫困到能力贫困:论西方贫困观的演变与发展[J]. 学习与实践,2014(7):112-120.

② [印度] 阿马蒂亚·森. 以自由看待发展[M]. 任赜,于真,译. 北京:中国人民大学出版社,2002:91.

报告》中首次使用了能力贫困的概念，指出“贫困不仅仅是缺少收入，更重要的是基本生存与发展能力的匮乏”①。此后，国际社会消除贫困的政策方向开始从消除收入贫困逐渐转向消除能力贫困。

能力贫困视角为解决贫困问题提供了一种思路，那就是重建或强化人们的能力，通过能力发展，改善生活状况。能力是一种内源性因素，一旦获得，就为人的发展和自由奠定了基础。近年来，在反贫困领域，西方国家从能力建设出发，推行了诸多积极的社会政策，如更多投资于各种形式的教育培训，以促进社会成员积累人力资本；提高医疗卫生服务的可及性与覆盖面，以改善民众的健康状况；提供各种支持性社会服务，以推动社会成员融入社会等。这些具有“上游干预”色彩的措施强化了人们的可行能力。关于“能力”，联合国开发计划署提出的“能力贫困指标”主要指向基本生存能力、健康生育能力、接受教育和学习知识的能力。国内研究者主张把贫困农民的“能力”操作化为：经济驾驭能力、政治参与能力、文化综合能力、社会交往能力②，或基本发展能力、学习能力、投资能力、经营管理能力和沟通交际能力。③

二、能力贫困对农村老年人的影响

能力对任何社会结构中的成员都是十分基础并且重要的。例如，受教

① UNDP. Human development report 1996[M]. New York: Oxford University Press, 1996: 45.

② 郭劲光，俎邵静. 参与式模式下贫困农民内生发展能力培育研究[J]. 华侨大学学报(哲学社会科学版)，2018(4): 117-127.

③ 刘七军，李昭楠. 精准扶贫视角下连片特困区贫困农户自我发展能力提升研究[J]. 北方民族大学学报(哲学社会科学版)，2016(4): 107-110.

育情况会影响人的观念、见识、就业机会和劳动能力。联合国教科文组织统计指出,20世纪80年代末,具有小学文化程度的农民可使劳动生产率提高43%,中学文化程度的农民可使劳动生产率提高108%,大学文化程度的农民可使劳动生产率提高300%。可见,受教育程度与劳动生产率具有正相关关系。① 英国学者钱伯斯将教育、信息、社会关系、政治诉求、安全、法律地位、物质、身体状况等纳入"贫困劣势网"分析框架,指出这些方面的劣势会导致贫困与发展能力不足。阿马蒂亚·森在《以自由看待发展》中以印度克拉拉邦的反贫困实践为例,说明提升贫困者的能力可以成功地减少贫困。党的十八大以前,我国的减贫实践较多采取了零星救助的方式,输血式扶贫虽然在短时间内可以帮助贫困群体把生活水平提升到贫困线以上,但返贫率较高,一旦补给被中断,其基本生活仍然无法得到保障。作为能力建设的重要手段,教育培训在农村的实施率很低。2010年国家统计局发布报告称:我国贫困农户中16岁及以上家庭成员接受过农业生产培训的有12.4%,接受过非农生产培训的有5.3%,接受过学徒工作培训的有1.08%,接受过其他正式培训的有3.9%。②

对目前已经成为精准扶贫对象的农村老年人而言,存在能力贫困问题自不待言。能力不足,如文化程度低、健康状况差、生计途径单一等,导致了老年人的贫困。因为能力不足通常意味着缺乏竞争机会与选择权利,弱势状态的日积月累就会导致贫困。当然,也可以说,贫困影响了老年人的能力发展,特别是在需要积累人力资本的生命阶段,贫困使得一些人难以获得足

① 肖艳辉.社会救助国家责任模式比较研究[M].北京:中国检察出版社,2015:301.
② 国家统计局农村社会经济调查司.中国农村贫困监测报告2009[M].北京:中国统计出版社,2010:12.

够的营养、教育、医疗服务和社会参与，这些便会转化为竞争中的劣势。所以说，收入贫困与能力贫困常常互为因果。那么，能力贫困对农村老年人有哪些影响呢？

第一，能力贫困会影响老年人的收入水平，而收入是衡量贫困的硬指标。当前农村处于晚年期的老年人多出生于20世纪30—50年代，他们在人生的前半段受到当时国情国力的影响，受制于城乡二元社会结构，物质生活条件艰苦，社会保障缺乏，受教育机会稀少。很多人营养不足、没有读过书、长期生活在贫穷闭塞的环境中，进而导致能力发展受限。在快速的社会转型中，他们难免会因能力不足而掉入贫困陷阱。

第二，能力贫困意味着较高的返贫风险。自2015年中共中央、国务院发出"打赢脱贫攻坚战"的号召以来，全国上下齐心协力，快速减小了绝对贫困人口的规模，其中包括大量的农村老年人。但是，这种"又快又好"的脱贫成效是否意味着真正拔掉了"穷根"呢？有一项针对124个贫困村的调查研究发现，近3年的平均返贫率为12.9%，其中有的特困地区的返贫率甚至高达60%。[①] 有学者指出，"在近几年相对较短时间内因密集的帮扶而脱贫的地区和家庭中，有不少只是表面上脱贫了，但其自身发展能力还没有完全形成和巩固"[②]。习近平总书记多次强调，要激发脱贫的内生动力，培育贫困人口自力更生的观念和自我发展能力。但由于能力培育所需时间长、效果难以测量，在限期脱贫摘帽的压力下，各地还是采取了容易操作的物质帮扶形式，通过帮助贫困户增收达到脱贫目标。但是，毫无疑问，这种脱贫存在着

① 王介勇，陈玉福，严茂超．我国精准扶贫政策及其创新路径研究[J]．中国科学院院刊，2016，31(3)：289－295．

② 关信平．"后脱贫时代"的贫困老年人服务[J]．中国社会工作，2019(28)：25．

较高的返贫风险。对老年人来说，可能经历一场疾病，收入就会再次跌到贫困线以下。

第三，能力贫困会形塑贫困文化。贫困文化理论认为，穷人长期生活在贫困之中会形成特定的生活方式、行为规范和价值观念，并会将之传递给下一代。在美国学者奥斯卡·刘易斯（Oscar Lewis）看来，贫困人口常常缺乏知识、眼界狭窄、只关心眼前利益和个人得失。他们相信“宿命论”，具有一定的自暴自弃的倾向。[①] 有研究者指出，贫穷人口知识匮乏、求知欲低、思想保守、价值观念陈旧、文化生活落后等，是影响我国贫困地区脱贫的文化因素。[②] 由于能力不足，贫困老年人无法满足自身需求，往往采取节衣缩食、减少社交等方式来应对生活困境。这会加剧他们的无助感、无权感和无奈感，使生活态度消极，缺乏脱贫信心。如果长期处于贫困状态，老年人就会形成认命、得过且过、“等靠要”等思想观念，长此以往可能会影响周遭的人。

三、把能力视角引入老年反贫困实践

农村老年人脱贫难度相对较大，因为他们在文化程度、健康状况、生计基础等方面都处于劣势。随着年龄的增长，老年人在疾病治疗方面的支出会明显增加，但劳动收入却逐渐减少。因此，他们年龄越大越容易陷入贫困。有些老年人虽然能够获得最低生活保障救助、大病医保报销、临时性救助等，但生活质量依然会在低水平徘徊，一旦出现疾病、意外等情况，就可能

① 黄承伟，刘欣，周晶. 鉴往知来：十八世纪以来国际贫困与反贫困理论评述[M]. 南宁：广西人民出版社，2017：106.

② 郭劲光，俎邵静. 参与式模式下贫困农民内生发展能力培育研究[J]. 华侨大学学报(哲学社会科学版)，2018(4)：117－127.

返贫。总体看来，农村老年群体在贫困人口中占比较高，而且其贫困风险有加大的趋势。资料表明，2016 年年底山西省有贫困人口 144.2 万，其中老年人口有 38.66 万，占贫困人口的 26.81%；2017 年年底该省贫困人口降为 89.99 万，其中老年人口有 26.9 万，占贫困人口的 29.89%，较上年增长了 3.08 个百分点。[①] 可见，如果缺乏以能力为基础的可持续生计，农村老年人真正脱贫仍存在较大难度。

当然，对老年人口的脱贫，社会救助发挥兜底功能是非常重要的。即便如此，能力视角仍值得关注，因为能力建设是长久脱贫的关键所在。过去，人们理解贫困问题往往从收入出发，关注的是如何增加贫困者的收入。而从能力角度看，单纯增加收入并不一定能改变贫困者的贫困状况，可行能力被剥夺才是导致贫困的根本原因。当前农村老年人在经济层面的低收入、社会层面的边缘化、文化层面的低层次，都折射出该群体实际上长期处于发展能力缺失的状态。所以说，治理与消除贫困的根本之道，是提升贫弱者的可行能力，强化社会权利的平等和保障社会权利的公正。[②] 既有研究往往将能力培育聚焦于农村劳动人口，主张通过发展优势特色产业、开展实用技能培训等，提高他们的增收能力，但对老年人的能力培育关注较少。为什么要把能力视角引入老年反贫困实践呢？

第一，农村低龄的、健康的老年人本身就具有劳动能力，可以参与生产性和服务性工作。他们之所以收入不足或陷入贫困，往往与信息闭塞、组织化程度低、自然条件恶劣、家庭负担沉重等因素有关。通过挖掘潜能、培训

① 焦斌龙. 精准扶贫需重视解决农村老年人贫困问题[N]. 人民政协报，2018-03-26.
② 胡道玖. 以责任看发展：多元视阈的“责任发展观”研究[M]. 上海：上海交通大学出版社，2014：146.

技能、吸纳就业，他们的经济困难就能够得到缓解。近些年，一些农村老年人在政府帮扶下开展副业养殖、参加特色项目，从而摆脱了贫困，就是很好的例证。

第二，把能力视角引入老年反贫困实践，还可以通过完善社会福利制度降低老年人的生活风险，从而达到预防贫困或阻止返贫的目标。例如，加大对农村卫生服务的投入，为老年人提供疾病预防、医疗及康复等保健服务，降低他们的患病风险，实际上也就是降低了他们的贫困风险。再如，通过资产建设增加老年人及其家庭的收入，防止其掉入贫困陷阱。多个国家的政策实践都表明，资产建设具有激励作用，可促进财富积累与能力发展。我国在脱贫攻坚中采取的“两不愁三保障”措施，也具有强化贫困户的社会权利的作用。

第三，把能力视角引入老年反贫困实践，也可以通过助力家庭发展，使老年人间接受益。例如，2015 年以来，电商扶贫持续发力，成为贫困群众脱贫增收最直接、最有效的途径之一。据不完全统计，电商扶贫推动了约 771 万农民就地创业或就业，带动了 618.8 万贫困人口增收。家庭层面的生计改善和能力建设必然会推动老年人的脱贫发展。总之，在讨论能力贫困问题时，我们不能仅关注青少年和劳动人口，而把老年人视为被动的、无望的救助对象。能力视角对解决农村老年人的贫困问题同样具有重要意义。

第二节　农村能力贫困老年人社会工作的内容

能力贫困理论为治理贫困开出的“药方”是提升贫困人士的可行能力或

脱贫能力。一般说来，提升能力可以有两个面向：其一，聚焦于贫困者自身，脱贫重点是促进贫困者的改变，增强其脱贫信心和能力；其二，聚焦于影响贫困的外部因素，脱贫重点是提升防范能力或避免权利受损，降低贫困风险。上述两个面向的服务皆具有补救、预防与发展功能。这与社会工作的功能是一致的，与其所主张的"人在环境中"、助人自助、挖掘优势等理念也是不谋而合的。在实务工作中，社会工作者分析问题和解决问题的主要思路是促进人与环境的连接、和谐与互益，干预也通常在上述两个面向上展开。故此，在能力视角下，社会工作服务农村贫困老年人可着眼于如下内容。

一、提高农村贫困老年人的增收能力

不论是绝对贫困还是相对贫困，收入都是衡量老年人生活质量的重要指标。收入无虞，方能获得安全稳定的晚年生活，因此提高农村贫困老年人的收入始终是脱贫的主要目标。从能力视角看，帮助老年人增收的首要途径是挖掘老年人自身的潜能和优势。例如，把具有劳动能力和一技之长的老年人组织起来，生产具有民族或乡土特色的手工艺品、传统食品等。广东绿耕社会工作发展中心在平寨农村社会工作项目中就组织壮族老年人纺织体现民族文化特色的纯手工土布，并协助销售。在该机构推动开展的乡村旅游项目中，一些老年人参与民俗表演和餐饮食宿服务，并因此获得可观的经济报酬。① 与绿耕类似，许多社会工作机构在农村开展的扶贫项目大

① 向德平，黄承伟. 中国反贫困发展报告(2016)：社会组织参与扶贫专题[M]. 武汉：华中科技大学出版社，2016：158－159.

都采取了参与式扶贫的做法，注重挖掘包括老年人在内的贫困人士的能力。从理论上来说，所有具备劳动能力的人都是人力资源，只不过在体质、智力、知识、技能等方面存在差异而已。因此，挖掘并利用贫困老年人的潜能，进而帮助其获得持续性的收入，是助力其脱贫的可行之策。

帮助老年人增收的另一个途径是帮助老年人家庭改善生计。《中共中央 国务院关于打赢脱贫攻坚战的决定》要求，“加大职业技能提升计划和贫困户教育培训工程实施力度，确保贫困家庭劳动力至少掌握一门致富技能，实现靠技能脱贫”。近几年，各地在脱贫攻坚中纷纷响应党和政府的号召，组织开展了农业生产培训、实用技能培训、致富带头人创业培训等项目。这些培训常常瞄准贫困家庭中的“关键少数”。同时，这些项目依托干部驻村帮扶、小额信贷、电商扶贫、旅游扶贫、龙头企业带动脱贫等方式，解决了因生计途径单一、家庭可行能力不足造成的“顽固”贫困。家庭经济条件的改善直接带动了老年人脱贫。而且，这些以能力建设为导向的扶贫措施也提升了贫困户的自我发展能力，达到了增强内生动力的目标。社会工作在其中具有如下作用：一是帮助寻找和链接社会资源，如对接培训师资和各类扶贫资源；二是调研贫困户的需求和问题，代表他们反映共性诉求，进行政策倡导。

二、激发农村贫困老年人的脱贫信心

贫困者在个体层面的可行能力包含心态发展和技能增长两个方面。①

① 李文祥，田野.社会工作介入贫困群体的可行能力建设研究[J].社会科学，2018(12)：81－89.

良好的心态可助力能力建设。农村贫困老年人是具有多重脆弱性的群体，健康状况、文化程度、专门技能、社会地位等方面的脆弱性使得他们往往缺乏脱贫信心，不少人存在"脱贫意愿强、脱贫意识弱"的问题，有"等靠要"思想。习近平总书记强调，要通过扶智与扶志，调动贫困群众的积极性、主动性和创造性，改变简单给钱、给物、给牛羊的做法。所以，在面向农村贫困老年人开展社会工作服务时，社会工作者要把激发脱贫信心、促进主体性参与作为干预内容。

第一，在项目设计上，要注意挖掘贫困老年人的优势。例如，在绿耕社会工作发展中心开展的平寨农村社会工作项目中，老年人作为传统文化的见证者和传承人的角色被充分挖掘出来。社会工作者引导老年人参与社区文化活动、手工产品制作等，让老年人感觉到自己是有用的、有价值感的。社会工作者设计的"平寨人说村史"项目，发动老年人讲述村寨变迁，让老年人赢得了年轻人的尊重，同时也增强了他们作为村落主人公的责任感。这些都是非常好的尝试。因此，在设计服务项目时，社会工作者要考虑为老年人展示人生经历、成功经验提供平台，这是激发老年人自信心和效能感的有效方法。

第二，在项目实施中，要关注贫困老年人的参与问题。近几年，虽然全国各地的扶贫活动开展得轰轰烈烈，但参与率一直较低。有一项针对全国72个贫困村的调查发现，贫困农户参加过扶贫活动的比例只有47.2%，接受过农业实用技术培训的只有9.43%，接受过劳动力转移技术培训的仅为1.7%。[①] 青壮年农民的参与情况尚且如此，老年人的参与情况更是可想而

① 徐勇.反贫困在行动：中国农村扶贫调查与实践[M].北京：中国社会科学出版社，2015：169-170.

知。不过，由社会工作机构承接的服务项目总体上都比较关注服务对象的参与问题，这是由社会工作的价值观所决定的。在项目实施中，社会工作者可以通过个别访谈、座谈会、入户访视等方式听取贫困老年人的意见、感受，打消老年人的思想顾虑和退缩心理，让老年人在参与中获得心态发展，对改变贫困生活抱有积极态度。

第三，在项目评估时，要把老年人的改变作为重要指标。在面向农村贫困老年人开展社会服务时，社会工作者通常采取综合干预方式。综合干预秉持“人在环境中”的视角，以促进人的改变和环境的友好为目标。在评估干预效果时，不论是机构自评还是第三方评估，都要注意考量贫困老年人自身的变化，如能力的发展、生活态度的转变等。社会工作者要听取老年人的自我评价、观察老年人的实际表现、收集其他人员的反馈意见等。当然，“扶志”是有一定难度的，既不会一蹴而就，也有可能回到先前。所以，重要的是，要通过持续性的服务干预来巩固改变的效果，真正重塑贫困老年人的心态。

三、增加农村贫困老年人的社会资本

在提升农村贫困老年人能力的过程中，除了增强人力资本外，还要设法增加这一群体的社会资本存量。研究发现，社会资本虽然是一种非市场力量，但具有突出的减贫作用。在物质资本和人力资本都比较贫瘠的农村贫困地区，社会资本在减轻贫困、改善家庭福利方面的作用非常显著，它能促进信息共享、效率提升、信誉担保，从而降低贫困概率。[①] 在社会工作实务

① 高考，年旻. 多维贫困视角下的精准扶贫研究[M]. 华中科技大学出版社，2018：172.

中，注入社会资本是增能的重要手段，增加了服务对象的社会资本就意味着增强了对服务对象的社会支持。增加农村贫困老年人的社会资本也有两个面向：

第一，以老年人为出发点，从内向外拓展。这种路径强调社会融入，即设法增强老年人与社会的联系，改变其离群索居的状态。多项研究都指出，贫困群体的社会交往不多，且常常局限于具有相似生活背景的同质群体中，这导致他们社会支持网络较小，挖掘资源的途径有限。增强社会融入，旨在促进老年人和多种类型的社会成员互动，包括家人、邻居、亲戚、村干部、扶贫工作人员、志愿者等，解决因社会撤离导致的信息不畅、技能落后、见识有限、资源不足等问题。

第二，以外部环境为出发点，从外向内注入。此路径强调社会赋权，这被视为“一种资源和能力导向的贫困干预路径”①。在向贫困老年人赋权的过程中，社会工作者首先发挥的是桥梁作用，即通过引入民间组织、媒体、志愿者等社会力量，为农村贫困老年人注入发展资源。公益慈善类社会组织，包括志愿者组织，往往会基于对社会公平正义的追求，以公益方式为特定人群提供相关服务，从而促进对弱势群体的社会保护。作为精准扶贫的见证人和报道者，媒体也非常关心老年人、妇女等贫困人群的生活状况。因此，社会工作者可在社会力量和老年人之间建立联系，促进爱心捐赠、结对帮扶、志愿服务、城乡对接。其次，社会工作者要发挥的是代言作用，即代表农村贫困老年人发声。例如：呼吁政府制定有关政策与制度，充实老年人的权利；倡导企事业单位、社会组织等扶贫主体在设计和实施项目时回应老年人

① 陈宁. 女性赋权与相对贫困治理[J]. 新视野，2020(2)：41－47.

的需要，为他们提供参与机会；维护老年人的政治参与权利，使他们拥有对本村扶贫事务的建议权、表决权、评价权。

四、防范农村贫困老年人的生活风险

2020 年，脱贫攻坚战胜利收官，依托强大的行政管理体系和社会动员能力，中国政府成功地解决了绝对贫困问题。但与此同时，很多人也意识到，“要把公正平等、能力和权利等发展要素嵌入到我国农村的整体扶贫战略中”①，“随着绝对贫困状况的改善，仅对贫困者进行经济救助带来的减贫效果是递减的”②。可见，反贫困是一项长期任务，而且应着眼于经济、文化、权利、能力等多个维度，采取综合治理措施。不论农村老年人目前是否处于绝对贫困状态，作为脆弱群体，他们都是当前和今后贫困治理工作的重点关注对象。能力贫困理论强调提高贫困人士的发展能力，故而常常讨论的是社会投资、可持续生计、发展型社会政策等，主张能力建设与风险防控并举。农村贫困老年人可能面临的贫困风险主要有两种：自己或家人罹患重大疾病，突然遭遇生活变故（如灾害、丧亲、市场变化等）。

如何防范上述风险及其影响？从政策设计角度看，主要从以下两个方面入手。一是要完善医疗保障制度，加强公共卫生服务供给。例如：提高新农合的统筹层次和报销比例，减轻贫困老年人及其家庭的医疗负担；定期组织农村老年人体检，加强常见病与慢性病管理；开展健康教育，引导农

① 张全红，周强. 中国农村多维贫困的测度与反贫困政策研究［M］. 武汉：华中科技大学出版社，2018：200.

② 徐晓雯，常鸿. 精准扶贫的理念、困境与对策完善：基于能力贫困理论视角［J］. 鲁东大学学报（哲学社会科学版），2019，36(2)：23 - 30.

村居民形成有利于健康的生活方式；加大对乡村卫生事业的投入，提高服务质量等。有研究发现，在“三保障”中，健康状况对于老年人减贫的贡献率超过20%。[①] 而改善健康是可以通过实施预防性措施实现的，未病先防、已病防变、已变防恶，都可以降低老年人的健康风险和贫困风险。社会工作在此方面的作用主要体现在政策实施环节。目前，政府出台的医疗保障类政策已有多种，涉及医保报销、健康管理、健康扶贫等，但存在着执行不到位、工作效率低、措施整合差等问题。社会工作者要发现和分析政策执行中的问题，向决策者和福利行政工作者反馈，以促进政策调整优化或真正落地。

二是要完善社会救助制度，并提高执行者的应急反应能力。这意味着，当老年人因遭遇突发灾害、丧亲事件、市场变化而可能坠入贫困陷阱时，有福利政策和社会服务可以及时托住他们。近年来，我国在推进社会建设的过程中逐渐形成了包括最低生活保障、受灾人员救助、临时救助等在内的社会救助政策体系，并于2014年2月出台了《社会救助暂行办法》。这些救助政策坚持“托底线、救急难、可持续”，对于老年人脱贫具有积极影响。社会工作在此方面的作用主要是：反映政策执行环节存在的问题，促进工作效率的提升；参与突发事件的处理，特别是针对危机开展老年人心理救助；参与灾后重建、生计再造等工作，降低老年人的贫困风险。另外，预防贫困还需要社会工作者把“服务关口”往前移，针对处于中年后期的高风险人士，通过帮助他们增强能力，完善保障，预防他们在老年阶段陷入贫困。[②] 总之，从能

① 徐丽萍，夏庆杰，贺胜年. 中国老年人多维度精准扶贫测算研究：基于2010年和2016年中国家庭追踪调查数据[J]. 劳动经济研究，2019，7(5)：105－132.

② 关信平. “后脱贫时代”的贫困老年人服务[J]. 中国社会工作，2019(28)：25.

力视角看，加强老年人的福利保障，可以提升他们的安全感，进而防范社会权利受损和可行能力被剥夺。积极老龄化提出的“健康、保障、参与”也是农村贫困老年人社会工作服务应抓住的三个关键词。

第三节　农村能力贫困老年人社会工作的模式

能力建设不是一朝一夕之事，需要久久为功。贫困农民的能力建设更是需要多种主体参与其中，在制度、资源、技术、服务等方面提供支持。面向农村能力贫困老年人开展社会工作服务，可以采取多种模式。本节重点分析以下几种模式的内容要点及其运用策略。

一、赋权增能模式

（一）模式解读

赋权与增能是两个密切相关的概念，也是广大社会工作者喜爱的理论武器。赋权常常被用来讨论有权（Power）与无权（Powerless）问题。赋权旨在通过消除权利障碍，改变无权的状态。无权往往意味着被忽视、被排斥，因而会使无权者感受到无助、无力、无望。社会工作关注弱势社群，而弱势群体常常是无权的，所以通过赋权促进服务对象自助就成为一种社会工作干预路径。赋权是一个产生权利、发展权利、掌握权利或协助掌权的过程。“赋权”不等于“授权”，因为其不仅强调要赋予权利，更强调要挖掘或激发服务对象的潜能。进一步看，权利既可以来自外部（他人赋权），也可来自服务对象自身(自我赋权),其实质都是权利得到增加或扩展。当然,相较于其他服务提供者,社会工作者在“赋权”时会较多关注服务对象的参与度、主体性、自我效能感等。增能,即增加能力,它既是赋权的条件,也常常是赋权的结果。

对于弱势群体陷入困境的状况,赋权增能模式的解读是:弱势群体之所以处于弱势地位,并非他们自身有很多缺陷,而是遭受了环境的排挤和压迫。因为环境不友好、设障碍,弱势群体在与之互动的过程中就会产生无奈、无力等负面体验,进而影响其采取有效行动,久而久之就会成为边缘群体,失去参与机会和表达权利。因此,实务工作要努力移除社会环境中存在的、影响人们发挥能力的障碍。该模式强调,在消除障碍的过程中,社会工作者应当和服务对象建立伙伴关系,扮演合作者、同行者、支持者等角色,以促进服务对象与环境之间实现有效互动。社会工作者要坚信服务对象是有能力和价值的,环境障碍是可以改变的,人的能力是可以通过社会互动得以提高的。在工作中,社会工作者要重视服务对象的能力而非缺陷,同时要维持人与环境这两个工作焦点。

(二)实务策略

农村贫困老年人是弱者中的弱者,长期处于社会参与少、失语、无权的境地。自脱贫攻坚战打响以来,这一群体受到的关注和帮扶虽显著增多,但总体上仍处于消极被动状态,常常是以“福利领受人员”和“政策兜底对象”的形象出现在贫困人士的群像中。而要为这一群体赋权增能,需要打出一套“组合拳”。要制定针对这一群体的赋权增能策略,我们应考虑从微观、中观、宏观层面着手。

第一，微观层面重在心理救助与能力挖掘。其中，心理救助的目的是重塑积极心态，具体策略包括：(1) 为农村贫困老年人解决住房、就医等实际困难，对其表示关心、提供支持，让服务对象感到温暖，使其对社会工作者产生信任；(2) 基于良好的专业关系，社会工作者了解贫困老年人对贫困的看法、为脱贫做出的努力，在个案辅导的过程中，不断修正服务对象的“等靠要”思想和“比穷”心理；(3) 引导服务对象讲述自己的人生故事，挖掘服务对象的优势，并正向强化，鼓起脱贫之志；(4) 结合生活境况，采取焦点解决、任务中心等工作模式，协助老年人成功应对困难，增强自我效能感。

能力挖掘的策略包括：(1) 对老年人所掌握的传统技艺的肯定与再造，帮助搭建平台，让技能成为贫困老年人增收的来源；(2) 组织对低龄健康贫困老年人的技能培训，使他们通过学习和应用新技能实现创收；(3) 实施贫困老年人生活新技能培训，扩展他们的视野，强化社会交往能力。总之，微观层面的赋权增能强调的是农村贫困老年人对生活的控制感和决定权。

第二，中观层面重在协调人与环境的关系。赋权增能模式强调在社会互动中发展服务对象的能力，而这一点也是农村贫困老年人社会服务需要注意的。很多研究者都发现，贫困老年人通常处于社会隔离状态，社会交往频次低、范围小且同质性强。这种情况使得他们既难以融入社会，也容易被社会忽视。所以，增强农村贫困老年人与环境的互动是赋权增能的题中应有之义。

中观层面的干预策略包括：(1) 以社区工作为方法，加强贫困老年人与外部环境的联系，扩展他们的社会资本，如家人、邻居、亲戚等非正式支持者和村干部、扶贫人员等正式支持者；(2) 通过团体工作的方式，培训和提高贫困老年人的社会交往技能，加强社会关系网络构建；(3) 运用社会工作行政方法，协助成立老年协会、老年合作社等社会组织，促进老年人融入团体，并在组织化过程中发掘和培养管理者和带头人；(4) 社会工作者以"人在环境中"为切入点，理解和处理农村贫困老年人的脱贫问题。

第三，宏观层面重在社会政策倡导与改革。近几年，国内学界对精准扶贫进行了全方位研究，如分析致贫原因、讨论脱贫方式、评估减贫效果等。很多研究都具有鲜明的问题导向，力图为脱贫攻坚建言献策，其中有些研究讨论了政策方面存在的问题，如扶贫资源的精英捕获、扶贫政策到户难等。从政策设计及执行情况看，目前主要针对贫困老年人的脱贫政策数量不多、操作性不强，而且较少秉持赋权增能视角。有研究者指出，"我们对贫困老年人的发展性资金投入十分有限，对有针对性的以激发老年人内在潜能和促进老年人发展的服务更是重视不足"[①]。

因此，宏观层面的干预要发挥社会工作倡导功能，注重"保障"与"培力"并举。策略包括：(1) 案主倡导，社会工作者作为社会政策的执行者，呼吁关注农村贫困老年人，保护、促进和保障这一群体的权利、福利、资源、服务和利益；[②](2) 原因倡导，农村老年人贫困具有综合性和多维性特点，收入、健康、能力、权利等因素相互交织、彼此影响，因此社会工作者倡导从多个维

① 许正松，江浩，刘峥. 农村贫困老年人精准脱贫的现状、问题与对策：以安徽省六安市为例[J]. 重庆文理学院学报(社会科学版)，2019(6)：1－8.

② [美] 罗伯特·施耐德，洛丽·莱斯特. 社会工作倡导：一个新的行动框架[M]. 韩晓燕，等译. 上海：格致出版社，2011：158.

度助力老年人脱贫;(3) 立法倡导,按照精准扶贫关于分类施策的要求,倡导决策者出台针对农村贫困老年人的脱贫政策,并加强执行督查。

二、农村社区营造模式

(一) 模式解读

社区营造(Community Revitalization)兴起于 20 世纪 60 年代日本的造町运动,其背景是工业化导致的农村凋敝与乡村衰落问题。造町运动的主要内容是振兴农业生产、改善生活环境、保护传统文化。早期推动者宫崎清提出了社区营造的五个要素,即人、文、产、地、景,基本奠定了后来各地社区营造的主要框架。"人"即人力资源,其功能是满足居民需求、经营人际关系、提高生活福利;"文"即文化资源,指可继承和发展社区共同文化;"产"即生产资源,是指社区的经济活动;"地"即自然资源,意味着要保护社区自然和公共环境,实现可持续发展;"景"即景观资源,是社区公共空间和景观的创造。① 日本的社区营造影响了 20 世纪 80 年代中国台湾地区的社区运动和 90 年代的"社区总体营造"。自 1994 年至今,台湾的社区营造经历了三个发展阶段,并取得了显著成效。"营造"有创造、经营之意,正如曾旭正所言,"'社区'是被'营造'出来的,并不会因为'毗邻而居'即自然形成"。②

罗家德认为,社区营造是社区自组织的过程,是"政府引导、民间自发、社会组织帮扶,使居民自组织、自治理、自发展,共同解决社区所面对的公共

① 曾旭正. 台湾的社区营造[M]. 台北: 远足文化事业股份有限公司,2007: 16 - 18.
② 丁康乐,黄丽玲,郑卫. 台湾地区社区营造探析[J]. 浙江大学学报(理学版),2013,40(6): 716 - 725.

议题”[①]。可见，社区营造的目标就是通过多元主体参与和自下而上的方式来实现空间、社会和文化维度上的社区“魅力再生产”，提高生活品质与社区活力。[②] 从学理上说，社区营造是社区社会工作的拓展，但与以往的社区社会工作模式又有所不同。社区营造基于地域社会现有的资源，由多种社会力量参与，合作方式多样，旨在激发社区的内生力量，进而走出衰落与凋敝的困境。而社区社会工作更多指向的是一种工作方法，即发动社区、挖掘社区、建设社区、活化社区，不论是地区发展模式，还是社会策划模式和社会行动模式，都是对各种社区资源的调动和再组织。社区营造模式秉持了社区为本和能力建设的原则，以打造社区共同体为宗旨，不仅能够为农村贫困治理提供一种路径，实际上也契合了乡村振兴计划的蓝图。

（二）实务策略

社区营造是一个系统工程，参与主体众多、内容复杂、手段多样，社会工作仅是其中的一种力量。特别是在贫困农村，社会工作参与社区营造面临的困难与挑战很多。在社会工作行业自身发展不够完善的当下，社会工作参与社区营造一定要立足于专业特性，在自身的能力范围内开展工作。在实务工作中，社会工作者要以推动农民参与、协助链接资源、组织社区活动为主要抓手，注重发挥专业优势。具体策略如下：

第一，积极参与农村社区调查。社区调查应贯穿于社区营造的全过程，

---

① 罗家德，梁肖月. 社区营造的理论、流程与案例[M]. 北京：社会科学文献出版社，2017：1.

② 樊星，吕斌，小泉秀树. 日本社区营造中的魅力再生产：以东京谷中地区为例[J]. 国际城市规划，2017(3)：122－129.

因为社区营造强调居民参与，所以团队要经常倾听居民的声音。这些调查活动，社会工作者都可以参与，甚至承担主要任务，因为调查与研究是社会工作者的必备技能。在社区营造初期，有两项调查尤为重要。一是社区资源调查。社区营造的基础性工作是全面了解社区资源的类型与分布，全面盘点社区的经济、文化、人口、环境等软硬件条件。这项工作通常是团队合作，团队由多种专业背景的人构成。社会工作者可以作为团队成员加入其中，以便掌握社区资源状况，为后续社区活动的开展打下基础。团队要做好资源的分类与登记，形成社区资源档案。二是社区居民需求调查。这也是一项重要的基础性工作，因为社区营造团队需要全面了解居民对社区的认知、归属感、生活需求、发展建议等。需求调查应兼顾不同年龄段的社区居民，以便在后续设计项目时能回应各种群体的需求。

第二，支持农村社区全面发展。社区营造强调自下而上和居民参与，致力于构筑政府、非营利组织和社区三者之间的良性互动模式，以促进社区的全面发展。可以说，社区营造的理念与社区社会工作中的地区发展模式的理念是一致的，其中最关键的就是发动社区居民，找到社区发展面临的问题，形成共识与合力，依靠和支持社区解决自己的问题。由于行政管理体制机制的惯性使然和广大居民的参与意识不足，发动社区居民并不是一件容易的事情，特别是在青壮年人口外流、经济基础薄弱、受教育情况不理想的农村，更是如此。

基于此，社会工作者应着眼于人、文、产、地、景等社区营造维度，设计和实施社区活动，吸引老年人参加，促使他们在参与过程中发展能力，增强归属感。例如，某地立足于当地芭蕉种植业较为发达的情况，成立合作社，在专家指导下研发了与芭蕉相关的系列产品，开发了多条乡村旅游线路，带动很多中老年人就业，一方面挖掘了中老年人所掌握的传统技艺，另一方面也直接提高了贫困老年人的收入。近几年，国内的社区营造较多关注文化维度，老年人作为乡土文化的见证者和传播者，可以积极参与非遗挖掘、村史整理等社区营造活动。

第三，培育农村社区组织和骨干。近几年，全国都在探索“三社联动”，有的地方拓展到“五社联动”“七社联动”。这一实践模式加强了社区、社会组织和社会工作之间的联系，有利于社会工作实务的开展。社会工作参与精准扶贫要关注这一有利因素，积极融入农村社区，参与培育农村社区组织和社区骨干。农村社区的可持续发展、农民脱贫与乡村振兴，都离不开社区组织和社区骨干的支持，而这一点也是当前农村社会工作比较薄弱的地方。因此，社会工作在农村社区营造中要做到以下几点。

一要有意识、有计划地挖掘社区人力资源和文化资源等，指导和协助农村居民成立社会组织，或者根据社区营造的需要引进社会组织，特别是文体兴趣类、公共服务类和公益慈善类社会组织。培育社会组织，一方面有利于强化农村居民的社会融入，解决贫困老年人的社会疏离问题，另一方面也有利于提高农村居民自我管理、自我服务、自我发展的能力，进而惠及贫困老年人。二要以社区营造为切入点，制订培训计划，开展各类活动，有意识地发掘和培养社区骨干，使优秀党员、致富能人等发挥引领带头作用，使热心居民、积极分子成为促进社区和谐的润滑剂。

三、制度—能力整合模式

（一）模式解读

2016年，王思斌教授在论及社会工作参与农村反贫困问题时提出了制度—能力整合模式。① 该模式基于对精准扶贫艰巨性的认识，讨论了反贫困实践中存在的两个问题及其解决思路。

第一个问题是“多龙治水”导致的扶贫进程与结果的不协调。他认为各责任主体只关心自己的任务和政绩，加之各自的视角与资源不同，进而会影响脱贫效果。在脱贫攻坚时间紧、任务重的情况下，必须强化扶贫制度层面的整合。这种整合的要义包括：(1) 目标整合，即面对同一贫困对象的各项政策不是互相冲突的，而是朝向脱贫的整体目标的；(2) 措施整合，即政策执行者对整体政策和分项政策的理解是准确的，各个政策和措施之间是相依关系；(3) 过程协调，即政策在执行过程中是无偏误的，政策措施在整个过程上是相互协调的；(4) 参与者行动协同，即相关各方在反贫困计划下协调行动；(5) 过程目标与结果目标一致，即各项政策的实施必须顾及直接效果和衍生效果，既有效地促进脱贫目标的实现，也尽量避免产生一些负面效应。

第二个问题是当前反贫困实践存在的外部条件的分离和内在能力的冲突等现象。从外部条件看，既存在政策制度的碎片化、非整合问题，也存在扶贫主体在提高贫困群体能力方面的非有效性问题。从内在能力看，扶贫对象存在内生动力不足或潜能得不到利用的问题。基于上述情况，社会工作需要在反贫困过程中进行可行能力的整合。在文章中，王思斌教授将整合的可行能力定义为“贫困群体所拥有的并能在走出贫困中发挥实际作用的、相互整合的各种政策、条件以及自己的内在能力的组合”。可见，这个概念既吸收了阿马蒂亚·森关于可行能力贫困的观点，也强调通过能力的整

① 王思斌.农村反贫困的制度—能力整合模式刍议：兼论社会工作的参与作用[J].江苏社会科学，2016(3)：48-54.

合实现永续脱贫。

制度—能力整合模式具有6个特征：(1)强调反贫困的整体性，即反贫困是一项需要扶贫各方和贫困群体共同努力的活动；(2)制度(政策)系统及其实施的协调性，对于大规模的反贫困行动来说，政策理念与反贫困措施的一致性、各分政策之间的协调性至关重要，因为它影响着反贫困行动的整体效果；(3)反贫困政策的可行性，即外来扶贫者能站在贫困群体的角度，考虑到扶贫对象的意愿和参与能力，使政策能有效地发挥作用；(4)强调贫困群体为本及其能力发展，即必须激发贫困群体参与脱贫的积极性和能力，尊重他们的看法，发展他们的可行能力；(5)强调可行政策与可行能力的相互影响，即要努力把外在的扶贫政策变为贫困群体的内在能力和可行能力；(6)扶贫的任务视点与发展视角相结合，即将能力发展贯穿于扶贫任务的完成过程之中。

(二) 实务策略

制度—能力整合涉及的行动者众多，既有各级政府、参与扶贫的企业和社会组织，又有各种贫困群体(包括贫困老年人)。由于各方的观点、处境、需求、利益等不同，因而整合面临的难度是比较大的。从理论上说，践行这一模式主要有两个抓手：一是在形成共识的基础上制定整体性的扶贫措施，二是把扶贫措施作用于贫困群体的能力发展上。在面向农村贫困老年人开展服务时，在上述两个方面，社会工作者主要可以采取以下行动。

第一，参与农村老年反贫困计划的制订和实施。在有明确时间表和路线图的脱贫攻坚战中，针对农村贫困老年人的帮扶较多表现为给钱、给物、保住房、保医疗，较少有系统性的、能力为本的脱贫计划。从某种程度上说，增强老年人的可行能力尚处于当前脱贫攻坚战的“盲区”。有限的探索多是由社会工作者发起的。社会工作关注服务对象的权利、需求、能力，致力于建构多维多面的支持网络。因此，社会工作者参与农村老年反贫困计划的制订和实施，将有助于反贫困系统的建立和有效运行。特别是在2020年后，当贫困治理进入长期持续、稳步推进的新阶段后，社会工作参与的空间将会更大。社会工作要善用链接资源的优势促成各种行动者之间达成共识与合作，制订整体性的、可行的、能力取向的老年反贫困服务计划。

第二，促使农村老年人接受和参与反贫困项目。长期以来，农村贫困老年人都是被动的扶贫对象，他们受限于不利的主客观条件，习惯了“等靠要”。而外来扶贫者（特别是政府部门）“强势扶贫”现象的存在也强化了老年人的被动脱贫状况，影响了反贫困的总体效果。制度—能力整合模式主张将结果目标与过程目标结合起来。所谓结果目标，就是实现稳定脱贫，这是各种扶贫项目的共同追求；所谓过程目标，就是能力发展，这是达成结果的内生动力。社会工作参与反贫困，可以通过细致的服务，了解贫困老年人的真实处境和想法，引导他们正确认识反贫困政策，并积极参与脱贫项目。社会工作参与反贫困要挖掘和利用老年人的优势，向他们灌输希望，增强他们的脱贫能力和信心。最终，在政策兜底和自我发展的双重保障下，老年人才能实现真脱贫、脱真贫。

第三，增强应对实践困境的能力。这里有两层意思。首先，制度—能力整合模式实践起来肯定会面临很多困难，有时候可能推进得不顺利，或者效果上出现反复，这就要求社会工作者正确认识工作中出现的困扰，做好自我和团队的心理调适。毕竟，协调多种行动者的关系并非容易之事。其次，实务工作不能仅针对老年人本身，而应该致力于构筑一个包括贫困老年人、家庭、邻里、社区等在内的老年社会工作服务圈，以切实提高针对贫困老年人服务的实际效果。①

第四节　农村能力贫困老年人脱贫实务案例

一、“新时代农民讲习所”助力老年人脱贫

（一）案例简介

1. 新时代农民讲习所的诞生

新时代农民讲习所是近几年精准扶贫中出现的新事物，当然也可以说，它是中国共产党在新民主主义革命时期开创的讲习所在新时代的复兴，但是它被赋予了新的时代内涵，成为新时期中国共产党开展群众思想政治工作的一种新载体。2017 年 4 月，贵州省威宁县首创新时代农民讲习所。10 月 19 日，习近平总书记在参加中国共产党第十九次代表大会贵州代表团讨论时指出：“新时代的农民讲习所是一个创新，党的根基在基层，一定要抓好基层党建，在农村始终坚持党的领导。”11 月，贵州省委办公厅、省政府办公厅转发了《省委宣传部关于在全省兴办“新时代农民（市民）讲习所”的实施意见》。月底，该省发布新时代农民（市民）讲习所 VI 视觉识别系统，并印发第一期《新时代农民（市民）讲习所系列读本》。此后，贵州各地以星火燎原之势兴办讲习所，到 2019 年 4 月，该省的讲习所已达到 2 万多个。受这股热

① 关信平．“后脱贫时代”的贫困老年人服务[J]．中国社会工作，2019(28)：25.

潮的推动，全国多地纷纷兴办农民讲习所，并在内容和形式方面不断拓展。

2. 新时代农民讲习所的运作

第一，讲什么。贵州省提出了“六讲六干”。一讲思想，干有方向；二讲感恩，干有激情；三讲政策，干有思路；四讲技能，干有本领；五讲比武，干有榜样；六讲道德，干有精神。同时，该省要求讲习活动应根据群众需要开展，采取群众“点单”，讲师“配菜”的方式。

第二，谁在讲。贵州省组建了一支省、市（州）、县（区）、乡（镇）、村（社区）五级讲习员队伍。这支队伍中既有各级党政领导干部，还有高校、企事业单位党员领导干部、专业技术人员，“贵州脱贫攻坚群英谱”及各类先进模范人物，各村第一书记、驻村干部、农民讲师、技术专家等。在实践中，各地还根据工作实际拓展讲习主体范围，将带富能手、退休老干部、文化和传统工艺传承人、“土专家”、“田秀才”、“乡贤榜样”等纳入讲习主体范围。①

第三，怎么讲。一般选在冬夏两季的周末和晚上等群众闲暇时间段，与农忙时节错开。讲习可利用县委党校、乡镇驻地、村委会会议室等固定场所集中开展；以分散为辅，有时候也利用赶集会、群众会、田坎会、红白喜事等日常生活场所开展流动讲习。授课采取线下与线上相结合的方式，既开展传统课堂授课，也利用 QQ 群、微信群等网络平台传播知识和信息。

（二）案例点评

贵州省地处我国西南腹地，多民族共居，高原山地多，贫困人口多。2015 年，贵州有 493 万贫困人口，排全国第 1 位，全省有 66 个贫困县、190 个

① 黄承伟，许军涛. 毕节深度脱贫攻坚之路：“扶志＋扶智”[J]. 行政管理改革，2018(3)：57－63.

贫困乡、9 000 个贫困村。面对艰巨的脱贫任务，贵州省在推动产业发展、促进进城务工人员就业、补齐社会福利短板等方面想了很多办法。复兴农民讲习所就是该省在脱贫攻坚中的创新之举。尽管讲习所兴办时间不长，也存在一些操作层面的问题，但其助力农村脱贫的功能值得肯定。

1. 讲习所践行了赋权增能的理念

讲习员给农民讲解党和政府的精准扶贫政策、当地脱贫攻坚规划，让他们知道打赢脱贫攻坚战的时间表和路线图；分析本地的资源和优势，提出符合当地情况的脱贫致富的思路和办法；向农民传授实用的生产、养殖、种植技术，增强脱贫能力；讲自力更生和愚公移山，引导农民丢掉“等靠要”和“比穷不比富”的思想；讲典型人物的脱贫经历，激发农民的创业激情和脱贫志气。上述种种讲习内容，无疑都是能力建设的范畴，都力图激发扶贫脱贫的内生动力。大大小小、各种形式的讲习活动为包括贫困老年人在内的农村居民送去了新思想、新知识和新技能，这正是社会工作致力于实现的“授人以渔”与“助人自助”。

2. 讲习所培育了贫困农民的能力

讲习所重实干、重参与，强调理论与实践相结合。在“讲”的层面，力求“从大处着眼、小处着手，用小事例讲清楚大道理，与群众身边熟悉的生活实例相结合，把专业术语通俗化，逻辑论证简明化，枯燥问题风趣化，抽象事物鲜活化，让群众喜闻乐见、易于接受”①。在“习”的层面，注重发动贫困农民参与，引领他们把所学运用于实践。媒体挖掘的“酒鬼变专家”“懒鬼变能

① 黄承伟，许军涛. 毕节深度脱贫攻坚之路：“扶志＋扶智”[J]. 行政管理改革，2018(3)：57－63.

手”等典型事例[1]，生动地描述了贫困农民的转变效果。在实践中，基层党组织更是把党建融入脱贫攻坚实战中，发展出党建＋基地＋贫困农户、党建＋能人＋贫困农户、党建＋电商＋贫困农户、党建＋项目＋贫困农户等扶贫方式，帮助包括贫困老年人在内的农村居民实现了经济增收和能力发展。

3. 讲习所创新了农村贫困治理的模式

农村贫困治理既是当前的紧迫任务，也是未来的长期任务。在完成脱贫攻坚战后，农村贫困治理将嵌入乡村振兴行动中。党的十九大报告提出了实施乡村振兴战略。这个战略被庄严地写入《中国共产党章程》，作为全面建成小康社会的重大战略部署。乡村振兴战略为解决新时代的“三农”问题指明了方向。讲习所讲政策、理思路，有助于廓清贫困农民的认识；讲技能、树典型，有助于激发贫困农民的志气与能力。在组织讲习活动中，讲习员深入农户，倾听他们的心声，了解他们的需求，改变了贫困居民被动等待扶助的状况，成为具有能动性的参与者。可以说，讲习所是一个汇聚扶贫资源、联结扶贫主体与贫困农户、促进各方协商治理的载体，它创新了农村贫困治理的模式，闯出了一条“发动群众、组织群众、带富群众”的发展新路。[2]

二、“城乡社区可持续总体营造行动”助力老年人脱贫

（一）案例简介

1. 成都市社区营造行动的发展

党的十八大以来，全国各地积极创新社会治理体制与机制，开展了三社

① 程焕. 学来致富经 摘去贫困帽：贵州新时代农民讲习所激发脱贫内生动力[N]. 人民日报，2018-02-22.

② 黄其松. 以“新时代农民讲习所”促进乡村振兴[N]. 光明日报，2018-11-13(4).

联动等实践探索。2016年,成都市决定以社区营造推动社区治理创新,于是启动了大规模社区营造行动。2016年成都市民政局发布的《关于开展城乡社区可持续总体营造行动的通知》指出,社区营造的背景是深化三社联动,提升基层治理水平;社区营造的目的是将城乡社区建设成为"出入相友、守望相助、疾病相扶、邻里相亲的社会生活共同体"。为了做好这项工作,民政局制定了《成都市城乡社区可持续总体营造行动管理办法》《成都市城乡社区可持续总体营造行动资金使用管理细则》等文件,开发并启用了社区营造项目管理系统。经过两年的探索,2018年3月,成都市民政局、成都市委组织部、成都市委社治委三个部门联合发布《关于进一步深入开展城乡社区可持续总体营造的实施意见》,进一步明确了社区营造的原则、任务、进程。该文件将成都市城乡社区营造的目标表述为打造"守望相助、崇德向善、绿色生态、舒心美好的家园"。成都市是全国首个将社区可持续总体营造写入政府文件的副省级城市,截至2019年6月,该行动计划累计投入资金超过1亿元,实施项目300多个。

2. 成都市社区营造行动的开展

第一,运行要求。在有关文件中,决策部门反复强调城乡社区可持续总体营造是成都市委、市政府加强和完善城乡社区发展治理的重要举措。社区营造应坚持党委领导、政府主导、社会协同、公众参与、法治保障的社会治理体制,要以城乡居民需求为导向、社会组织为载体、社会工作者人才为支撑,引导居民组织化参与社区公共事务。

第二,基本原则。2016年的《关于开展城乡社区可持续总体营造行动的通知》指出,城乡社区营造的原则是居民主体、共同参与、过程导向、自下而上、权责对等。2018年的《关于进一步深入开展城乡社区可持续总体营造的实施意见》将原则调整为居民主体、过程导向、权责一致、可持续化。

第三，主要任务。2018年《关于进一步深入开展城乡社区可持续总体营造的实施意见》指出，城乡社区营造的任务为8项：激发社区居民建立自组织，引导自组织转化为社区公益组织，培育社区自组织领头人，开展社区公共意识教育，寻找支点撬动社区可持续总体营造，搭建平台深化社区协商，建立社区基金(会)，发展社区社会企业。

第四，实施概况。成都市以项目制推动城乡社区营造活动的开展。梳理媒体资讯可见：2016年成都市共设立城乡社区营造项目100个，2017年为107个，2018年为110个，2019年为120个。2017年成都市民政局发布的立项公告将项目分为：社区营造类(95个，含55个城市社区营造项目和40个农村社区营造项目)、社区营造支持类(12个)。2018年民政局发布立项公示，将项目分为社区主体类(99个，920万)、能力提升类(11个，200万)。中标的社会组织既有社会工作者协会、公益协会、社区发展促进会等社会团体，也有托老所、文化交流中心、社会工作机构等民办非企业单位，其中，承接项目最多的是社会工作机构，约占中标单位的九成。

(二) 案例点评

1. 社会工作者是城乡社区营造的生力军

目前我国开展的社区营造大概有五种模式：政府主导型、学者推动型、社会组织推动型、企业推动型以及社区自我内生型。[①] 成都模式显然属于第

① 吴海红，郭圣莉. 从社区建设到社区营造：十八大以来社区治理创新的制度逻辑和话语变迁[J]. 深圳大学学报(人文社会科学版)，2018，35(2)：107－115.

一种，它是在新时期社区发展治理的背景下开展的，是对三社联动的深化，也是目前国内社区营造最具规模和力度最大的。成都模式的优点是资源集中、政策配套、路线清晰，而且，该模式也给予了专业社会工作较大的发挥空间。在成都实施的数百个社区营造项目中，社会工作机构是最主要的项目承接方。过去几年，社会工作者在成都市设计和实施了众多社区营造项目，其中有不少是落地在农村社区的。这些项目着眼于人、地、产、景等维度展开，发动农民参与，对于提升农民的社区意识、发展能力具有重要意义。例如，2017 年批准的农村社区营造项目涉及特色产业发展、传统文化挖掘、社区融入等主题，2019 年的农村社区营造项目涉及农旅互助、环境整治、文明村风等主题。在社会工作者的支持和引领下，农村贫困老年人成为社区营造的参与者和受益人。

2. 专业社会工作要在社区营造中历练成长

社区营造需要政府、企业、社会组织等多元主体共同参与。在政府主导型模式下，政府部门通常是社区营造的决策者、组织者和协调者。成都市将城乡社区发展治理委员会作为社区营造的统筹机构，以整合分散在各部门的治理权威和治理资源，因而有利于解决王思斌教授所说的多龙治水、政策碎片化等问题。在这种管理体制下，社会工作机构主要扮演服务供给者角色。成都市社区营造从制度设计上支持社会工作发展，因此社会工作应抓住这一机遇，一方面为城乡居民提供社区社会服务，另一方面提升机构运营和项目管理能力。在农村开展社区营造时，社会工作机构既要注意挖掘优势，如环境资源、生态农业资源和传统文化资源等，利用这些优势资源打造乡村旅游、绿色食品、城乡互助合作社等特色品牌，帮助农民提高非农收入，又要注意挖掘乡土社会中各种显性的、隐性的民俗传统、合作机制，通过项目设计和实施，使之得以强化，并成为助力老年人脱贫的社区资源。

3. 社会工作参与社区营造应将能力建设放在突出位置

成都市在设计社区营造方案时始终强调居民主体、过程导向、权责一致、可持续等原则。这些原则说明，社区营造要依靠城乡居民主动参与，要在过程中不断增强社区居民的共同体意识。社区居民获得权利与履行责任是对应的，社区营造的目的是社区的永续发展。这些原则与社会工作的理念相契合，是社会工作机构要自觉坚持的。而坚持上述原则有一个共同的抓手，那就是能力建设。能力建设的一个层面是居民，包括社区骨干、积极分子、普通居民，增能的重点分别是组织带领能力、社会活动能力、自我发展能力。能力建设的另一个层面是社区，增能的重点是产业发展、一居（村）一品（可侧重于社区营造的某个维度）。成都市社区营造虽然由政府主导，而且时间紧、任务重，但社区的可持续发展最终取决于社区及其居民自身的努力，所以社会工作机构要围绕能力建设提供服务，切忌急躁冒进，必要时应当代表社区倡导管理部门做出改革。

第八章　后脱贫时代的老年反贫困社会工作

2020年年底，脱贫攻坚战胜利收官，我国历史性地消除了绝对贫困问题，为人类减贫事业贡献了中国力量。习近平总书记指出，脱贫摘帽不是终点，而是新生活、新奋斗的起点。党中央要求，今后要把乡村振兴作为农村发展的重要战略和决胜全面建成小康社会的重大历史任务。推进脱贫攻坚接续乡村振兴，缓解相对贫困，成为新时代中国减贫的核心问题。脱贫攻坚中识别出来的农村贫困老年人，受益于产业发展、易地搬迁、政策兜底等举措，虽然摆脱了绝对贫困，但因为缺乏稳定的经济来源、生计基础脆弱等，也极易返贫或转化为相对贫困群体。尤其是在人口老龄化加快发展、城乡倒置的背景下，避免老年人陷入低收入困境，仍是贫困治理中最突出的问题之一。

第一节　后脱贫时代的农村贫困治理

2020年后，我国农村进入新的发展阶段。贫困治理从集中力量消除绝对贫困转变为持续解决相对贫困。相对贫困成因复杂，具有结构性、动态性、主观性、多维性、隐蔽性等特点，与绝对贫困相比，其治理难度更大、周期更长、要求更高。可以说，在后脱贫时代，我国的贫困治理会从快速的“攻坚战”转变为长期的“持久战”。逐步缩小低收入群体与社会平均水平的差距，进而实现低收入群体的共同富裕，是贫困治理的重要目标。

一、后脱贫时代农村贫困治理的主要任务

（一）巩固脱贫攻坚成果

我国在不到十年的时间里使近1亿人摆脱了绝对贫困，这一脱贫攻坚的胜利成果得之不易。后脱贫时代面临的首要任务就是如何巩固脱贫成果，因为脱贫户存在脱贫的不稳定性，仍具有一定的返贫风险。一些脱贫人口家计基础弱、产业基础不牢靠，导致抗风险能力弱。此外，农村地区市场发育程度不高，脱贫户的市场经营能力不足，一旦遇到市场波动，就可能再次返贫。加之社会保障供给水平整体不高，脱贫户因病返贫致贫、因灾返贫致贫的可能性大。一般说来，疾病、残疾、缺乏劳动能力，是导致人们贫困和返贫的主要原因。习近平总书记曾多次强调，贫困县摘帽后，不能马上撤摊子、甩包袱、歇歇脚，要做到稳定脱贫、真正脱贫。因此，在后脱贫时代，有关对方要继续做好低收入人口的思想工作，引导其提升能力、因地制宜地发展产业，同时加大社会福利供给力度，实现“市场波动不返贫、遇病不返贫、遇困不返贫、遇灾不返贫”①。

（二）推动低收入群体增收

发展是消除贫困的首要条件。农村相对贫困治理不仅要解决贫困群体

① 余少祥.后脱贫时代贫困治理的长效机制建设[J].江淮论坛，2020(4)：62－68.

的生存问题，还要重视解决贫困群体的发展问题。只有保障贫困群体收入的持续增长，才能确保贫困群体不断提高生活品质。① 在脱贫攻坚战中，很多农村地区都实施了一批短平快的项目，如光伏发电、农产品粗加工等，这些项目投资规模不大、技术要求不高，短时间内的确帮助绝对贫困人口增加了收入，但发展潜力不足，存在低端化、同质化、可替代性强等问题。进入后脱贫时代，减贫不再疾风骤雨般推进，如果当地政府不持续跟进或促使产品升级换代，项目就可能被淘汰，从而影响低收入群体的生计结构。加之近几年新冠肺炎疫情广泛传播，对农民外出务工、农产品销售、乡村旅游等都产生了不利影响，加大了脱贫户、边缘户的返贫风险。因此，在后脱贫时代，要加快建立健全降低贫困脆弱性的制度体系，帮助脆弱人群不断增收，增强抗风险能力。

（三）改善发展型贫困

随着经济社会的发展与人们需求层次的提高，人类社会的主要贫困形态大体上沿着生存型贫困、温饱型贫困、发展型贫困的路径演变。因此，在达到一定发展水平后，贫困的主要形态往发展型贫困方向演变是一种客观趋势。党的十八大以来，我国的生存型贫困、温饱型贫困人口大幅减少，贫困农户的更高层次需求开始凸显，涉及产业发展、养老服务、医疗卫生等诸多领域。但在目前，推动城乡统筹发展、公共服务均等化方面还存在不少问题，导致贫困农户进一步改善生活、谋求发展还面临着较多的困难。发展型贫困的实质是能力贫困和权利贫困。能力不足、权利缺乏，其实也是导致贫困的重要原因，它们既是相对贫困群体进一步改善生活的主要障碍，也是导

---

① 李楠，何爱爱．新发展阶段农村相对贫困治理的现实逻辑与实践路径[J]．江汉论坛，2022(8)：12－17．

致贫困群体与非贫困群体差距扩大的关键因素。所以，后脱贫时代的贫困治理应当更加关注发展型贫困，努力为相对贫困人口提供更好的发展机会和保障条件，帮助他们实现自助，不断提升生活质量。

（四）着力缓解多维贫困

在早期的贫困理论研究与反贫困实践中，人们通常是从收入角度来认识和界定贫困的。随着经济社会的发展与进步，人们对贫困的认识不断深入，对贫困类型的划分也更为精细和准确。20世纪70年代，阿马蒂亚·森最先提出了多维贫困的概念，认为贫困不仅仅是收入不足，还表现为健康、教育、住房、公共服务等诸多方面处于困境。随着脱贫攻坚战的胜利收官，我国的贫困治理也必然会从较为单一的收入维度转向更多维度，把缓解多维贫困作为重要方向。有研究者指出，我国贫困人口的多维贫困尤其是健康、营养和教育方面的贫困问题较为突出，目前社会保障制度、公共服务的城乡、区域和群体差距仍十分明显，不利于从源头阻断贫困的代际传递，消除因病致贫、儿童营养不良等现象。① 在后脱贫时代，从全面改善贫困人口生活质量与实现可持续发展的角度看，解决非收入维度的贫困问题显得格外重要。

二、当前农村贫困治理面临的主要挑战

（一）相对贫困人口准确识别难度大

简单说来，绝对贫困是一种匮乏的状态，是比较容易设定标准予以识别

---

① 陈志钢，毕洁颖，吴国宝，等．中国扶贫现状与演进以及2020年后的扶贫愿景和战略重点[J]．中国农村经济，2019(1)：2－16.

的。相对贫困是一个与绝对贫困对应的概念，更强调贫困的相对程度、动态变化、主观感知，因而难以准确设定测量标准。在总人口中，相对贫困人口较多分布在农村，具有基数大、贫困风险高、散点分布等特征，难以被准确识别。目前，关于相对贫困的内涵与标准，研究者与决策者还未达成共识，各地的做法不尽相同，国家层面也没有发布统一的相对贫困线。这导致相对贫困群体的规模难以掌握，进而影响政策的制定和实施。正如有研究者所说："在当前形势下，需要对相对贫困保持冷静的态度，学术界应沉下心来深入探讨相对贫困元问题，消弭分歧；实践部门则要耐下心来倾听不同意见，凝聚共识。唯有如此，才能找准符合我国国情和当前发展水平的相对贫困解决机制。"①

（二）推动相对贫困群体内源发展难度大

2020 年后，我国的贫困治理进入由解决原发性积累型绝对贫困转向解决次生性新增型相对贫困的新阶段，治理重心也由"脱贫"转为"治贫"与"防贫"并重。如果说，治贫可以更多依靠增收来解决，那么，防贫则需要打出一套治理"组合拳"，要根据致贫因素选择科学合理的应对策略。例如，对于因自然灾害、意外伤害、重大疾病等"外部冲击"而导致的贫困，可以通过物质帮扶、政府救济、社会救助等措施脱困；但对于因缺乏志气、能力不足等内在因素而导致的贫困，则需要提升其自我发展动力和自我发展能力，否则物质帮扶只能治标而不能治本。从这一意义上讲，贫困治理不仅仅是经济方面提高收入和生活水平的问题，同时还是政治、文化和社会领域的综合治理问题。②

---

① 杨立雄. 相对贫困概念辨析与治理取向[J]. 广东社会科学，2021(4)：180－193.
② 秦楼月. 相对贫困治理的路径探析[J]. 人民论坛，2022(16)：97－99.

习近平总书记指出，“乡村振兴，既要塑形，也要铸魂”。可见贫困治理难度很大，需要政府、市场和社会协同发力，在思想意识、身心健康、教育培训、社会参与等多个层面实施干预，需要久久为功。

（三）构建相对贫困治理长效机制难度大

党的十九届四中全会提出了“建立解决相对贫困的长效机制”的要求。在后脱贫时代，解决相对贫困要做的事情很多，包括补齐“两不愁三保障”短板，强化兜底保障体系，改善基础设施和公共服务，提升相对贫困地区和相对贫困人口的发展能力，培育脱贫内生动力机制，创新绿色减贫举措等。① 解决相对贫困问题，顶层设计是关键。鉴于相对贫困的复杂性，相对贫困的治理需要一个体系化的政策集合，涉及社会保险、社会救助、社会福利各方面，涵括区域协调发展、乡村振兴、分配制度改革等重要议题。解决相对贫困问题，要发挥党总揽全局、协调各方的作用，引领市场、社会协同发力，形成全社会广泛参与贫困治理的格局。相对贫困治理的长期方向是提升相对贫困者的就业能力，促进广泛的社会参与，打破各种形式的制度壁垒，拓展贫困群体的市场机会。② 可见，这是一个长期的、复杂的、充满挑战的系统工程。

三、后脱贫时代贫困治理的实施对象

（一）贫困地区

作为区域发展不平衡程度较高的发展中国家，中国将在较长时间内面

---

① 张琦. 论缓解相对贫困的长效机制[J]. 上海交通大学学报(哲学社会科学版). 2020, 28(136): 16 - 20.

② 李棉管，岳经纶. 相对贫困与治理的长效机制：从理论到政策[J]. 社会学研究, 2020(6): 67 - 90.

临区域性贫困问题。区域性贫困往往是多种因素叠加造成的，虽然精准扶贫在短期内改变了诱发贫困的因素，但有些长期的根本性因素很难从源头上改变，如地区文化传统、人地关系状况等。① 因此，2020 年实现现行标准下的脱贫目标后，虽然区域性绝对贫困现象不复存在，但区域性相对贫困现象仍然较为突出。由于贫困地区现代化水平较低的状况还将持续较长一段时间，因此其仍有可能面临着较高的贫困发生风险，特别是我国西部地区。当前，贫困治理应当继续关注集中连片地区以及片区外的国家扶贫开发工作重点县，坚持“摘帽不摘政策”，使原有支持措施保持一定程度的连续性和稳定性，以夯实贫困地区的发展基础。未来，随着区域性贫困现象得以缓解，可按照新标准开展新一轮评估，逐步减弱区域扶贫开发力度，转而强化对贫困家庭与个人的支持。②

（二）贫困群体

后脱贫时代贫困治理的重点对象首先是按现行标准下的非高标准脱贫户和贫困边缘户。这两个群体贫困脆弱性高，返贫致贫风险大，理应成为重点帮扶对象。除了传统意义上的经济贫困户外，任何可行能力不足的个体都有必要纳入反贫困体系中，如儿童、老年人、残疾人等。为了阻断贫困的代际传递，应当将儿童作为反贫困政策的重点对象。同时，在人口老龄化不断加深的背景下，老年贫困问题可能会变得更加突出，这也要求在反贫困过程中应更多关注老年人。此外，要关注农业转移人口、农村留守人群与失地

① 桂华. 后扶贫时代农村社会政策与相对贫困问题研究[J]. 武汉大学学报(哲学社会科学版)，2022(1)：176－184.

② 潘文轩. 后脱贫时代中国反贫困新方略的前瞻性研究[M]. 北京：中国社会出版社，2020：59－60.

农民等转型性贫困群体，这是以往扶贫工作相对忽略的对象。未来，随着农村贫困现象的进一步缓解与贫困空间流动性的增强，贫困的城乡分布格局将发生较大改变。城市贫困问题会越显突出和复杂。以农村为主阵地的反贫困工作有必要全面延伸至城市，使反贫困体系覆盖城乡低收入群体。

第二节　后脱贫时代的老年贫困治理

一、我国老年贫困问题的一般性与特殊性

（一）老年人贫困是全球共性问题

无论是在发达国家还是在发展中国家，老年人都属于贫困高发人群。因为他们不仅有更高的贫困脆弱性与贫困发生率，而且陷入贫困后脱贫的难度也更大。可以说，老年贫困是一种全球性的现象，中国的老年贫困问题在很多方面与国外是相似的。① 究其原因，在于老年贫困问题的形成具有一定的客观规律性。第一，生理机能衰退是诱发老年贫困的直接原因。由生理机能衰退所导致的收入来源减少、健康状况下降、自理能力变弱、医疗护理支出上升等老年贫困风险因素，在各个国家均不同程度地存在着，因此各国都面临着老年人群的贫困风险问题。第二，无论在哪个国家，老年贫困都以多维贫困的形式表现出来。老年人除了收入较低、缺少稳定的经济来源外，还在身体、精神、能力、权利等方面处于相对弱势的地位，这些共同构成

① 潘文轩.后脱贫时代中国反贫困新方略的前瞻性研究[M].北京：中国社会出版社，2020：209-210.

了老年贫困的主要内容。第三，从人口学特征看，各国的老年贫困也呈现出一些带有普遍性的特点。例如，女性老年人、农村老年人、高龄老年人、受教育程度低的老年人，相较于男性老年人、城镇老年人、低龄老年人、受教育程度高的老年人，更容易受到贫困的冲击。当前，在人口老龄化正在不断加深的背景下，世界各国都需要关注和解决老年群体的贫困问题。

（二）我国老年贫困问题的特殊性

除了上述一般性特点之外，我国老年贫困问题的形成也与社会转型变迁和社会管理制度密切相关。第一，改革开放后我国社会流动逐渐加快，大量青壮年人口外出务工，而劳动能力较弱的老年人则留守农村。这导致了农村趋于“空心化”，以及留守、空巢、独居老人的快速增加。很多农村老人不仅收入不足，还面临着生活无人照料、精神孤独寂寞等问题。在农村人口大量流向城市、经济理性不断增强的背景下，家庭对农村老人的支持趋于减弱，老年人贫困风险上升。第二，中国是全球人口最多的发展中国家，人口结构正在快速老化，且老龄化具有城乡倒置的特点。因此，未富先老、未备先老，对我国农村老年人的冲击也是非常明显的。在自我养老能力不足、家庭养老支持弱化、社会养老服务供给不足的情况下，农村老年人在经济因素、非经济因素两个维度上都具有较高的贫困脆弱性。第三，我国长期施行的城乡二元管理体制导致城乡发展不平衡问题较为突出。农村经济社会发展相对落后，老年人口被纳入社会福利体系的时间较短、保障水平较低，因而其抗风险的能力也比较弱。第四，区域发展不平衡、不充分的问题也是贫困治理所不能忽视的，与东部地区相比，我国中西部地区老年人的贫困发生率更高、贫困程度更深，因而反贫困的任务也更重。我国老年贫困问题所具有的种种特殊性表明，后脱贫时代的老年贫困治理工作必须立足国情，结合实际情况，探索本土化的解决方案。

二、后脱贫时代老年贫困治理的风险研判

（一）实现老年人稳定脱贫仍面临较大挑战

农村老年人是脱贫攻坚的重点脱贫人群，2020 年后的贫困治理要继续重点巩固和提升该群体的脱贫能力。但实现这部分人群的稳定脱贫，任务仍然较为艰巨。第一，贫困发生的原因是复杂多样的，有些是由于长期性和内生性的原因导致的，而在近几年相对较短时间内因密集帮扶而脱贫的家庭中，有不少只是表面上脱贫了，自身发展能力并没有完全形成和巩固。家庭如果返贫，老年人必然首当其冲。第二，农村老年人的生理脆弱性影响其稳定脱贫。健康状况既影响收入水平，也会导致医疗和照料支出增加，使得老年人不得不依赖家庭支持和政府救助。第三，农村老年人抗风险能力弱也影响其稳定脱贫。在脱贫攻坚战中，很多农村老年人虽然依靠政策兜底摆脱了绝对贫困，但真正的致贫原因可能未被消除，一旦罹患重病、遭遇灾害，他们就会返贫。第四，农村老年人正式支持与非正式支持不足，也会限制其提升反贫困能力，从而不利于稳定脱贫。

（二）老龄化将会助推老年相对贫困人口增长

我国是全球人口老龄化速度最快的国家之一，65 岁及以上人口占总人口的比例从 7%上升到 14%，用时仅为 21 年。由于人口总量大，我国老年人口的绝对数量也相当可观。根据第七次全国人口普查数据，2020 年我国 60 岁及以上的老年人口已达 2.64 亿，比第六次人口普查时增长了 8 600 多万。

与劳动人口相比，老年人口的收入水平整体较低。他们创收增收能力偏弱，掌握新知识、新技能较少，面临着市场和社会的双重排斥。可见，人口老龄化的加快发展会导致老年相对贫困人口绝对数的上涨。此外，我国人口老龄化具有城乡倒置的特点，农村地区是在经济不发达、社会福利不健全的背景下迎接银发浪潮的，且这种城乡倒置现象仍将持续二十多年。因此，在老龄化程度不断加深的背景下，农村相对贫困老年人口的增长也将难以避免。在老年人口中，高龄老人、女性老人、受教育程度低的老年人具有较高的贫困发生率，且很难依靠自身努力摆脱困境。

（三）老年人陷入多维贫困的风险较高

无论是绝对贫困还是相对贫困，老年人贫困治理首先面对的都是老年人的收入不足问题。自养能力下降、市场参与机会少、家庭负担重等诸多因素都会阻碍老年人获得经济收入。同时，随着年龄的增长，老年人生理机能衰退，患病风险增加。在收入不足的情况下，老年人无法及时就医，或难以获得充分的医疗服务，便会产生健康贫困问题。特别是在农业人口持续向城镇转移的背景下，脆弱的家庭支持无疑会加剧农村老年人的健康贫困程度。而经济贫困、健康贫困又是诱发精神贫困的重要因素。在劳动人口流出较多、基本公共服务不足的中西部地区，农村留守老人数量可观，他们“生活经济无来源，突患重病无钱医，生活孤单无人陪”，同时面临着经济、健康、精神、福利、参与等方面的贫困，生活质量总体较低。因此，2020年后的贫困治理应当将这些高风险老人作为工作重点，在社会保障和养老服务体系建设中，也应当对该群体予以重点关注。总之，农村老年人口的贫困问题将会成为后脱贫时代我国贫困治理的新课题。反贫困工作，不仅要注重老年人口的经济生活，更要注重精神、文化等方面的照顾与保障。①

三、后脱贫时代老年贫困治理的应对策略

（一）完善老年人社会保障体系

在后脱贫时代，老年贫困治理既要接续现有的帮扶政策，更要完善社会保障体系，强化对城乡相对贫困老年人的社会保护。第一，着力补齐农村养老保障的短板，提高基础养老金、高龄津贴的发放标准，改善农村老年人社会保障状况。第二，继续优化基础养老金和最低生活保障金的动态调整机制，缩小城乡居民养老金和城镇职工养老金的差距，防范低收入老年人落入贫困陷阱。第三，对农村孤寡老人、残疾老人、事实上无人赡养的老人进行专项社会救助，确保这部分农村老年人能够实现最基本的生活保障，同时拓宽救助范围，对符合条件的相对贫困老年人做到应保尽保。② 第四，在集体经济发展好的农村地区，可从集体收益中提取一定比例资金作为集体养老金，以强化对低收入老人的社会支持。第五，提高低收入老人的医疗保险补偿水平和医疗救助标准，防范因病致贫返贫。第六，继续推进分配制度改革，加大对欠发达地区的财政转移支付力度，提升财力短缺地区的老年社会保障财政供给能力。

（二）拓宽老年人的增收途径

收入水平较低的老年人往往面临更高的贫困脆弱性，因此，促进老年人增收是减缓老年人多维贫困的有效方式。针对市场化发展背景下老年人收入来

① 王琳，李珂珂，周正涛．“后脱贫时代”我国贫困治理的特征、问题与对策[J]．苏州大学学报（社会科学版），2021(5)：49－56．

② 辛远，韩广富．2020年后农村老年相对贫困治理：趋势、挑战与对策[J]．广西社会科学，2021(7)：73－81．

源单一、自身发展能力有限等问题，贫困治理需要拓宽多元增收渠道。第一，在劳动收入方面，可推动低龄健康老年人再就业，政府应鼓励企业或社会组织创设一些适合老年人身心特点的就业岗位，帮助老年人获得劳动收入。对于农村有一定劳动能力的贫困老年人，可依托产业扶贫项目、社会服务项目、政府开发的公益性岗位，帮助他们实现就业。第二，在转移性收入方面，要建立社会救助金、养老金的正常增长机制，要重点支持经济困难老人改善居住条件、获得照料服务等。对于农村老年人而言，子女供养是最重要的收入来源，因此还要强化子女的赡养意识和赡养责任，维护老年人的合法权益。第三，在资产性收入方面，要加强对老年人的金融服务和教育咨询，提升老年人的防骗意识和理财能力。要通过政策设计，保障老年人可以合法处理资产，并获得资产收益。

（三）构建多维防贫治贫工作机制

第一，加强贫困监测工作。从监测对象看，既要关注已经脱贫的老年人，又要重视新增的相对贫困老年人，如患病老年人、失能老年人、受灾老年人等。从监测手段看，要从以收入为单一的衡量标准转向以收入、健康、心理、生活质量等多维因素为衡量标准。从监测内容看，要关注收入来源、资产状况、支出情况、健康状况、家庭支持等，瞄准可能致贫的因素。第二，根据监测情况，分析老年人脱贫的可能条件，采取相应的帮扶措施，力求精准施策。在治贫过程中，政府、市场、社会既要发挥自身优势，又要协同合作。第三，从生命历程视角看，晚年期的贫困常常是早年贫困的延续，或是生存脆弱性在老年阶段的暴发。因此，防贫还应该把关口前移，努力将致贫风险化解在前老年期，让社会成员以非贫困状态步入老年。具体举措包括：促进失业人口再就业，巩固和提高社会养老保险参保率，促进中低收入者的资产积累，降低中年后期的贫困风险，倡导“有备而老”的个人生活规划等。

（四）依托乡村振兴缓解相对贫困

在后脱贫时代，要把农村老年贫困问题纳入乡村振兴战略全局统筹谋划。① 第一，抓住乡村振兴带来的发展机遇，着力解决农村养老服务基础薄弱问题。加大资金投入，配备农村居家养老服务用房，推进农村幸福院建设。鼓励以村级邻里互助点、农村幸福院等为依托，构建农村互助式养老服务网络。利用农村闲置设施，组织农村留守妇女、低龄老年人开展为老服务。第二，依托乡村振兴战略，引导农村产业有序发展。创设相关激励政策，发挥扶贫产业对农村老年人脱贫增收的带动作用。鼓励并引导外出务工群体回乡创业和就业，为老年人提供经济支持、生活照料、精神慰藉。第三，依托乡镇社工站，支持民政工作者、社会工作者等为农村老年人提供精神慰藉、资源链接、政策咨询等专业服务。第四，发挥基层老年协会的功能，支持其立足于本土本乡弘扬传统孝道和模范典型，开展老年人维权、邻里互助、探访关爱等公益服务，促进乡风文明。

第三节　后脱贫时代的老年反贫困社会工作

一、后脱贫时代老年反贫困社会工作的主要内容

（一）补救性服务

补救是社会工作的基本功能，也是一种常见的服务形态。补救通常发

① 白增博，汪三贵，周园翔. 相对贫困视域下农村老年贫困治理[J]. 南京农业大学学报(社会科学版)，2020(4)：68－77.

生在“事后”，例如在常态监测或社会服务中发现部分脱贫老人返贫或者处于贫困边缘。社会工作者要开展调查研究，分析问题发生的原因和结果，并根据致贫原因提出解决对策，包括：向村居干部反馈老年人的困难，跟进了解村居开展帮扶情况，强化老年人的正式支持；与老年人一起讨论解决问题的方式方法，调动服务对象自身的积极性；着眼于老年人的非正式支持系统，挖掘其潜力，特别是要发挥家庭对老年人的保护功能；链接相关资源，推动社会力量对困境老人的关注和帮扶。

（二）预防性服务

预防意味着“事前”干预，以尽可能消除问题的诱发因素。在老年贫困治理中，预防性服务应介入致贫返贫原因，并提前“阻断”。例如：开展针对老年人的健康教育，普及卫生保健知识，提升健康意识；开展老年人安全服务，帮助老年人识别和排除各类安全隐患，减少生活风险的发生；依托政府购买项目或链接慈善资源，实施困难老人居家适老化改造等。当然，预防性服务更多需要决策者运用政策工具实现供给，因为其受益面更大、社会效益更显著，如建立低收入人口动态监测信息库，适时提高基础养老金的给付水平，加大医疗保险和社会救助的支持力度，增加面向相对贫困老年人的基本公共服务等。

（三）发展性服务

这里所说的“发展”指向多个维度。第一，乡村振兴维度。党的十九大作出中国特色社会主义进入新时代的科学论断，提出实施乡村振兴战略的重大历史任务。《国家乡村振兴战略规划（2018—2022 年）》全面回答了乡村为何振兴、如何振兴的问题，确定了产业发展、生态环境、民生改善等领域的具体任务。未来，乡村振兴目标的达成，无疑会使1.2亿多的农村老年人直接受益或间接获益。第二，家庭发展维度。家庭是非正式支持的核心，强化家庭的能力，就会提升家庭成员的福祉。社会工作者面向家庭开展的相关服务，如劳动力就业帮扶、照料者支持、家庭关系调适等，都有助于改善老年人的境况。第三，个人能力维度。社会工作者倡导积极老龄化的理念，挖掘老年群体的潜能，推动其参与社会生活，增强其生活信心，进而使之实现“自助”，成为贫困治理的积极主体。

二、后脱贫时代老年反贫困社会工作的行动路径

从社会工作的视角看，后脱贫时代的老年贫困治理问题涉及农村社会工作、反贫困社会工作、老年社会工作等领域。《民政部关于巩固拓展民政领域脱贫攻坚成果同乡村振兴有效衔接的实施意见》《民政部 国家乡村振兴局关于动员引导社会组织参与乡村振兴工作的通知》《关于加快乡镇（街道）社工站建设的通知》等文件对如何发挥社会工作的作用，都提出了明确要求，提供了政策依据。《老年社会工作服务指南》《扶贫社会工作服务指南》等行业标准则为服务如何开展提供了业务指引。从实践操作层面看，当前老年反贫困社会工作主要可采取如下路径。

（一）社会工作参与乡村振兴

乡村振兴是新时代党和政府解决“三农”问题的根本方略，涵盖产业振兴、人才振兴、文化振兴、生态振兴、组织振兴等多个维度。社会工作在上述维度均有发挥自身作用的空间。但必须明确一点，乡村振兴是全方位、多领域振兴，是一个非常复杂的系统工程，需要依托乡村建设持续推进，社会工

作只是其中的一个参与主体。社会工作参与乡村振兴，要着眼于自身的优势，扮演好自己的角色。

第一，助力产业振兴，扮演支持者角色。产业兴旺是乡村振兴的物质基础。乡村振兴的落脚点是农民生活富裕，而生活富裕的关键是农业增效和农民增收。农民增收离不开农业增效，离不开产业发展。[①] 因此，政府要进一步完善农业支持保护体系，大力培育专业大户、家庭农场、农民合作社、农业企业等新型农业经营主体，积极发展多种形式的适度规模经营，逐步健全农业社会化服务体系。在这方面，社会工作者可以通过宣传农业政策、寻找就业机会、推动农户合作、提升就业技能、拓展产品销路等，助力小农户和现代农业的有机衔接，帮助老年人实现增收。此外，借助于社区营造，链接有关主体，共同挖掘本地人文、物产、景观等方面的特色资源，推动形成新业态，也可以支持老年人创收和增收。

第二，参与生态振兴，扮演组织者角色。社会工作可参与宣传政策，面向村民讲解生态保护的背景意义和政策法规，倡导村民尊重自然、保护自然；设计项目，鼓励村民打扫好自家房前屋后的卫生，参与乡村环境整治、植绿护绿、垃圾分类等活动；协助村委会，研究设立激励机制，引导村民改善人居环境，建设宜居乡村。老年人长期住在乡村，对周遭环境较为熟悉、富有感情，因而是打造宜居环境的可依靠对象。社会工作者要发动和组织老年人，促使其行动起来，形成良好的卫生习惯，使之成为生态振兴的参与者和受益人。

第三，协力文化振兴，扮演倡导者角色。文化振兴是推动乡风文明、提

① 孔祥智，等. 乡村振兴的九个维度[M]. 广州：广东人民出版社，2018：53.

高乡村软实力的重要保障。文化振兴，以培育和践行社会主义核心价值观为根本，以弘扬中华优秀传统文化为主线，以形成文明乡风、良好家风、淳朴民风为目标。在这方面，社会工作者可依托各类服务项目，倡导优秀传统文化、社会主义新风尚；可创新活动形式，如联动新时代文明实践中心、依托三社联动等，活跃乡村文化生活。在活动中，社会工作者要注意挖掘好家风、好家训，强化对村民的正面引导。社会工作者可协助政府部门和基层干部挖掘、宣传、推广一批新乡贤，如道德模范、身边好人、“五老”代表等，发挥先进典型的示范和引领作用。

第四，推动人才振兴，扮演经纪人角色。人才是乡村振兴的关键因素，包括本地人才、外来人才。前者有新型职业农民、乡村工匠、农业经纪人、文化能人、非遗传承人等。他们生活在农村，掌握一定的技能，熟悉农业生产和农民生活，是乡村振兴的重要支撑。后者有企业家、党政干部、专业技术人才、社会服务人员等，他们虽然不久居农村，但可以通过下乡担任志愿者、投资兴业、包村包项目、行医办学、捐资捐物、法律援助等方式，服务乡村振兴事业。在人才振兴方面，社会工作者的作用包括：挖掘、组织、培育乡土人才，提升本土人才的支撑功能；发现、对接、引入外来人才，助力乡村经济与社会发展。此外，社会工作者还可以依托专业优势，协助残联、共青团、妇联等群团组织把服务延伸到乡村，并在此过程中培养原乡社工，充实农村社会工作人才队伍。

第五，实现组织振兴，扮演培育者角色。组织振兴既是乡村振兴的目标之一，也是其他四个振兴的根本保障。组织振兴的主体主要包括农村基层党组织、农村专业合作经济组织、社会组织和村民自治组织。其中，农村基层党组织是核心，是党联系广大农民群众的纽带。其他各类组织是打造自治、法治、德治相结合的乡村治理体系的参与力量。在组织振兴方面，社会工作可以发挥的作用主要在于培育社会组织，并推动其依法自治。社会工作者依托服务项目，本着助人自助的专业理念，发动热心群众、新乡贤、乡村能人等成立社区社会组织，把村民们凝聚起来，参与卫生整治、互助养老、文体活动、权益保障等。农村老年人可以依托这种组织化的社会活动，增加收入，服务他人，丰富生活，提升自我效能感。

（二）社会工作深耕社工站建设

2020 年 10 月，民政部在湖南长沙召开“加强乡镇（街道）社会工作人才队伍建设推进会”（以下简称“长沙会议”），重点推广了湖南、广东等地将社会工作与基层民政建设紧密结合，通过建立乡镇（街道）社工站，打通为民服务“最后一米”，探索解决基层民政服务能力不足的可行路径。长沙会议提出，要围绕增强基层民政服务能力，加快建立健全乡镇（街道）社会工作人才制度体系，力争在“十四五”末实现乡镇（街道）都有社工站，村（社区）都有社会工作者提供服务的目标。长沙会议后，民政部发出《关于加快乡镇（街道）社工站建设的通知》，要求各地部署和启动社工站建设工作。截至 2022 年 8 月底，全国共建成乡镇（街道）社工站 2.3 万余个，覆盖率超过 60%，有 5.8 万社会工作者驻站开展服务。①

社工站建设为专业社会工作加快发展提供了动力。其一，借助社工站建设的资金投入，各地都显著加大了政府购买服务的力度，使得大量社会工作者下沉到基层，为困难群众提供直接服务。其二，基于社工站建设的实际

① 闫薇. 数说社会工作十年[N]. 中国社会报，2022 - 09 - 21.

需求，各地都加大了对社会工作的宣传力度，并积极培育社会组织，使得社会工作机构数量快速增长。其三，根据社工站的功能定位，各地首先都把服务聚焦于重点人群，推动了社会救助、养老服务、儿童关爱等工作的开展，并强化了对困难群体生活状况的监测和帮扶；其四，依托社工站的平台角色，各地都加强了资源整合，使得民政部门的服务力量、群团组织的基层工作者、志愿者等社会服务力量汇集起来，为农村社会工作的发展夯实了人才基础。社工站是社会工作发挥专业作用的重要舞台，也是后脱贫时代老年贫困治理的重要载体。

第一，在聚焦基本民生保障中防范老年贫困。社工站是推进基层社会治理的综合性、协同性平台。依托这一平台，社会工作者可协助社会救助部门开展老年人家庭经济状况调查评估、需求分析等事务，为低收入老人提供心理疏导、资源链接、社会融入等服务，及时干预和化解老年人家庭的贫困风险，从而预防老年人陷入经济困境，巩固脱贫效果。社工站可承担独居、空巢、留守、失能、残疾及计划生育特殊家庭等老年人的巡访评估、生活照顾安排、家庭关系协调、社会支持网络建设、权益保障等专业服务，营造老年友好环境，缓解老年人的多维相对贫困。在服务过程中，社会工作与基层民政要形成合力，用足、用好政策，扩大政策惠及面，进一步织密民生保障网络。

第二，在参与基层社会治理中开展为老服务。当前，城乡社工站的覆盖率正在快速提高，政府为社工站建设投入了较多的人财物资源，这为社会工作者开展老年人服务提供了重要的保障。社会工作者依托社工站，可以做实相关服务，把社会政策、福利资源投递给老年人，解决他们遇到的有关问题，如医疗报销、土地流转、低保申请等。社工站相对较长的建设周期也有利于社工了解当地的文化风俗，发掘可以利用的服务资源，从而驻点深耕老年社会工作领域，实现服务供给的持续性和递进性，扩大项目的社会效益。在社工站这一平台上，社会工作者可以协调提供综合服务，解决居民与社区的复杂问题，可以整合各方力量共同治理社区事务，推动基层治理向现代化发展①，从而使老年群体受益更多。

第三，在实施社会政策中倡导老年反贫困。随着我国反贫困工作从消除绝对贫困转向减缓相对贫困，缩小贫富差距、推动社会公平成为新时代贫困治理的重点。社会工作致力于实现社会成员共享发展成果，将服务弱者作为职业使命。社工站是落实社会政策的载体，具有把政策转化为服务的职能。作为服务供给者，社会工作者直接与服务对象打交道，有机会检视政策设计与实施层面存在的问题，并有义务向购买方、管理方、督导方做出反馈。政策倡导是社会工作的重要职能之一，社会工作者可以基于社工站的运营实践，倡导决策者从致贫原因、政策设计、运行机制等层面应对相对贫困问题。在后脱贫时代，社会工作的政策倡导可以着眼于个体与政策之间的关系调适，积极为老年群体争取合法权益，推动社会资源的公平配置。社会工作者可以为老年群体发声，呼吁政府调节分配结构，改善各阶层之间的利益关系，以维护社会的公平正义。

（三）社会工作携手公益慈善服务

社会工作与公益慈善关系密切。现代社会工作是在长期的宗教慈善活动和民间公益服务中逐渐形成，并走上专业化和职业化道路的。不过，在20世纪，两者之间呈现出不断分流的趋势。社会工作以提升助人服务的科学

① 王思斌. 积极建设乡镇社工站 促进基层治理现代化[J]. 中国社会工作，2021(22)：7.

性为发展导向，而慈善事业则以发掘慈善资源、组织志愿服务为发展策略。这种分流固然使社会工作与公益慈善的各自角色趋于明晰，但也导致两者渐行渐远。在国内，社会工作机构与公益慈善机构虽然都活跃在社会服务领域，但却缺少合作，甚至互不认同。前者常常批评后者不够专业，而后者也经常攻击前者不够独立。这种分流隔离的状态极大地影响了社会工作和慈善事业的健康发展，社会工作陷入了失去群众基础的危机，而慈善组织则因人才短缺遭遇发展瓶颈。①

客观地说，当前我国社会工作与公益慈善的发展状况都尚不尽如人意。一方面，社会工作行业远未成熟，“社工机构的运转主要依赖政府‘输血’，……资源获取的单一状态压缩了社工的执业空间和社会认同，加剧了专业社工人员的流失”②。另一方面，慈善组织普遍存在规模较小、专业人才缺乏、管理与服务水平不高等突出问题，影响着公益慈善事业的有序发展和社会认同。可以说，尽管党和政府多次强调要发展社会工作，支持公益慈善事业，但两者无疑都面临着发展困境，都需要在实践中不断提升自我。因此，社会工作与公益慈善不能各吹各的号、各唱各的调，而是应当融合发展，在相互助益中成长壮大。

总的来看，社会工作携手公益慈善，共同扎根社会服务领域，具有四个有利的条件：其一，从历史脉络看，两者系出同源、本是一家；其二，两者具有相似的价值观念和服务手法；其三，两者具有互补性，社会工作可以为慈善事业提供人才支持和专业支撑，慈善事业可以为社会工作提供资金支持和

① 朱健刚.论社会工作与公益慈善的合流[J].社会科学辑刊,2016(4):55-60.
② 王思斌.走向承认:中国专业社会工作的发展方向[J].河北学刊,2013(6):108-113.

经验借鉴;其四,现有的体制机制也有利于两者的融合发展。[①] 2016 年,我国颁布了《中华人民共和国慈善法》,明确由民政部门主管慈善工作,把社工机构归入社会服务机构的范畴,认可其具有开展公益慈善的法定职能。2019 年,民政部成立慈善事业促进和社会工作司,随后省市县级民政部门纷纷调整机构设置。这种管理体制的确立,客观上也有利于社会工作与慈善事业的合流共生。

在后脱贫时代,同样作为民政部门主管的业务,社会工作与公益慈善可以携起手来共同参与老年贫困治理,积极发挥助人服务对民政事业改革的推动作用。其一,在公益慈善事业中加入社会工作元素。例如,引进社会工作专业人才、把社会工作知识纳入慈善人才的教育培训中,使得公益从业人员能够在科学的理论指导下提供服务,既"授人以鱼",又"授人以渔",这样,"不仅有助于提升慈善救助的科学水平和公益服务的整体素质,而且有助于完善公益行业的理念、提升公共领域的素养"[②]。不论是在脱贫攻坚战中,还是在当下的乡村振兴中,很多公益组织都自发地组织了救灾、助困、助学、助老等活动,直接服务群众,起到了纾难解困的作用。

其二,社会工作联合公益慈善,一道走入弱势群体的生活,协商解决困难的方法,一起发掘、配置社会福利资源。在两者的联合中,社会工作在需求评估、方案设计、服务供给方面具有优势,而公益慈善在筹集资源、贴近群

① 徐道稳. 加强法规政策支持,促进社会工作和慈善事业融合发展[J]. 中国社会工作,2020(34): 12.

② 刘威. 从分立实践到嵌合共生: 中国社会工作与公益慈善的理想关系模式建构[J]. 学习与探索,2018(11): 51－58.

众、社会行动方面具有优势。从这个意义上说，两者的融合发展既有利于慈善事业从传统向现代转型，又有助于社会工作的职业化发展。而且，两者合作共生还可以培养出更多高素质的社会服务人才，从而能够充实乡村振兴的人力资源，以更好地参与老年贫困治理工作。不仅如此，两者还可以“联合开展政策研究、咨询和倡导，为融合发展的宏观政策提供智力支持”①。促进涉老政策不断完善，发挥社会政策的福利保障功能，也是后脱贫时代老年贫困治理的重要使命。

① 徐道稳. 社会工作与慈善事业的融合发展[J]. 人文杂志，2022(7)：117－126.

主要参考文献

一、中文文献

(一) 专著类

[1] [美] 迈克尔·P. 托达罗. 经济发展与第三世界[M]. 印金强,赵荣美,等译. 北京:中国经济出版社,1992.

[2] [美] 塞尔贝(Saleebey,D.). 优势视角:社会工作实践的新模式[M]. 李亚文,杜立婕,译. 上海:华东理工大学出版社,2004.

[3] [印度] 阿马蒂亚·森. 贫困与饥荒[M]. 王宇,王文玉,译. 北京:商务印书馆,2008.

[4] [印度] 阿马蒂亚·森. 以自由看待发展[M]. 任赜,于真,译. 北京:

中国人民大学出版社，2002.
[5] [英] 蒂特(Teater，B.). 社会工作理论与方法[M]. 余潇，等译. 上海：华东理工大学出版社，2013.
[6] [英] 佩恩(Payne，M.). 现代社会工作理论[M]. 何雪松，等译. 上海：华东理工大学出版社，2005.
[7] 卞国凤，陈宇鹏. 老年社会工作方法与实务[M]. 北京：北京师范大学出版社，2011.
[8] 陈慧女. 法律社会工作[M]. 台北：心理出版社，2004.
[9] 陈锦棠，等. 香港社会服务评估与审核[M]. 北京：北京大学出版社，2008.
[10] 方青，赵怀娟. 老年社会工作[M]. 芜湖：安徽师范大学出版社，2012.
[11] 费孝通. 乡土中国[M]. 修订本. 上海：上海人民出版社，2013.
[12] 高考，年旻. 多维贫困视角下的精准扶贫研究[M]. 武汉：华中科技大学出版社，2018.
[13] 顾东辉. 社会工作评估[M]. 北京：高等教育出版社，2009.
[14] 国家统计局农村社会经济调查司. 中国农村贫困监测报告 2009[M]. 北京：中国统计出版社，2010.
[15] 胡道玖. 以责任看发展：多元视阈的“责任发展观”研究[M]. 上海：上海交通大学出版社，2014.
[16] 黄承伟，刘欣，周晶. 鉴往知来：十八世纪以来国际贫困与反贫困理论评述[M]. 南宁：广西人民出版社，2017.
[17] 李迎生. 社会工作概论[M]. 2 版. 北京：中国人民大学出版社，2010.

[18] 李长洪,陈方圆.扶贫社会工作服务指南[M].北京:中国社会出版社,2017.

[19] 罗家德,梁肖月.社区营造的理论、流程与案例[M].北京:社会科学文献出版社,2017.

[20] 潘文轩.后脱贫时代中国反贫困新方略的前瞻性研究[M].北京:中国社会出版社,2020.

[21] 全国社会工作者职业水平考试教材编写组.社会工作实务(中级)[M].8版.北京:中国社会出版社,2019.

[22] 世界银行.1990年世界发展报告:贫困问题·社会发展指标[M].北京:中国财政经济出版社,1990.

[23] 文军.社会工作模式:理论与应用[M].北京:高等教育出版社,2010.

[24] 吴海涛,丁士军.贫困动态性:理论与实证[M].武汉:武汉大学出版社,2013.

[25] 向德平,黄承伟.中国反贫困发展报告(2016):社会组织参与扶贫专题[M].武汉:华中科技大学出版社,2016.

[26] 习近平.在深度贫困地区脱贫攻坚座谈会上的讲话[M].北京:人民出版社,2017.

[27] 向德平,程玲,等.巾帼脱贫:农村贫困妇女扶持政策评估及建议[M].北京:社会科学文献出版社,2015.

[28] 向德平,刘风,向雪琪.中国减贫行动:1978—2018[M].武汉:武汉出版社,2018.

[29] 肖艳辉. 社会救助国家责任模式比较研究[M]. 北京：中国检察出版社，2015.

[30] 邓大才，等. 反贫困在行动：中国农村扶贫调查与实践[M]. 北京：中国社会科学出版社，2015.

[31] 张和清，杨锡聪，等. 社区为本的整合社会工作实践：理论、实务与绿耕经验[M]. 北京：社会科学文献出版社，2016.

[32] 张恒，黄梅. 老年社会工作服务指南[M]. 北京：中国社会出版社，2017.

[33] 张全红，周强. 中国农村多维贫困的测度与反贫困政策研究[M]. 武汉：华中科技大学出版社，2018.

[34] 张赛玉. 新时代中国农村老年贫困精准治理研究：基于马克思主义反贫困理论[M]. 北京：世界知识出版社，2018.

[35] 赵群，王云仙. 社会性别与妇女反贫困[M]. 北京：社会科学文献出版社，2011.

[36] 周林刚. 社会支持与激发权能：以城市残障人福利实践为视角[M]. 北京：社会科学文献出版社，2009.

（二）期刊类

[1] 白增博，汪三贵，周园翔. 相对贫困视域下农村老年贫困治理[J]. 南京农业大学学报（社会科学版），2020（4）：68－77.

[2] 陈宁. 女性赋权与相对贫困治理[J]. 新视野，2020（2）：41－47.

[3] 陈社英. 中国社会工作的使命：国际与历史的视野[J]. 社会与公益，2018（8）：58－63.

[4] 陈树强.增权：社会工作理论与实践的新视角[J].社会学研究，2003(5)：70-83.

[5] 陈涛.社会工作专业使命的探讨[J].社会学研究，2011，26(6)：211-237.

[6] 陈友华，苗国.老年贫困与社会救助[J].山东社会科学，2015(7)：104-113.

[7] 陈志钢，毕洁颖，吴国宝，等.中国扶贫现状与演进以及2020年后的扶贫愿景和战略重点[J].中国农村经济，2019(1)：2-16.

[8] 程凯.坚持精准扶贫精准脱贫基本方略着力解决因残致贫问题[J].行政管理改革，2018(7)：18-23.

[9] 程玲，向德平.能力视角下贫困人口内生动力的激发[J].中国社会工作研究，2018(2)：115-139.

[10] 慈勤英，宁雯雯.家庭养老弱化下的贫困老年人口社会支持研究[J].中国人口科学，2018(4)：68-80.

[11] 邓锁.社会发展、金融能力与社会工作参与反贫困[J].中国社会工作，2018(28)：25-26.

[12] 狄金华，尤鑫，钟涨宝.家庭权力、代际交换与养老资源供给[J].青年研究，2013(4)：84-93.

[13] 丁康乐，黄丽玲，郑卫.台湾地区社区营造探析[J].浙江大学学报(理学版)，2013，40(6)：716-725.

[14] 杜明义，余忠淑.生态资本视角下的生态脆弱区生态贫困治理：以四川藏区为例[J].理论月刊，2013(2)：176-179.

［15］ 范斌. 弱势群体的增权及其模式选择［J］. 学术研究，2004（12）：73－78.

［16］ 方舒，兰思汗. 金融社会工作的本质特征与实践框架［J］. 社会建设，2019，6（2）：14－19.

［17］ 关信平. “后脱贫时代”的贫困老年人服务［J］. 中国社会工作，2019（28）：25.

［18］ 桂华. 后扶贫时代农村社会政策与相对贫困问题研究［J］. 武汉大学学报（哲学社会科学版），2022（1）：176－184.

［19］ 郭劲光，俎邵静. 参与式模式下贫困农民内生发展能力培育研究［J］. 华侨大学学报（哲学社会科学版），2018（4）：117－127.

［20］ 韩华为，高琴，徐月宾. 农村老年人口绝对贫困及其影响因素：物质剥夺视角下的实证研究［J］. 人口与经济，2017（5）：70－83.

［21］ 黄承伟，许军涛. 毕节深度脱贫攻坚之路：“扶志＋扶智”［J］. 行政管理改革，2018（3）：57－63.

［22］ 黄进，玛格丽特·谢若登，迈克尔·谢若登. 金融社会工作的核心内容：美国的探索［J］. 社会建设，2019，6（2）：19－22.

［23］ 黄耀明. 失独家庭重建的社会支持工作模式研究［J］. 北京社会科学，2014（7）：44－49.

［24］ 金昱彤. 社会工作参与精准扶贫：从救助个案到改变系统［J］. 甘肃社会科学，2017（6）：165－170.

［25］ 李锋. 农村公共产品项目制供给的“内卷化”及其矫正［J］. 农村经济，2016（6）：8－12.

［26］ 李楠，何爱爱. 新发展阶段农村相对贫困治理的现实逻辑与实践路径［J］. 江汉论坛，2022(8)：12－17.

［27］ 李巧玲. 甘肃省农村妇女经济生活状况调查：兼论贫困对农村妇女权益保障的影响［J］. 开发研究，2009(3)：124－127.

［28］ 李青. 金融社会工作与反贫困：社会工作反贫困研究中的经济性议题［J］. 华东理工大学学报(社会科学版)，2018，33(4)：19－26.

［29］ 李文祥，田野. 社会工作介入贫困群体的可行能力建设研究［J］. 社会科学，2018(12)：81－89.

［30］ 李迎生，郭燕. 推动社会工作精准介入反贫困实践［J］. 中国人民大学学报，2018，32(5)：92－103.

［31］ 李运华，魏毅娜. 五保供养制度的演进历程、属性梳理与出路设想［J］. 西北大学学报(哲学社会科学版)，2016，46(6)：120－125.

［32］ 李卓，左停. 深度贫困地区妇女反贫困的逻辑路径探析：基于社会性别视角的分析［J］. 山西农业大学学报(社会科学版)，2018，17(9)：1－5.

［33］ 林闽钢. 中国社会福利发展战略：从消极走向积极［J］. 国家行政学院学报，2015(2)：73－78.

［34］ 刘二鹏，张奇林. 农村老年贫困：一个分析框架及解释［J］. 当代经济管理，2018，40(6)：41－45.

［35］ 刘金祥，邢远阁. 从多元主体到次中心：市场主体在我国福利供给中的角色转型［J］. 贵州社会科学，2018(9)：123－130.

［36］ 刘敏. 贫困治理范式的转变：兼论其政策意义［J］. 甘肃社会科学，

2009(5): 213 - 215.

[37] 刘七军,李昭楠.精准扶贫视角下连片特困区贫困农户自我发展能力提升研究[J].北方民族大学学报(哲学社会科学版),2016(4): 107 - 110.

[38] 刘延芳,范家绪.农村老年人扶贫问题的社会工作介入研究[J].劳动保障世界,2018(17): 14 - 15.

[39] 刘燕舞.农村老年人自杀及其危机干预(1980—2009)[J].南方人口,2013,28(2): 57 - 64.

[40] 刘洋洋,孙鹃娟.中国老年人贫困特征及其影响因素分析[J].统计与决策,2018,34(14): 95 - 98.

[41] 刘洋洋.农村老年人代际经济支持研究[J].老龄科学研究,2018,6(6): 18 - 28.

[42] 罗洋,赵康,刘林,等.农村残疾人社会融合现状调查及思考: 以四川省越西县为例[J].农村经济,2008(12): 121 - 125.

[43] 罗遐,于立繁.我国农村老年贫困原因分析与对策思考[J].生产力研究,2009(1): 110 - 112,123.

[44] 罗小锋.父权的延续: 基于对农民工家庭的质性研究[J].青年研究,2011(2): 61 - 71.

[45] 马东平.社会性别视角下的少数民族妇女贫困问题研究[J].甘肃理论学刊,2011(5): 79 - 84,106.

[46] 莫光辉.绿色减贫: 脱贫攻坚战的生态扶贫价值取向与实现路径: 精准扶贫绩效提升机制系列研究之二[J].现代经济探讨,2016(11):

10－14.
［47］ 倪瑛.贫困、生态脆弱以及生态移民：对西部地区的理论与实证分析［J］.生态经济(学术版)，2007(2)：407－411.
［48］ 宁亚芳.从道德化贫困到能力贫困：论西方贫困观的演变与发展［J］.学习与实践，2014(7)：112－120.
［49］ 乔晓春，张恺悌，孙陆军.中国老年贫困人口特征分析［J］.人口学刊，2006，28(4)：3－8.
［50］ 乔中国，薛立斌.法律社会工作论纲［J］.社会工作与管理，2015，15(6)：18－23，92.
［51］ 秦楼月.相对贫困治理的路径探析［J］.人民论坛，2022(16)：97－99.
［52］ 屈勇，王宇.社会工作增权视角下农村老年社会福利服务发展路径探讨［J］.山西农业大学学报(社会科学版)，2016，15(7)：481－485.
［53］ 全国妇联妇女研究所老年妇女问题研究课题组，谭琳.老年妇女：国家应对人口老龄化战略不可忽视的群体［J］.老龄科学研究，2015，3(3)：70－80.
［54］ 山娜，姜向群.精准扶贫背景下我国贫困老年人的经济状况研究［J］.现代管理科学，2018(8)：103－105.
［55］ 石明磊.法律社会工作：综合治理的重要内容［J］.社会，2002，22(10)：60－61.
［56］ 孙梅，李程跃，吕军，等.界定与测量农村居民因病致贫：新型农村合作医疗保险方案研制思路之四［J］.中国卫生资源，2013，16(3)：160－162.

[57] 孙琪宇. 中国老年人贫困治理研究[J]. 黑龙江社会科学，2015(6)：85 - 89.

[58] 仝利民. 个案管理：基于社区照顾的专业社会工作方法[J]. 华东理工大学学报(社会科学版)，2005，20(2)：29 - 33，44.

[59] 童翎，洪业应. 从"碎片化"困境看农村医疗救助扶贫的政策调整[J]. 山东社会科学，2017(9)：89 - 94.

[60] 童星. 以资产建设的思路拓展社会保障[J]. 山东经济，2011，27(2)：82 - 86.

[61] 王广州，王军. 中国人口发展的新形势与新变化研究[J]. 社会发展研究，2019，6(1)：1 - 20.

[62] 王介勇，陈玉福，严茂超. 我国精准扶贫政策及其创新路径研究[J]. 中国科学院院刊，2016，31(3)：289 - 295.

[63] 王金营，杨茜. 中国贫困地区农村老年人家庭贫困—富裕度研究[J]. 人口学刊，2014，36(2)：45 - 54.

[64] 王琳，李珂珂，周正涛. "后脱贫时代"我国贫困治理的特征、问题与对策[J]. 苏州大学学报(社会科学版)，2021(5)：49 - 56.

[65] 王三秀，芮冀. 社会工作介入农村老年精准脱贫的困境与出路：基于Z县Y村的调查[J]. 四川理工学院学报(社会科学版)，2018，33(4)：1 - 18.

[66] 王思斌. 积极建设乡镇社工站 促进基层治理现代化[J]. 中国社会工作，2021(22)：7.

[67] 王思斌. 农村反贫困的制度—能力整合模式刍议：兼论社会工作的参

与作用[J]. 江苏社会科学，2016(3)：48－54.

[68] 王思斌：走向承认：中国专业社会工作的发展方向[J]. 河北学刊，2013(6)：108－113.

[69] 王小林，尚晓援，徐丽萍. 中国老年人主观福利及贫困状态研究[J]. 山东社会科学，2012(4)：22－28.

[70] 王亚丽，夏宇，张娇，等. 山东省农村老年人一般自我效能感的相关因素[J]. 中国心理卫生杂志，2020，34(5)：423－430.

[71] 王宇，左停. 日常生活视角下的农村女性家庭权力研究[J]. 人口与社会，2016，32(2)：85－92.

[72] 温兴祥，程超. 贫困是否影响农村中老年人的精神健康：基于CHARLS数据的实证研究[J]. 南方经济，2017(12)：47－65.

[73] 吴海红，郭圣莉. 从社区建设到社区营造：十八大以来社区治理创新的制度逻辑和话语变迁[J]. 深圳大学学报(人文社会科学版)，2018，35(2)：107－115.

[74] 谢俊贵. 论精准扶贫中的社会工作精准化[J]. 贵州师范大学学报(社会科学版)，2017(1)：45－52.

[75] 辛远，韩广富. 2020年后农村老年相对贫困治理：趋势、挑战与对策[J]. 广西社会科学，2021(7)：73－81.

[76] 邢成举，赵晓峰. 论中国农村贫困的转型及其对精准扶贫的挑战[J]. 学习与实践，2016(7)：116－123.

[77] 熊景维，钟涨宝. 新时期我国农村社会工作的典型实践、经验与挑战[J]. 华东理工大学学报(社会科学版)，2016，31(5)：18－25.

［78］ 肖水源.社会支持评定量表的理论基础与研究应用［J］.临床精神医学杂志，1994(2)：98－100.

［79］ 徐道稳.社会工作与慈善事业的融合发展［J］.人文杂志，2022(7)：117－126.

［80］ 徐丽萍，夏庆杰，贺胜年.中国老年人多维度精准扶贫测算研究：基于2010年和2016年中国家庭追踪调查数据［J］.劳动经济研究，2019，7(5)：105－132.

［81］ 徐晓雯，常鸿.精准扶贫的理念、困境与对策完善：基于能力贫困理论视角［J］.鲁东大学学报(哲学社会科学版)，2019，36(2)：23－30.

［82］ 徐月宾，刘凤芹，张秀兰.中国农村反贫困政策的反思：从社会救助向社会保护转变［J］.中国社会科学，2007(3)：40－53.

［83］ 闫坤，于树一，刘新波.论引入性别因素的精准扶贫：以绵阳市特困县为例［J］.华中师范大学学报(人文社会科学版)，2016，55(6)：1－7.

［84］ 杨菊华.人口转变与老年贫困问题的理论思考［J］.中国人口科学，2007(5)：88－94.

［85］ 杨立雄，郝玉玲.农村老年人贫病交加问题研究［J］.中国医疗保险，2016(11)：29－33.

［86］ 杨团，孙炳耀.资产社会政策与中国社会保障体系重构［J］.江苏社会科学，2005(2)：206－211.

［87］ 杨一斐，韩建民.甘肃省生态贫困问题研究［J］.广东农业科学，2008，35(4)：109－112.

［88］ 于长永.慢性病对农村老年贫困的影响研究：以新疆11地州市31县

调查数据为例[J]. 西南民族大学学报(人文社科版),2018,39(3):1-8.

[89] 余飞跃. 家庭养老的困境与出路:兼论孝与不孝的理性[J]. 重庆大学学报(社会科学版),2011,17(5):124-130.

[90] 余少祥. 后脱贫时代贫困治理的长效机制建设[J]. 江淮论坛,2020(4):62-68.

[91] 张等文,陈佳. 城乡二元结构下农民的权利贫困及其救济策略[J]. 东北师大学报(哲学社会科学版),2014(3):47-51.

[92] 张立军,湛泳. 金融发展与降低贫困:基于中国1994—2004年小额信贷的分析[J]. 当代经济科学,2006,28(6):36-42.

[93] 张岭泉,邬沧萍,段世江. 解读农村老年人的"零消费"现象[J]. 甘肃社会科学,2008(1):211-214.

[94] 张琦. 论缓解相对贫困的长效机制[J]. 上海交通大学学报(哲学社会科学版). 2020,28(136):16-20.

[95] 张霞,刘福华. 中国女性减贫研究:理论、实践与机制(1921—2021年)[J]. 改革与战略,2022,38(5):126-140.

[96] 赵定东,方琼. 新中国成立以来农村反贫困政策的层次结构与历史变迁[J]. 华中农业大学学报(社会科学版),2019(3):1-10.

[97] 郑秉文."后2020"时期建立稳定脱贫长效机制的思考[J]. 宏观经济管理,2019(9):17-25.

[98] 周沛."+康复"残疾人精准扶贫模式及其运作路径研究:基于协同治理视角[J]. 社会科学研究,2017(3):97-103.

[99] 周绍斌.论农村老年人的健康需求与健康服务[J].社会主义研究,2007(2):70-72.

[100] 周怡.贫困研究:结构解释与文化解释的对垒[J].社会学研究,2002,17(3):49-63.

[101] 朱浩.赋权和自我独立:中国老年社会工作的目标、策略及其政策反思[J].中国农业大学学报(社会科学版),2019,36(6):75-84.

[102] 朱健刚.论社会工作与公益慈善的合流[J].社会科学辑刊,2016(4):55-60.

[103] 朱晓,范文婷.中国老年人收入贫困状况及其影响因素研究:基于2014年中国老年社会追踪调查[J].北京社会科学,2017(1):90-99.

二、外文文献

[1] LIN N, ALFRED D, WALTER E. Social support, life events, and depression[M]. Orlando: Academic Press, 1986.

[2] GOLDBERG G S. Economic inequality and economic crisis: a challenge for social workers[J]. Social Work, 2012, 57(3): 211-224.

[3] MCDONALD G W. Family power: reflection and direction[J]. The Pacific Sociological Review, 1977, 20(4): 607-621.

[4] ROBERTS A R. Assessment, crisis intervention, and trauma treatment: the integrative ACT intervention model [J]. Brief

Treatment and Crisis Intervention, 2002, 2(1): 1－21.

[5] SOLOMON B B. Black empowerment: social work in oppressed communities[M]. New York: Columbia University Press, 1976.

[6] LEE J A B. The empowerment approach to social work practice [M]. New York: Columbia University Press, 1994.

[7] CHEN G, GULLY S M, WHITEMAN J A, et al. Examination of relationships among trait-like individual differences, state-like individual differences, and learning performance[J]. The Journal of Applied Psychology, 2000, 85(6): 835－847.

[8] UNDP. Human development report 1996[M]. New York: Oxford University Press, 1996.